Unlautere Werbung gegenüber Kindern und Jugendlichen

Europäische Hochschulschriften

European University Studies

Publications Universitaires Européennes

Reihe II Rechtswissenschaft

Series II Law

Série II Droit

Band/Volume **5483**

Alexander Stief

Unlautere Werbung gegenüber Kindern und Jugendlichen

PL ACADEMIC RESEARCH

Bibliografische Information der Deutschen Nationalbibliothek
Die Deutsche Nationalbibliothek verzeichnet diese Publikation in der Deutschen Nationalbibliografie; detaillierte bibliografische Daten sind im Internet über http://dnb.d-nb.de abrufbar.

Zugl.: Siegen, Univ., Diss., 2012

Diese Arbeit wurde von der Fakultät III Wirtschaftswissenschaften, Wirtschaftsinformatik und Wirtschaftsrecht der Universität Siegen, Fachrichtung Deutsches und Europäisches Wirtschaftsrecht als Dissertation angenommen.

Tag der Promotion: 15. Oktober 2012
Erstgutachter: Prof. Dr. iur. Peter Krebs
Zweitgutachterin: Prof. Dr. iur. Nadine Klass
Zu dieser Zeit amtierender Dekan: Prof. Dr. Volker Wulf

Gedruckt auf alterungsbeständigem,
säurefreiem Papier.

D 467
ISSN 0531-7312
ISBN 978-3-631-62817-1 (Print)
E-ISBN 978-3-653-02987-1 (E-Book)
DOI 10.3726/978-3-653-02987-1

PL Academic Research ist ein Imprint der Peter Lang GmbH.
Peter Lang – Frankfurt am Main · Bern · Bruxelles · New York ·Oxford · Warszawa · Wien

www.peterlang.de

Vorwort

Mein akademischer Dank gilt meinem Doktorvater, Herrn Prof. Dr. iur. Peter Krebs, für interessante Gespräche, anregende Hinweise und die umfassende Betreuung. Dank schulde ich ebenfalls Frau Prof. Dr. iur. Nadine Klass für die Erstellung des Zweitgutachtens.

Ein besonderer - aber anders begründeter - Dank gilt meiner Familie, die immer für mich da war und ist. Meiner Mutter für so Vieles, meinen Schwestern Katharina und Franziska sowie meinem Bruder Kai-Philipp für so Einiges. Meinem Vater, Dr. Ing. Heino Stief, danke ich für promotionsbegleitenden Zuspruch und zahlreiche Unterstützung.

Danken möchte ich auch Herrn Dipl. Ing. Stefan Gades für eine prägende Freundschaft und meiner lieben Chattia für eine wunderbare Zeit.

Alexander Stief
Gießen – Frankfurt a.M., Februar 2013

Inhaltsverzeichnis

EU-Richtlinienverzeichnis

84/450/EWG Richtlinie 84/450/EWG des Rates vom 10. September 1984 zur Angleichung der Rechts- und Verwaltungsvorschriften der Mitgliedstaaten über irreführende Werbung, ABl. L 250/17 vom 19.09.1984.

89/552/EWG Richtlinie 89/552/EWG des Rates vom 3. Oktober 1989 zur Koordinierung bestimmter Rechts- und Verwaltungsvorschriften der Mitgliedstaaten über die Ausübung der Fernsehtätigkeit, ABl. L 298/23 vom 17.10.1989.

94/33/EG Richtlinie 94/33/EG des Rates vom 22.06.1994 über den Jugendschutz, ABl. L 216/12 vom 20.08.1994.

97/36/EG Richtlinie 97/36/EG des Europäischen Parlaments und des Rates vom 30. Juni 1997 zur Änderung der Richtlinie 89/552/EWG des Rates zur Koordinierung bestimmter Rechts- und Verwaltungsvorschriften der Mitgliedstaaten über die Ausübung der Fernsehtätigkeit, ABl. L 202/60 vom 30.07.1997.

97/55/EG Richtlinie 97/55/EG des Europäischen Parlaments und des Rates vom 06. Oktober 1997 zur Änderung der Richtlinie 84/450/EWG über irreführende Werbung zwecks Einbeziehung der vergleichenden Werbung, ABl. L 290/18 vom 23.10.1997.

98/6/EG Richtlinie 98/6/EG des Europäischen Parlaments und des Rates vom 16. Februar 1998 über den Schutz der Verbraucher bei der Angabe der Preise der ihnen angebotenen Erzeugnisse, ABl. L 80/27 vom 18.03.1998.

2002/58/EG Richtlinie 2002/58/EG des Europäischen Parlaments und des Rates vom 12. Juli 2002 über die Verarbeitung personenbezogener Daten und den Schutz der Privatsphäre in der elektronischen Kommunikation, ABl. L 201/37 vom 31.07.2002.

2005/29/EG Richtlinie 2005/29/EG des Europäischen Parlaments und des Rates vom 11. Mai 2005 über unlautere Geschäftspraktiken im binnenmarktinternen Geschäftsverkehr zwischen Unternehmen und Verbrauchern und zur Änderung der Richtlinie 84/450/EWG des Rates, der Richtlinien 97/7/EG, 98/27/EG und 2002/65/EG des Europäischen Parlaments und des Rates sowie der Verordnung (EG) Nr. 2006/2004 des Europäischen Parlaments und des Rates (Richtlinie über unlautere Geschäftspraktiken), ABl. L 149/22 vom 11.06.2005.

2006/114/EG Richtlinie 2006/114/EG des Europäischen Parlaments und des Rates vom 12. Dezember 2006 über irreführende und vergleichende Werbung (kodifizierte Fassung), ABl. L 376/21 vom 27.12.2006.

2007/65/EG Richtlinie 2007/65/EG des Europäischen Parlaments und des Rates vom 11. Dezember 2007 zur Änderung der Richtlinie 89/552/EWG des Rates zur Koordinierung bestimmter Rechts- und Verwaltungsvorschriften der Mitgliedstaaten über die Ausübung der Fernsehtätigkeit, ABl. L 332/27 vom 18.12.2007.

2010/13/EU Richtlinie 2010/13/EU des Europäischen Parlaments und des Rates vom 10. März 2010 zur Koordinierung bestimmter Rechts- und Verwaltungsvorschriften der Mitgliedsstaaten über die Bereitstellung audiovisueller Mediendienste (Richtlinie über audiovisuelle Mediendienste), ABl. L 95/1 vom 15.04.2010.

Entscheidungsverzeichnis

EuGH Urt. v. 16.07.1998 – C-210/96, in GRUR Int 1998, 795 „Gut Springenheide“

EuGH Urt. v. 16.05.1989 – Rs. 382/87, in Slg. 1989, 1235 „Buet“

EuGH Urt. v. 25.10.2001 – C – 112/99, in WRP 2001, 1432 „Vergleichende Werbung“

EuGH Urt. v. 07.11.2002 Rs. C 333/00, in Slg. 2002, I-10087 „Familienleistung / Beihilfe für häusliche Kinderbetreuung“

BverfG Beschl. v. 29.07.1968 – 1 BvL 20/63, 31/66 und 5/67, in Entscheidungen des Bundesverfassungsgerichts 24. Band, 119 - 155

BverfG Beschl. v. 13.05.1986 – 1 BvR 1542/84, in Entscheidungen des Bundesverfassungsgerichts 72. Band, 155 – 175

BverfG Beschl. v. 14.04.1987 – 1 BvR 332/86, in Entscheidungen des Bundesverfassungsgerichts 75. Band, 201 – 223

BverfG Beschl. v. 27.11.1990 – BvR 402/87, in Entscheidungen des Bundesverfassungsgerichts 83. Band, 130 – 155

RG Urt. v. 11.03.1927 – II 321/26, in GRUR 1927, 486 „Preisvergleich“

RG Urt. v. 19.12.1930 – RG II 198/30, in Höchstrichterliche Rechtsprechung – Vereinigte Entscheidungssammlung 1931, Nr. 847 „Kinder Wettbewerb“

RG Urt. v. 06.10.1931 – RG II 459/31, in Höchstrichterliche Rechtsprechung – Vereinigte Entscheidungssammlung 1932, Nr. 869 „Hellegold“

RG Urt. v. 04.05.1934 – II 6/34, in GRUR 1934, 473 „Konfektionswatte“

RG Urt. v. 09.05.1936 – II 268/35, in GRUR 1937, 230 „Gasbackofen“

BGH Urt. v. 15.11.1960 – I ZR 58/57, in GRUR 1961, 85 „Pfiffikus-Dose“

BGH Urt. v. 19.12.1960 – I ZR 14/59, in GRUR 1961, 288 „Dr. Best Zahnbürsten“

BGH Urt. v. 21.04.1978 – I ZR 115/76, in GRUR 1978, 605 „Mr. Freeze“

BGH Urt. v. 03.11.1978 – I ZR 90/77, in GRUR 1979, 157 „Kindergarten-Malwettbewerb“

BGH Urt. v. 03.02.1988 – I ZR 183/85, in GRUR 1988, 764 „Krankenkassen-Fragebogen“

BGH Beschl. v. 20.10.1999 – I ZR 167/97, in GRUR 2000, 517 „Orientteppich“

BGH Urt. v. 22.09.2005 – I ZR 28/03, in GRUR 2006, 161 „Zeitschrift mit Sonnenbrille“

BGH Urt. v. 06.04.2006 – I ZR 125/03, in WRP 2006, 885 „Handy-Klingeltöne“

BGH Urt. v. 12.07. 2007 – I ZR 82/05, in WRP 2008, 214 „Tony Taler“

BGH Urt. v. 12.07.2007 – I ZR 18/04, in GRUR 2007, 890 „Jugendgefährdende Medien bei eBay“

BGH Urt. v. 17.07.2008 – I ZR 160/05, in GRUR 2009, 71 „Schoko-Riegel“

BGH Urt. v. 26.11.2008 – VIII ZR 200/05, in NJW 2009, 427 „Quelle“

BGH Urt. v. 22.04.2009 – I ZR 216/06, in GRUR 2009, 845 „Internet-Videorecorder“

BGH Urt. v. 10.12.2009 – I ZR 149/07, in K&R 2010, 510 „Sondernewsletter“

OLG Celle Urt. v. 21.07.2005 – 13 U 13/05, in GRUR-RR 2005, 387 „Klassensparbuch“ (nicht rechtskräftig)

OLG Düsseldorf Urt. v. 17.05.1974 – 2 U 123/73, in GRUR 1975, 267 „Milky-Way“

OLG Frankfurt am Main Beschl. v. 24.03.1994 – 6 W 213/93, in GRUR 1994, 522 „Lego Hotline“

OLG Frankfurt am Main Urt. v. 12.05.2005 – 6 U 24/05, in GRUR 2005, 782 „Milchtaler Sammelaktion“

OLG Frankfurt am Main Urt. v. 30.06.2005 – 6 U 168/04, in GRUR 2005, 785 „Skoda Kinderclub“

Hans. OLG Hamburg Beschl. v. 05.07.1973 – 3 U 29/73, in GRUR 1974, 227 „Kinder-Konfitüre“

Hans. OLG Hamburg Urt. v. 10.04.2003 – 5 U 97/02, in WRP 2003, 1003, 1006 „Klingeltonwerbung“

OLG Hamm Urt. v. 19.10.2006 – 4 U 83/06, in LMRR 2006, 70 „Alcopops-Pulver“

OLG Hamm Urt. v. 23.02.2006 – 4 U 164/05, in GRUR-RR 2006, 379 „Ankaufgesuch per Fax“

OLG München Urt. v. 30.06.1983 – 6 U 3450/82, in WRP 1984, 46 „Fix und Foxi – Sammelschnipsel-Aktion“

OLG München Urt. v. 13.07.2000 – 6 U 1791/00, in WRP 2000, 1321 „Gewinnspiel im Spielwarengeschäft“

OLG Nürnberg Urt. v. 22.07.2003 – 3 U 1036/03, in GRUR-RR 2003, 315 „Sparkassenwerbung an Minderjährige“

OLG Oldenburg Urt. v. 24.11.2005 – 1 U 49/05, in GRUR-RR 2006, 239 „Telefaxwerbung“

KG Berlin Urt. v. 06.03.1992 – 5 U 2674/90, in NJW-RR 1992, 1396 „Kreditkartenwerbung“

KG Berlin Beschl. v. 25.01.2008 – 5 W 344/07, in GRUR-RR 2008, 308 „Teillieferungsklausel“

LG Berlin Urt. v. 17.03.2009 – 103 O 171/08, in VuR 2010, 106 „We Radio“

LG Hamburg Urt. v. 14.05.2002 – 312 O 845/01, in MMR 2002, 834 „Werbung für Handy-Klingeltöne in Jugendzeitschriften“

Literaturverzeichnis

A

Albert, Frank
Die wettbewerbsrechtliche Beurteilung der werblichen Beeinflussung von Kindern
Herdecke 2001
(zit.: Albert, S.)

Allinger, Rainer
Das Haager Minderjährigenschutzabkommen – Probleme, Tendenzen und Perspektiven
Frankfurt am Main 1988
(zit.: Allinger, S.)

Andrae, Marianne
Internationales Familienrecht
2. Auflage, Baden-Baden 2006
(zit.: Andrae, §, Rn.)

Arbeitsgemeinschaft Jugend und Bildung e.V.
Generation Konsum – Jugendliche als Wirtschaftsfaktor, Arbeitsblatt ab Klasse 10 Bundesfinanzministerium
(zit.: Arbeitsgemeinschaft Jugend und Bildung e.V. - Generation Konsum – Jugendliche als Wirtschaftsfaktor)

B

Baacke, Dieter/ Sander, Uwe/ Vollbrecht, Ralf
Kinder und Werbung
in: Schriftenreihe des Bundesministeriums für Frauen und Jugend – Band 12
Stuttgart 1993
(zit.: Baacke/Sander/Vollbrecht, S.)

Baukelmann, Peter
Jugendschutz und Lauterkeitsrecht – neue europäische Gesichtspunkte –
in: Ahrens, Hans/ Bornkamm, Joachim/ Kunz-Hallenstein, Hans Peter (Hrsg.)
Festschrift für Eike Ullmann, S. 587
Saarbrücken 2006
(zit.: Baukelmann, in FS Ullmann 2006, S.)

Baumbach, Adolf/ Hefermehl, Wolfgang
Wettbewerbsrecht – Kommentar zum Gesetz gegen unlauteren Wettbewerb
19. Auflage, München 1996
(zit.: Baumbach/Hefermehl, §, Rn.)

Beater, Axel
Unlauterer Wettbewerb
Mohr Siebeck Tübingen 2011
(zit.: Beater, §, Rn.)

Beckscher Kommentar zum Rundfunkrecht
2. Auflage, München 2008
(zit.: Bearbeiter, in Beck-Komm RStV, §, Rn.)

Benz, Claudia
Kinderwerbung und Lauterkeitsrecht
Dissertation Universität Konstanz 2002
(zit.: Benz, Diss., S.)

dies.
Werbung vor Kindern unter Lauterkeitsgesichtspunkten
in: Wettbewerb in Recht und Praxis 2003, 1162 - 1174
(zit.: Benz, in WRP 2003, S.)

Beucher, Klaus/ Leyendecker, Ludwig / v. Rosenberg, Oliver
Mediengesetzte, Kommentar zum RStV, MdStV, Teledienstgesetz und Teledienstdatenschutzgesetz
München 1999
(zit.: Beucher/Leyendecker/v. Rosenberg, § RStV, Rn.)

Böckelmann, Frank/ Huber, Jürgen/ Middelmann, Astrid
Werbefernsehkinder – Fernsehwerbung vor und mit Kindern in der Bundesrepublik Deutschland / Werkstattbericht über ein Forschungsprojekt Band 14
Berlin 1979
(zit.: Böckelmann/Huber/Middelmann, S.)

Böhler, Christian
Wettbewerbsrechtliche Schranken für Werbemaßnahmen gegenüber Minderjährigen – Chancen und Risiken des absoluten Verbots in Nr. 28 Anhang i.V.m. § 3 III UWG
in: Wettbewerb in Recht und Praxis 2011, 827 – 833
(zit.: Böhler, in WRP 2011, S.)

ders.
Wettbewerbsrechtliche Schranken für Werbemaßnahmen gegenüber Minderjährigen – Einfluss der UGP-RL auf die Kinder schützenden Beispieltatbestände des § 4 UWG
in: Wettbewerb in Recht und Praxis 2011, 1028 – 1034
(zit.: Böhler, in WRP 2011, S.)

Boesche, Katharina Vera
Wettbewerbsrecht
3. Auflage, Heidelberg 2009
(zit.: Boesche, §, Rn.)

Bornemann, Roland
Der Jugendmedienschutz-Staatsvertrag der Länder
in: Neue Juristische Woche 2003, 787 – 791
(zit.: Bornemann, in NJW 2003, S.)

Buchner, Benedikt
Die Einwilligung im Datenschutzrecht – vom Rechtfertigungsgrund zum Kommerzialisierungsinstrument
in: Datenschutz und Datensicherheit 2010, 39 – 43
(zit.: Buchner, in DuD 2010, S.)

Bülow, Peter
Die wettbewerbsrechtliche Bewertung der Werbung gegenüber Kindern
in: Betriebs Berater 1974, 768 - 769
(zit.: Bülow, in BB 1974, S.)

ders.
Werbung gegenüber Kindern und Jugendlichen – nationales und europäisches Recht
in: Erdmann, Will/ Gloy, Wolfgang/ Herber, Rolf (Hrsg.)
Festschrift für Henning Piper, S. 121
München 1996
(zit.: Bülow, in FS Piper 1996, S.)

Busch, Christoph/ Kopp, Christina/ McGuire, Mary-Rose/ Zimmermann, Martin (Hrsg.)
Europäische Methodik: Konvergenzen und Diskrepanz europäischen und nationalen Privatrechts
Stuttgart 2010
(zit.: Bearbeiter, in Europäische Methodik, S.)

C

Calliess, Christian/ Ruffert, Matthias
EUV / AEUV – Das Verfassungsrecht der Europäischen Union mit Europäischer Grundrechtscharta – Kommentar
4. Auflage, München 2011
(zit.: Bearbeiter, in Calliess/Ruffert, GRCh Art., Rn.)

Charlton, Michael/ Neumann-Braun, Klaus/ Aufenanger, Stefan/ Hoffman-Riem, Wolfgang u.a.
Fernsehwerbung und Kinder – Das Werbeangebot in der Bundesrepublik Deutschland und seine Verarbeitung durch Kinder
Band 1: Das Werbeangebot für Kinder im Fernsehen
in: Schriftenreihe Medienforschung der Landesanstalt für Rundfunk Nordrhein-Westfalen Band 17
Opladen 1995
(zit.: Bearbeiter, in Charlton/Neumann-Braun/Aufenanger/Hoffmann-Riem, Bd. 1, S.)

dies.
Fernsehwerbung und Kinder – Das Werbeangebot in der Bundesrepublik Deutschland und seine Verarbeitung durch Kinder
Band 2: Rezeptionsanalyse und rechtliche Rahmenbedingungen
in: Schriftenreihe Medienforschung der Landesanstalt für Rundfunk Nordrhein-Westfalen Band 18
Opladen 1995
(zit.: Bearbeiter, in Charlton/Neumann-Braun/Aufenanger/Hoffmann-Riem, Bd. 2, S.)

D

Dembowski, Jürgen
Kinder und Jugendliche als Werbeadressaten
in: Ahrens, Hans/ Bornkamm, Joachim/ Kunz-Hallenstein, Hans Peter (Hrsg.)
Festschrift für Eike Ullmann, S. 599
Saarbrücken 2006
(zit.: Dembowski, in FS Ullmann 2006, S.)

Derleder, Peter/ Thielbar, Carsten
Handys, Klingeltöne und Minderjährigenschutz
in: Neue Juristische Wochenschrift 2006, 3233 – 3239
(zit.: Derleder/Thielbar, in NJW 2006, S.)

Doucet, Michel/ Fleck, Klaus E. W.
Dictionnaire Juridique et Economique / Wörterbuch der Rechts- und Wirtschaftssprache Teil I
6 édition, 6. Auflage, Bruylant, Manz 2009
(zit.: Doucet/Fleck, Dictionnaire, S.)

Dreier, Horst (Hrsg.)
Grundgesetz Kommentar
2. Auflage, Band I Präambel, Artikel 1-19, Mohr Siebeck Tübingen 2004
(zit.: Bearbeiter, in Dreier, Art., Rn.)

Duden Band 10
Wermke, Matthias/ Kunkel-Razum, Kathrin/ Scholze-Stubenrecht (Hrsg.)
Das Bedeutungswörterbuch
3. Auflage, Mannheim u.a. 2002
(zit.: Duden, S.)

E

Eisenhardt, Andrea
Werbung gegenüber Kindern
in: Wettbewerb in Recht und Praxis 1997, 283 - 293
(zit.: Eisenhardt, in WRP 1997, S.)

Emmerich, Volker
Unlauterer Wettbewerb
8. Auflage, München 2009
(zit.: Emmerich, §, Rn.)

Engels, Stefan
Wettbewerbsrechtliche Grenzen der Fernsehwerbung für Kinder
in: Wettbewerb in Recht und Praxis 1997, 6 - 15
(zit.: Engels, in WRP 1997, S.)

ders.
Kinder- und Jugendschutz in der Verfassung – Verankerung, Funktion und Verhältnis zum Elternrecht
in: Archiv des öffentlichen Rechts 1997, 212 – 247
(zit.: Engels, in AöR 1997, S.)

ders.
Das Recht der Fernsehwerbung für Kinder – Rechtliche Regulierung der Fernsehwerbung unter Aspekten des Kinder- und Jugendschutzes
Dissertation Universität Hamburg 1997
Baden-Baden Hamburg 1997
(zit.: Engels, Diss., S.)

F

Faber, Tim
Jugendschutz im Internet – Klassische und neue staatliche Regulierungsansätze zum Jugendmedienschutz im Internet
Dissertation Universität Erlangen Nürnberg 2004
Berlin 2005
(zit.: Faber, Diss., S.)

Fechner, Frank
Medienrecht – Lehrbuch des gesamten Medienrechts unter besonderer Berücksichtigung von Presse, Rundfunk und Multimedia
12. Auflage, Mohr Siebeck Tübingen 2011
(zit.: Fechner, S., Rn.)

Fechner, Frank/ Schipanski, Tankred
Werbung für Handyklingeltöne – Rechtsfragen im Jugendschutz-, Telekommunikations- und Wettbewerbsrecht
in: Zeitschrift für Urheber- und Medienrecht 2006, 898 - 907
(zit.: Fechner/Schipanski, in ZUM 2006, S.)

Fezer, Karl-Heinz
Lauterkeitsrecht, Kommentar zum Gesetz gegen den unlauteren Wettbewerb
Band 1, §§ 1 – 4 UWG
München 2005
(zit.: Bearbeiter, in Fezer UWG, Bd.1, §, Rn.)

ders.
Lauterkeitsrecht, Kommentar zum Gesetz gegen den unlauteren Wettbewerb
Band 2, §§ 5 - 22 UWG
München 2005
(zit.: Bearbeiter, in Fezer UWG, Bd. 2, §, Rn.)

ders.
Lauterkeitsrecht, Kommentar zum Gesetz gegen den unlauteren Wettbewerb
Band 1, §§ 1 – 4 UWG
2. Auflage, München 2010
(zit.: Bearbeiter, in Fezer UWG, 2. Aufl., Bd. 1, §, Rn.)

ders.
Lauterkeitsrecht, Kommentar zum Gesetz gegen den unlauteren Wettbewerb
Band 2, §§ 5 – 20 UWG
2. Auflage, München 2010
(zit.: Bearbeiter, in Fezer UWG, 2. Aufl., Bd. 2, §, Rn.)

ders.
Eine Replik: Die Auslegung der UGP-RL vom UWG aus?
Methodensynkretismus zur Abwehr des rechtsverbindlichen Richtlinienbegriffs der Unlauterkeit im Sinne des Art. 5 Abs. 2 lit. a und b UGP-RL
in: Wettbewerb in Recht und Praxis 2010, 677 – 686
(zit.: Fezer, in WRP 2010, S.)

Fischötter, Werner
Urteilsanmerkung
in: Gewerblicher Rechtsschutz und Urheberrecht 1978, 607 – 608
(zit.: Fischötter, in GRUR 1978, S.)

Fuchs, Tobias
Wettbewerbsrechtliche Schranken bei Werbung gegenüber Minderjährigen
in: Wettbewerb in Recht und Praxis 2009, 255 – 266
(zit.: Fuchs, in WRP 2009, S.)

G

Glöckner, Jochen/ Henning-Bodewig, Frauke
EG-Richtlinie über unlautere Geschäftspraktiken: Was wird aus dem „neuen" UWG?
in: Wettbewerb in Recht und Praxis 2005, 1311 - 1335
(zit.: Glöckner/Henning-Bodewig, in WRP 2005, S.)

Gloy, Wolfgang/ Loschelder, Michael/ Erdmann, Willi
Handbuch des Wettbewerbsrechts
4. Auflage, München 2010
(zit.: Bearbeiter, in Gloy/Loschelder/Erdmann, §, Rn.)

Godin, Hans Freiherr von
Wettbewerbsrecht
Kommentar zum Gesetz gegen den unlauteren Wettbewerb nebst Warenzeichenverletzungen, Zugabeverordnung und Rabattgesetz
2. Auflage, Berlin – New York 1974
(zit.: Godin, §, Anm.)

Goerth, Andreas
Schuldenfalle Mobiltelefon – Der zivilrechtliche Verbraucherschutz vor überteuerten Service-Angeboten unter besonderer Berücksichtigung des Minderjährigenrechts
in: Verbraucher und Recht 2004, 277 – 283
(zit.: Goerth, in VuR 2004, S.)

Götting, Horst-Peter/ Nordemann, Axel (Hrsg.)
UWG Handkommentar
1. Auflage, Baden-Baden 2010
(zit.: Bearbeiter, in Götting/Nordemann, §, Rn.)

Gola, Peter/ Schomerus, Rudolf
Bundesdatenschutzgesetz Kommentar
10. Auflage, München 2010
(zit.: Gola/Schomerus, §, Rn.)

H

Hamburger Kommentar
Gesamtes Medienrecht
Paschke, Marian/ Berlit, Wolfgang/ Meyer, Claus (Hrsg.)
1. Auflage, Baden-Baden 2008
(zit.: Bearbeiter, in HH-Komm., Absch., Rn.)

Harte-Bavendamm, Henning/ Henning-Bodewig, Frauke
Gesetz gegen den unlauteren Wettbewerb, Kommentar
2. Auflage, München 2009
(zit.: Bearbeiter, in Harte-Bavendamm/Henning-Bodewig, §, Rn.)

Hartstein, Reinhard/ Ring, Wolf-Dieter/ Kreile, Johannes/ Dörr, Dieter/ Stettner, Rupert
Rundfunkstaatsvertrag – Kommentar zum Staatsvertrag der Länder zur Neuordnung des Rundfunkwesens
2. Auflage, München 1995
(zit.: Hartstein/Ring/Kreile/Dörr/Stettner, RStV, S., Rn.)

dies.
Jugendschutz – Jugendmedienschutz-Staatsvertrag, Jugendschutzgesetz, Mediendienste-Staatsvertrag, Teledienstgesetz
1. Auflage, München – Berlin 2003
(zit.: Hartstein/Ring/Kreile/Dörr/Stettner, Jugendschutz, S.)

dies.
Jugendmedienschutz-Staatsvertrag Kommentar – Ordner III des Kommentars Rundfunkstaatsvertrag
Stand: Juli 2005; letzte Nachlieferung Oktober 2010
(zit.: Hartstein/Ring/Kreile/Dörr/Stettner, JMStV, §, Rn.)

Hecker, Manfred
Die Richtlinie über unlautere Geschäftspraktiken: Einige Gedanken zu den „aggressiven Geschäftspraktiken“ - Umsetzung in das deutsche Recht
in: Wettbewerb in Recht und Praxis 2006, 640 – 647
(zit.: Hecker, in WRP 2006, S.)

Heermann, Peter W.
Ausnutzung der geschäftlichen Unerfahrenheit von Kindern und Jugendlichen in der Werbung
in: Damm, Reinhard/ Heermann, Peter W./ Veil, Rüdiger (Hrsg.)
Festschrift für Thomas Raiser, S. 681
Berlin 2005
(zit.: Heermann, in FS Raiser 2005, S.)

Hefermehl, Wolfgang/ Köhler, Helmut/ Bornkamm, Joachim
Wettbewerbsrecht – Kommentar zum Gesetz gegen unlauteren Wettbewerb
24. Auflage, München 2006
(zit.: Bearbeiter, in Hefermehl/Köhler/Bornkamm, 24. Aufl., §, Rn.)

dies.
Wettbewerbsrecht – Kommentar zum Gesetz gegen unlauteren Wettbewerb
27. Auflage, München 2009
(zit.: Bearbeiter, in Hefermehl/Köhler/Bornkamm, 27. Aufl., §, Rn.)

Heidelberger Kommentar zum Wettbewerbsrecht
Ekey, Friedrich L./ Kippel, Diethelm/ Kotthoff, Jost/ Meckel, Astrid/ Plaß, Gundula (Hrsg.)
1. Auflage, Heidelberg 2000
(zit.: Bearbeiter, in HK-UWG, 1. Aufl., §, Rn.)

Heidelberger Kommentar zum Wettbewerbsrecht
Ekey, Friedrich L./ Kippel, Diethelm/ Kotthoff, Jost/ Meckel, Astrid/ Plaß, Gundula (Hrsg.)
2. Auflage, Heidelberg 2005
(zit.: Bearbeiter, in HK-UWG, 2. Aufl., §, Rn.)

Hoeren, Thomas
Das neue UWG – der Regierungsentwurf im Überblick
in: Betriebs Berater, 2008, S. 1182 - 1192
(zit.: Hoeren, in BB 2008, S.)

Hoffman-Riem, Wolfgang/ Engels, Stefan
Fernsehwerbung und Kinder
in: Recht der Jugend und des Bildungswesens, 1996, 48 – 65
(zit.: Hoffman-Riem/Engels, in RdJB 1996, S.)

Hopf, Kristina
Jugendschutz im Fernsehen – Eine verfassungsrechtliche Prüfung der materiellen Jugendschutzbestimmungen
Dissertation, Universität der Bundeswehr München 2004
Frankfurt am Main 2005
(zit.: Hopf, Diss., S.)

I

Immenga, Ulrich/ Mestmäcker, Ernst-Joachim (Hrsg.)
Wettbewerbsrecht Band 2 GWB
Kommentar zum Deutschen Kartellrecht
4. Auflage, München 2007
(zit.: Bearbeiter, in Immenga/Mestmäcker, §, Rn.)

J

Jacobs, Rainer/ Lindacher, Walter F./ Teplitzky, Otto
Gesetz gegen den unlauteren Wettbewerb mit Nebengesetzen – Großkommentar
1. Auflage, Erster Band, Berlin 2006
(zit.: Bearbeiter, in GK, §, Rn.)

JIM Studie 2010
Jugend, Information, (Multi-) Media
Basisuntersuchung zum Medienumgang 12- bis 19-Jähriger
Medienpädagogischer Forschungsverbund Südwest
(zit.: JIM-Studie 2010, S.)

Juris Praxiskommentar UWG Gesetz gegen den unlauteren Wettbewerb
Ullmann, Eike (Hrsg.)
2. Auflage, Saarbrücken 2009
(zit.: Bearbeiter, in Ullmann jurisPK UWG, §, Rn.)

K

Kappenberg, Carolin
Der Jugendmedienschutz-Staatsvertrag – Führt er zu einem effektiveren Jugendschutz in Rundfunk und Telemedien?
Dissertation Universität Hannover 2008
Münster 2008
(zit.: Kappenberg, Diss., S.)

KidsVerbraucheranalyse 2010
Markt- und Mediastudie für Kinder-Zielgruppen im Alter von 6 – 13 Jahren
Egmont Ehapa Verlag
(zit.: Präsentation der KidsVerbraucheranalyse 2010 des Egmont Ehapa Verlags, S.)

KIM Studie 2010
Kinder + Medien, Comupter + Internet
Basisuntersuchung zum Medienumgang 6 – 13 - jähriger
Medienpädagogischer Forschungsverbund Südwest
(zit.: KIM-Studie 2010, S.)

Klees, Andreas
Der Erwerb von Handyklingeltönen durch Minderjährige
in: Computer und Recht 2005, 626 – 632
(zit.: Klees, in CR 2005, S.)

Klees, Andreas/ Lange, Timo
Bewerbung, Nutzung und Herstellung von Handyklingeltönen – Eine Analyse der medien-, wettbewerbs- und urheberrechtlichen Aspekte
in: Computer und Recht 2005, 684 – 688
(zit.: Klees/Lange, in CR 2005, S.)

Klamroth, Sabine/ Künsberg, Gunther Frhr. von/ Walter, Reinhard
Wettbewerbsrechtliche Entscheidungssammlung
Frankfurt am Main 1983

dies.
Wettbewerbsrechtliche Entscheidungssammlung 1970 - 1976
Frankfurt am Main 1985

Köhler, Helmut
Minderjährigenschutz im Lauterkeitsrecht
in: Ahrens, Hans/ Bornkamm, Joachim/ Kunz-Hallenstein, Hans Peter (Hrsg.)
Festschrift für Eike Ullmann, S. 685
Saarbrücken 2006
(zit.: Köhler, in FS Ullmann 2006, S.)

ders.
„Wettbewerbshandlung“ und „Geschäftspraktiken“
in: Wettbewerb in Recht und Praxis 2007, 1393 - 1397
(zit.: Köhler, in WRP 2007, S.)

ders.
Die Unlauterkeitstatbestände des § 4 UWG und ihre Auslegung im Lichte der Richtlinie über unlautere Geschäftspraktiken
in: Gewerblicher Rechtsschutz und Urheberrecht 2008, 841 - 848
(zit.: Köhler, in GRUR 2008, S.)

ders.
Werbung gegenüber Kindern: Welche Grenzen zieht die Richtlinie über unlautere Geschäftspraktiken?
in: Wettbewerb in Recht und Praxis 2008, 700 – 707
(zit.: Köhler, in WRP 2008, S.)

ders.
Ist der Unlauterkeitstatbestand des § 4 Nr. 6 UWG mit der Richtlinie über unlautere Geschäftspraktiken vereinbar?
in: Gewerblicher Rechtsschutz und Urheberrecht 2009, 626 – 633
(zit.: Köhler, in GRUR 2009, S.)

ders.
Die UWG-Novelle 2008
in: Wettbewerb in Recht und Praxis 2009, 109 – 117
(zit.: Köhler, in WRP 2009, S.)

ders.
Grenzstreitigkeiten im UWG – Zum Anwendungsbereich der Verbotstatbestände des § 3 Abs. 1 UWG und des § 3 Abs. 2 S. 1 UWG
in: Wettbewerb in Recht und Praxis 2010, 1293 – 1304
(zit.: Köhler, in WRP 2010, S.)

ders.
Neujustierung des UWG am Beispiel der Verkaufsförderungsmaßnahmen
in: Gewerblicher Rechtsschutz und Urheberrecht 2010, 767 - 776
(zit.: Köhler, in GRUR 2010, S.)

Köhler, Helmut/ Bornkamm, Joachim
Wettbewerbsrecht – Kommentar zum Gesetz gegen unlauteren Wettbewerb
29. Auflage, München 2011
(zit.: Bearbeiter, in Köhler/Bornkamm, 29. Aufl., §, Rn.)

Köhler, Helmut/ Bornkamm, Joachim/ Henning-Bodewig, Frauke
Vorschlag für eine Richtlinie zum Lauterkeitsrecht und eine UWG-Reform
in: WRP 2002, 1317 - 1328
(zit.: Köhler/Bornkamm/Henning-Bodewig, in WRP 2002, S.)

Köhler, Helmut/ Piper, Henning
Gesetz gegen den unlauteren Wettbewerb mit Zugabeverordnung, Rabattgesetz und Preisangabeverordnung – Kommentar
2. Auflage, München 2001
(zit.: Bearbeiter, in Köhler/Piper, §, Rn.)

Kroppholler, Jan
Das Haager Abkommen über den Schutz Minderjähriger
Dissertation, Universität München 1964
2. Auflage, Bielefeld 1977
(zit.: Kroppholler, Diss. S.)

Kulka, Michael
Der Entwurf eines „Ersten Gesetzes zur Änderung des Gesetzes gegen den unlauteren Wettbewerb“
in: Der Betrieb 2008, 1548 – 1557
(zit.: Kulka, in DB 2008, S.)

L

Lettl, Tobias
Wettbewerbsrecht
München 2009
(zit.: Lettl, §, Rn.)

Liesching, Marc/ Schuster, Susanne
Jugendschutzrecht – Kommentar
5. Auflage, München 2011
(zit.: Liesching/Schuster, §, Rn.)

M

Mankowski, Peter
Klingeltöne auf dem wettbewerbsrechtlichen Prüfstand
in: Gewerblicher Rechtsschutz und Urheberrecht 2007, 1013 – 1022
(zit.: Mankowski, in GRUR 2007, S.)

ders.
Wer ist „Kind“? Zum Begriff des Kindes in der deutschen und der europäischen black list
in: Wettbewerb in Recht und Praxis 2007, 1398 – 1405
(zit.: Mankowski, in WRP 2007, S.)

ders.
Was ist eine „direkte Aufforderung zum Kauf“ an Kinder? Zur Auslegung der Nr. 28 der deutschen und der europäischen black list
in: Wettbewerb in Recht und Praxis 2008, 421 – 429
(zit.: Mankowski, in WRP 2008, S.)

Mankowski, Peter/ Schreier, Michael
Klingeltöne auf dem vertragsrechtlichen Prüfstand
in: Verbraucher und Recht 2006, 209 – 218
(zit.: Mankowski/Schreier, in VuR 2006, S.)

Meyer, Jürgen (Hrsg.)
Charta der Grundrechte der europäischen Union
2. Auflage, Baden-Baden 2006
(zit.: Bearbeiter, in Meyer, Art. Rn.)

Molle, Alexander
Werbung für Telefontarife und notwendige Angaben - „Sondernewsletter“
in: Kommunikation & Recht 2010, 545 – 547
(zit.: Molle, in K&R 2010, S.)

Münchener Kommentar zum Bürgerlichen Gesetzbuch
Rebmann, Kurt/ Säcker, Franz Jürgen/ Rixecker, Roland (Hrsg.)
4. Auflage, Band 1 Allgemeiner Teil, §§ 1 - 240, AGB-Gesetz, München 2001
(zit.: Bearbeiter, in MüKo-BGB, Bd. 1, §, Rn.)

Münchener Kommentar zum Lauterkeitsrecht
Heermann, Peter W./ Hirsch, Günter (Hrsg.)
Band 1, §§ 1 – 4 UWG
München 2006
(zit.: Bearbeiter, in MüKo-UWG, Bd. 1, §, Rn.)

Münchener Kommentar zum Lauterkeitsrecht
Heermann, Peter W./ Hirsch, Günter (Hrsg.)
Band 2, §§ 5 - 22 UWG
München 2006
(zit.: Bearbeiter, in MüKo-UWG, Bd. 2, §, Rn.)

N

Nauen, Bernd
Zum wettbewerbswidrigen Einsatz von Kindern und Jugendlichen als Kaufmotivatoren
in: Zeitschrift für das gesamte Lebensmittelrecht 2008, 488 - 498
(zit.: Nauen, in ZLR 2008, S.)

Nikles, Bruno W./ Roll, Sigmar/ Spürck, Dieter/ Umbach, Klaus
Kommentar zum Jugendschutzrecht und zum Jugendmedienschutz-Staatsvertrag mit Erläuterungen zur Systematik und Praxis des Jugendschutzes
2. Auflage, München 2005
(zit.: Bearbeiter, in Nikles/Roll/Spürck/Umbach, § JMStV, Rn.)

O

Ohly, Ansgar
Bausteine eines europäischen Lauterkeitsrechts
in: Wettbewerb in Recht und Praxis 2008, 177 – 185
(zit.: Ohly, in WRP 2008, S.)

P

Pahlow, Louis / Eisfeld, Jens
Grundlagen und Grundfragen des geistigen Eigentums
Mohr Siebeck Tübingen 2008
(zit.: Bearbeiter, in Pahlow/Eisfeld, S.)

Palandt
Bürgerliches Gesetzbuch, Kommentar
70. Auflage, München 2011
(zit.: Bearbeiter, in Palandt, §, Rn.)

Peifer, Karl-Nikolaus
Lauterkeitsrecht – Das UWG in Systematik und Fallbearbeitung
Berlin - New York 2011
(zit.: Peifer, §, Rn.)

Piaget, Jean
Theorien und Methoden der modernen Erziehung
Frankfurt am Main 1994
(zit.: Piaget, S.)

Piper, Henning/ Ohly, Ansgar/ Sosnitza, Olaf
Gesetz gegen den unlauteren Wettbewerb mit Preisangabeverordnung
Kommentar
5. Auflage, München 2010
(zit.: Bearbeiter, in Piper/Ohly/Sosnitza, §, Rn.)

Pooth, Stefan
Jugendschutz im Internet – staatliche Regulierung und private Selbstkontrolle -
Dissertation, Universität Münster 2004
Hamburg 2005
(zit.: Pooth, Diss., S.)

Q

R

Riesenhuber, Karl (Hrsg.)
Europäische Methodenlehre
Handbuch für Ausbildung und Praxis
2. Auflage, Berlin - New York 2010
(zit.: Bearbeiter, in Riesenhuber, §, Rn.)

Rinsche, Karen
Jugendwerbeschutz – Das regulatorische Umfeld der Werbung vor Kindern unter besonderer Berücksichtigung der Fernsehwerbung
Dissertation Universität Hamburg 1997
Hamburg 1998
(zit.: Rinsche, Diss., S.)

Rosenthal, Alfred
Gesetz gegen den unlauteren Wettbewerb
Kommentar - bearbeitet von E. Leffmann
9. Auflage, Berlin - Frankfurt 1969
(zit.: Bearbeiter, in Rosenthal)

S

Sack, Rolf
Neue Werbeformen im Fernsehen – rundfunk- und wettbewerbsrechtliche Grenzen
in: Zeitschrift für Medien- und Kommunikationsrecht 1991, 704 – 715
(zit.: Sack, in AfP 1991, S.)

Scherer, Inge
Marktverhaltensregeln im Interesse der Marktbeteiligten – Funktionsorientierte Ausrichtung des neuen Rechtsbruchtatbestandes in § 4 Nr. 11 UWG
in: Wettbewerb in Recht und Praxis 2006, 401 – 406
(zit.: Scherer, in WRP 2006, S.)

dies.
Kinder als Konsumenten und Kaufmotivatoren
in: Wettbewerb in Recht und Praxis 2008, 430 – 437
(zit.: Scherer, in WRP 2008, S.)

dies.
„Case law" in Gesetzesform – Die „Schwarze List" als neuer UWG-Anhang
in: Neue Juristische Woche 2009, 324 - 331
(zit.: Scherer, in NJW 2009, S.)

dies.
Die „Verbrauchergeneralklausel" des § 3 II 1 UWG – eine überflüssige Norm
in: Wettbewerb in Recht und Praxis 2010, 586 – 592
(zit.: Scherer, in WRP 2010, S.)

dies.
Was bringt die „Schwarze Liste" tatsächlich? - Bestandsaufnahme und Konsequenzen
in: Wettbewerb in Recht und Praxis 2011, 393 – 400
(zit.: Scherer, in WRP 2011, S.)

Schiwy, Peter/ Schütz, Walter J./ Dörr, Dieter
Medienrecht – Lexikon für Praxis und Wissenschaft
5. Auflage, Köln 2010
(zit.: Bearbeiter, in Schiwy/Schütz/Dörr, S.)

Schmidt, Olaf
Unlauter und darüber hinaus...
in: Gewerblicher Rechtsschutz und Urheberrecht 2009, 353 – 356
(zit.: Schmidt, in GRUR 2009, S.)

Schmidt-Bleibtreu, Bruno/ Hofmann, Hans/ Hopfauf, Axel
GG Kommentar zum Grundgesetz
11. Auflage, Köln – München 2008
(zit.: Bearbeiter, in Schmidt-Bleibtreu/Hofmann/Hopfauf, Art., Rn.)

Schöttle, Hendrik
Die Schwarze Liste – Übersicht über die neuen Spezialtatbestände des Anhangs zu § 3 Abs. 3 UWG
in: Wettbewerb in Recht und Praxis 2009, 673 - 683
(zit.: Schöttle, in WRP 2009, S.)

ders.
Aus eins mach zwei – die neuen Generalklauseln im Lauterkeitsrecht
in: Gewerblicher Rechtsschutz und Urheberrecht 2009, 546 – 551
(zit.: Schöttle, in GRUR 2009, S.)

Scholz, Rainer/ Liesching, Marc
Jugendschutz – Kommentar
4. Auflage, München 2004
(zit.: Scholz/Liesching, §, Rn.)

Schulze, Reiner/ Zuleeg, Manfred (Hrsg.)
Europarecht – Handbuch für die deutsche Rechtspraxis
1. Auflage, Baden-Baden, 2006
(zit.: Bearbeiter, in Schulze/Zuleeg, §, Rn.)

Schwarz, Günter Christian
Europäisches Gesellschaftsrecht
1. Auflage, Baden-Baden, 2000
(zit.: Schwarz, 2. Teil, D., Rn.)

Schwarze, Jürgen (Hrsg.)
EU-Kommentar
2. Auflage, Baden-Baden 2009
(zit.: Bearbeiter, in Schwarze, GRC Art., Rn.)

Seichter, Dirk
Der Umsetzungsbedarf der Richtlinie über unlautere Geschäftspraktiken
in: Wettbewerb in Recht und Praxis 2005, 1087 - 1095
(zit.: Seichter, in WRP 2005, S.)

Siereck, Karl/ Wiedner, Wolf
Kinder und Fernsehwerbung
Wien 1979
(zit.: Siereck/Wiedner, S.)

Simitis, Spiros (Hrsg.)
Bundesdatenschutzgesetz
7. Auflage, Baden-Baden 2011
(zit.: Bearbeiter, in Simitis, §, Rn.)

Sosnitza, Olaf
Der Gesetzesentwurf zur Umsetzung der Richtlinie über unlautere Geschäftspraktiken
in: Wettbewerb in Recht und Praxis 2008, 1014 – 1034
(zit.: Sosnitza, in WRP 2008, S.)

Spindler, Gerald / Schuster, Fabian
Recht der elektronischen Medien
Kommentar
2. Auflage, München 2011
(zit.: Bearbeiter, in Spindler/Schuster, JMStV §, Rn.)

Staudinger
Bürgerliches Gesetzbuch, Internationales Verfahrensrecht in Ehesachen
Neubearbeitung 2005, Berlin
(zit.: Bearbeiter, in Staudinger, Art. EheGVO, Rn.)

Steinbeck, Anja
Die Zukunft der aggressiven Geschäftspraktiken
in: Wettbewerb in Recht und Praxis 2008, 865 – 870
(zit.: Steinbeck, in WRP 2008, S.)

dies.
Der Beispielskatalog des § 4 UWG – Bewährungsprobe bestanden
in: Gewerblicher Rechtsschutz und Urheberrecht 2008, 848 – 854
(zit.: Steinbeck, in GRUR 2008, S.)

Streinz, Rudolf
EUV/EUG Vertrag über die Europäische Union und Vertrag zur Gründung der Europäischen Gemeinschaft
1. Auflage, München 2003
(zit.: Bearbeiter, in Streinz, EUV/EUG, Art.)

T

U

Ukrow, Jörg
Jugendschutzrecht
München 2004
(zit.: Ukrow, S., Rn.)

V

Vural, Ayfer
Unlautere Werbung gegenüber Kindern und Jugendlichen
Dissertation Universität Bremen, München 2009
(zit.: Vural, Diss., S.)

W

Wagner, Hauke
Möglichkeiten der Werbespots im Fernsehen und im Internet – Wie Ihr Kind durch Fernsehen und Fernsehwerbung beeinflusst wird
Gelnhausen 2002
(zit.: Wagner, S.)

X

Y

Z

Zagouras, Georgios
Werbung für Mobilfunkmehrwertdienste und die Ausnutzung der geschäftlichen Unerfahrenheit von Kindern und Jugendlichen nach § 4 Nr. 2 UWG
in: Gewerblicher Rechtsschutz und Urheberrecht 2006, 731 – 734
(zit.: Zagouras, in GRUR 2006, S.)

Internetquellen

http://www.alm.de/fileadmin/Download/Gesetze/JuSchRiL2005.pdf
Jugendschutzrichtlinie 2005

http://www.bundesfinanzministerium.de/nn_60650/DE/BMF__Startseite/Service/Downloads/Arbeitsblaetter/Arbeitsblatt__November__2010__Wirtschaftsfaktor-Jugendliche,templateId=raw,property=publicationFile.pdf
Arbeitsgemeinschaft Jugend und Bildung e.V. - Generation Konsum – Jugendliche als Wirtschaftsfaktor

www.dtvm.de
Presseinformation des DTVM – Deutscher Verband für Telekommunikation und Medien;

http://www.ehapa.de
KidsVerbraucheranalyse

http://www.fanconnection.de/ Registerkarte: Aktionspackungen
Ferrero

http://www.howrse.de/
Online-Spiel

http://s4.freeaquazoo.de/
Online-Spiel

http://www.mpfs.de
JIM / KIM Studie 2010

http://www.pcgames.de/Online-Spiele-Thema-121940/News/Kostenlose-Online-Games-Ein-Segen-fuer-Hersteller-eine-Kostenfalle-fuer-Familien-697394/
Information über Online-Spiele

http://www.werberat.de/content/Kinder.php
Werberat

http://wiso.zdf.de/ZDFde/inhalt/16/0,1872,8232880,00.html?dr=1 (zuletzt besucht am 29.08.2011).
Information über Online-Spiele

A. Einführung

I. Zweck der Untersuchung

Anlass dieser Arbeit ist insbesondere die RL 2005/29 EG[1], mit deren Umsetzung der deutsche Gesetzgeber das bisherige Gesetz gegen den unlauteren Wettbewerb (UWG), in der Fassung vom 3. Juli 2004[2] (zuletzt geändert durch Art. 5 Gesetz vom 21.12.2006[3]) neu gestaltet und am 29.12.2008 im Bundesgesetzblatt verkündet hat.[4]

In dieser Arbeit wird der Schutz von Kindern und Jugendlichen unter wettbewerbsrechtlichen Gesichtspunkten in Hinblick auf die Werbung untersucht. Es soll eine Abgrenzung von lauteren zu unlauteren Werbemaßnahmen aufgezeigt werden, um den Kinder – und Jugendschutz in der Werbung handhabbar zu machen und Grenzfälle darzulegen. Dazu werden auch die Entwicklungen der verschiedenen Regelungen und des Schutzes von Kindern und Jugendlichen im Wettbewerbsrecht untersucht.

Die auffälligste Neuregelung in Bezug auf die Werbung gegenüber Kindern und Jugendlichen im Lauterkeitsrecht ist die Regelung der Nr. 28 des Anhangs zu § 3 Abs. 3 UWG. Unzulässig ist danach, die in einer Werbung einbezogene unmittelbare Aufforderung an Kinder, selbst die beworbene Ware zu erwerben oder die beworbene Dienstleistung in Anspruch zu nehmen oder ihre Eltern oder andere Erwachsene dazu zu veranlassen.

Die Auslegung dieser Regelung wird Kern der Arbeit sein. Es gilt eine Definition herauszuarbeiten, um zu einer einheitlichen Auslegung der in das UWG aufgenommenen Regelung zu gelangen.

Weiter soll mit dieser Arbeit eine Lösung gefunden werden, welches Verhältnis von Kindern zu Jugendlichen unter dem Schutz des UWG unter besonderer Berücksichtigung der Nr. 28 des Anhangs zu § 3 Abs. 3 UWG besteht und wie sich die Gruppen voneinander abgrenzen.

---

1 Richtlinie 2005/29/EG des Europäischen Parlaments und des Rates vom 11. Mai 2005 über unlautere Geschäftspraktiken im binnenmarktinternen Geschäftsverkehr zwischen Unternehmen und Verbrauchern und zur Änderung der Richtlinie 84/450/EWG des Rates, der Richtlinien 97/7/EG, 98/27/EG und 2002/65/EG des Europäischen Parlaments und des Rates sowie der Verordnung (EG) Nr. 2006/2004 des Europäischen Parlaments und des Rates (Richtlinie über unlautere Geschäftspraktiken), ABl. L 149/22 vom 11.06.2005.

2 BGBl. 2004 Teil I Nr. 32, vom 07.07.2004, S. 1414.

3 BGBl. 2006 Teil I Nr. 65, vom 28.12.2006, S. 3367.

4 BGBl. 2008 Teil I Nr. 64, vom 29.12.2008, S. 2949.

Dabei werden nicht nur die, durch die Umsetzung der RL 2005/29/EG entstandenen neuen Regelungen des UWG behandelt, sondern auch Normen, die dem Schutz von Kindern und Jugendlichen als Verbraucher vor unlauteren Werbemaßnahmen mit wirtschaftlichen Auswirkungen dienen. Diese Werbemaßnahmen werden anhand ihrer Erscheinungsform und ihres medialen Ansatzes untersucht. Bei unterschiedlichen medialen Ansätzen wird auch das Verhältnis der Schutznormen zueinander zu untersuchen sein.

Nicht zum Untersuchungsbereich gehören indizierte Werbungen und solche, die strafbaren Handlungen gleichstehen.[5]

II. Kinder und Jugendliche als Wirtschaftsfaktor

Kinder und Jugendliche stellen in der Wirtschaft einen erheblichen Einnahmefaktor als spezielle Zielgruppe dar[6] und sind folglich eine relevante Verbrauchergruppe.[7] Dies ergibt sich aus der Verwendung von unterschiedlichen Medien durch Kinder und Jugendliche sowie ihrem Vermögen.

1. Verwendung von Medien

Kinder und Jugendliche bedienen sich aller zur Verfügung stehenden Medien. Sei es das Fernsehen, eine Zeitschrift oder ein Computer. Ohne eine Angabe der täglichen Nutzungsdauer, ergab die KidsVerbraucheranalyse 2010, eine Fernsehnutzung von 76 % der Mädchen und 85 % der Jungen, wobei von 6,2 Mio. Kindern im Alter zwischen 6 und 13 Jahren ausgegangen wird.[8] 1994 sahen Kinder am Tag durchschnittlich 104 Minuten (1972 ca. 45 – 60 Min.[9]; 1991 ca. 110 Min.[10]), als beliebtestes Medium, fern.[11] Bereits im Jahr 2000 besaßen 34 %

---

5 Siehe hierzu weiterführend: Benz, Diss.; Pooth, Diss.; Vural, Diss.

6 Mankowski, in WRP 2008, 421; ders., in WRP 2007, 1389; Köhler, in WRP 2008, 700; Heermann, in MüKo-UWG, Bd. 1, § 4 Nr. 2, Rn. 18; Eisenhardt, in WRP 1997, 283, 284.

7 Scherer, in Pahlow/Eisfeld, S. 157; Neumann-Braun/Erichsen, in Charlton/Neumann-Braun/Aufenanger/Hofmann-Riem, Bd. 1, S. 28 ff.; Wagner, S. 19, 50; Böhler, in WRP 2011, 827.

8 Präsentation der KidsVerbraucheranalyse 2010 des Egmont Ehapa Verlags, S. 34.

9 Siereck/Wiedner, S. 16.

10 Baacke/Sander/Vollbrecht, S. 104.

11 Neumann-Braun/Erichsen, in Charlton/Neumann-Braun/Aufen-anger/Hofmann-Riem, Bd. 1, S. 28, (m.w.N.); Baacke/Sander/Vollbrecht, S. 171.

der Kinder im Alter von sechs bis dreizehn Jahren einen eigenen Fernseher.[12] 1995 lag die Auflage von Kinderzeitschriften bei ca. 130 Mio.[13] Im Jahr 2010 hatten bereits die „Top 10" der Kinderzeitschriften ca. 4,12 Mio. Leser.[14]

Auch die neueren Medien wie das Internet und Computerspiele werden von Kindern sehr stark genutzt.[15] Die KidsVerbraucheranalyse 2010 hat insofern ergeben, dass 75 % regelmäßig einen Computer und 67 % das Internet nutzen.[16] Dabei wird von einer steten Zunahme der Nutzung ausgegangen[17] wobei das Interesse an Computern und Computer- Onlinespielen eher bei Jungs zu finden ist.[18] Auch ist die Computernutzung stark mit dem Alter der Kinder verbunden, wobei die Nutzung mit dem Alter steigt.[19]

2. Kaufkraft

Im Jahr 2010 verfügten Kinder und Jugendliche im Alter von 10 – 19 Jahren über eine Kaufkraft von rund 22 Mrd. Euro.[20] Im Vergleich[21] zu den Jahren 2001 mit 16,44 Mrd. € und 2003 mit 20,43 Mrd. € ist somit ein weitergehender Anstieg wahrzunehmen in der Gruppe der 10 – 19 jährigen. Der Gruppe der 6 – 13 Jahre alten Kinder stand im Jahr 2007 ein Betrag von 1,53 Mrd. € regelmäßig zur Verfügung, wozu sich noch der Betrag der unregelmäßigen Geldgeschenke von 970 Mio. € addiert.[22]

---

12 Hopf, Diss., S. 3, m.w.N.

13 Neumann-Braun/Erichsen, in Charlton/Neumann-Braun/Aufen-anger/Hofmann-Riem, Bd. 1, S. 31; Zur Mediennutzung in den 70er Jahren s. Böckelmann/Huber/Middelmann, S. 12 ff.

14 Präsentation der KidsVerbraucheranalyse 2010 des Egmont Ehapa Verlags, S. 4.

15 Dörr, in Schiwy/Schütz/Dörr, S. 285.

16 Präsentation der KidsVerbraucheranalyse 2010 des Egmont Ehapa Verlags, S. 10 ff.

17 Präsentation der KidsVerbraucheranalyse 2010 des Egmont Ehapa Verlags, S. 13.

18 KIM Studie 2010, S. 6.

19 KIM Studie 2010, S. 25.

20 Arbeitsgemeinschaft Jugend und Bildung e.V. - Generation Konsum – Jugendliche als Wirtschaftsfaktor, abrufbar unter www.bundesfinanzministerium.de/nn_60650/DE/BMF__Startseite/Service/Downloads/Arbeitsblaetter/Arbeitsblatt__November__2010__Wirtschaftsfaktor-Jugendliche,templateId=raw,property=publicationFile.pdf (zuletzt besucht am 07.06.2011).

21 Heermann, in MüKo-UWG, Bd. 1, § 4 Nr. 2, Rn. 18 – Heermann verweist auf die KidsVerbraucheranalyse 2003 des BauerMedia-Verlags.

22 Mankowski, in WRP 2008, 421 – Mankowski bezieht sich dabei auf die Zahlen der KidsVerbraucheranalyse 2007 des Egmont Ehapa Verlags.

Für das Jahr 2010 wurde ermittelt, dass Kindern im Alter von 6 – 13 Jahren insgesamt 1,58 Mrd. € an Taschengeld zur Verfügung stand.[23] Dieser Betrag gliedert sich in die monatlichen Geldzuwendungen insofern auf, dass Kinder im Alter von 6 – 9 Jahren durchschnittlich 17,45 € und Kinder im Alter von 10 – 13 Jahren durchschnittlich 27,76 € zur Verfügung haben. Der Unterschied zwischen Jungen und Mädchen ist nur geringfügig. Jungen haben 23,67 € und Mädchen 22,37 € monatlich zur Verfügung, sodass bei einer Gesamtbetrachtung von einem festen monatlichen Verfügungsbetrag in Höhe von 23,04 € bei Kindern in der Altersgruppe von 6 – 13 Jahren auszugehen ist.[24] Dazu kann noch ein Betrag, der sich aus Geldzuwendungen für Geburtstag, Ostern und Weihnachten zusammensetzt, in Höhe von 186 € addiert werden.[25]

Auf dem vom Bundesfinanzministerium veröffentlichten Arbeitsblatt des Vereins Arbeitsgemeinschaft Jugend und Bildung e.V. für Schulklassen ab Klasse 10[26] ist die Bedeutung der Kinder und Jugendlichen für Wirtschaft und Werbung wie folgt beschrieben:

> „Kinder und Jugendliche sind eine besonders attraktive Zielgruppe für Werbeplaner und Marketingstrategen, für den Handel und die Wirtschaft. Der Grund ist einfach: Sie besitzen Geld, haben den Willen es auszugeben und Bedürfnisse, die sie befriedigen wollen – sei es das neueste Handy, die noch wirksamere Anti-Pickel-Creme oder die gleichen Jeans wie ihr Fernsehidol zu besitzen."

Diese treffende Formulierung zeigt deutlich auf, dass Kinder und Jugendliche als am Wirtschaftsleben teilnehmende Verbraucher eines wirksamen gesetzlichen Schutzes vor unzulässigen Beeinflussungen der Wirtschaft bedürfen. Bei unlauteren Handlungen gegenüber Kindern und Jugendlichen sind nicht primär die Interessen der lauteren Konkurrenten sondern die Interessen der Kinder und Jugendlichen zu schützen.

---

23 KidsVerbraucheranalyse 2010 des Egmont Ehapa Verlags – Finanzen.

24 KidsVerbraucheranalyse 2010 des Egmont Ehapa Verlags – Finanzen.

25 Pressepräsentation zur KidsVerbraucheranalyse 2010 des Egmont Ehapa Verlags.

26 Arbeitsgemeinschaft Jugend und Bildung e.V. - Generation Konsum – Jugendliche als Wirtschaftsfaktor, abrufbar unter www.bundesfinanzministerium.de/nn_60650/DE/BMF__Startseite/Service/Downloads/Arbeitsblaetter/Arbeitsblatt__November__2010__Wirtschaftsfaktor-Jugendliche,templateId=raw,property=publicationFile.pdf (zuletzt besucht am 07.06.2011).

III. Grundgesetzliche Grundlage

Das Recht der Kinder und Jugendlichen auf freie Entfaltung der Persönlichkeit wird dabei aus Art. 1 Abs. 1 i.V.m. Art. 2 Abs. 1 GG abgeleitet.[27]

Kinder und Jugendlichen sind noch keine gereiften Persönlichkeiten.[28] Sie haben einen grundgesetzlichen Schutzanspruch auf eine freie und unbelastete Entwicklung ihrer Persönlichkeit[29] hin zum „Person-Sein".[30] Diese Entwicklung wird auch als „Menschwerdungsrecht / Persönlichkeitswerdungsrecht"[31] oder als das Recht auf „Person-Werden"[32] bezeichnet.

Daraus ergibt sich, dass der Staat in der Verpflichtung steht, die Kinder und Jugendlichen zu schützen[33] und demzufolge gesetzliche Regelungen zum Schutze der Persönlichkeitsentfaltung der Kinder und Jugendlichen zu erlassen.[34]

---

27 BVerfGE 83, 130, 140; Engels, in AöR 1997, 212, 231; Hofmann, in Schmidt-Bleibtreu/Hofmann/Hopfauf, Art. 2, Rn. 3; Engels, Diss., S. 60.

28 Vgl. Engels, Diss., S. 67 f.; Rinsche, Diss., S. 23; Scherer, in WRP 2006, 401, 406.

29 Engels, Diss., S. 73.

30 Engels, in AöR 1997, 212, 226.

31 Dreier, in Dreier, Art. 2 I, Rn. 81.

32 Engels, Diss., S. 70; Rinsche, Diss., S. 26.

33 BVerfGE 83, 130, 140; 24, 119, 144; 72, 155, 172; 75, 201, 218.

34 Fechner, S. 157, Rn. 1 f.; Hoffman-Riem/Engels, in RdJB 1996, 48, 52; Engels, Diss., S. 72, 74; ders., in AöR 1997, 212, 230; Benz, Diss., S. 54 f.

B. Entstehung und Entwicklung des Schutzes für Kinder und Jugendliche in Bezug auf Werbung

I. Entstehung des Schutzes im Gesetz gegen den unlauteren Wettbewerb bis zur UWG-Novelle 2008

Die erste gesetzliche Bestimmung gegen unlauteren Wettbewerb wurde am 27.05.1896 im Gesetz zur Bekämpfung des unlauteren Wettbewerbs vom Reichstag beschlossen und trat am 01.07.1896 in Kraft.[35] Aufgrund dessen Unhandlichkeit wegen der Einzelfallbestimmungen und fehlender Generalklausel wurde es bereits am 07.06.1909 vom ersten UWG abgelöst, welches am 01.10.1909 in Kraft trat.[36] Unter dem Aspekt des Kinder- und Jugendschutzes gab es im Gesetz von 1896 und in dem Gesetz von 1909 keine spezielle Regelung.[37] Die Zulässigkeit von Werbung wurde daher insbesondere nach der Generalklausel § 1 UWG a.F. (i.d.F. vom 07.06.1909) beurteilt. Dieses Gesetz sollte in seinem Kernbereich beinahe einhundert Jahre Bestand haben.

Durch die UWG-Novelle in 2004[38] wurde das UWG grundlegend reformiert und, wie anhand des Vorschlags[39] zur damaligen UWG-Reform und der Begründung zum Gesetzesentwurf[40] ersichtlich, an zu dieser Zeit bestehendes und geplantes Gemeinschaftsrecht angeglichen.

1. Die Generalklausel

Werbemaßnahmen, die auf Kinder und Jugendliche gerichtet waren, wurden bis 2004 nicht speziell geregelt. Vielmehr ergab sich bis 2004, ein Schutz für Kinder und Jugendliche bzw. für alle Gruppen, die den angesprochenen Verkehrskreis der Wettbewerbshandlung[41] darstellten, aus der Generalklausel des

35 RGBl. 1896, S. 145; Sosnitza, in MüKo-UWG, Bd. 1, Vor § 1, Rn. 8.

36 RGBl. 1909, S. 499; Sosnitza, in MüKo-UWG, Bd. 1, Vor § 1, Rn. 11.

37 Vgl. Eisenhardt, in WRP 1997, 283, 288.

38 BGBl. 2004 Teil I Nr. 32, vom 07.07.2004, S. 1414.

39 Köhler/Bornkamm/Henning-Bodewig, in WRP 2002, S. 1317, 1324.

40 BT-Drucks. 15/1487, S. 12.

41 Godin, § 1, Anm. 85; Piper, in Köhler/Piper, § 1, Rn. 4; Rosenthal/Leffmann, Einl., Note 5 (RG 108, 273); vgl. Plaß, in HK-UWG, 1. Aufl., § 1, Rn. 249 ff.

§ 1 UWG a.F. und dem dort geforderten Verstoß gegen die guten Sitten.[42] § 1 UWG a.F. hatte folgenden Wortlaut: *Wer im geschäftlichen Verkehr zu Zwecken des Wettbewerbes Handlungen vornimmt, die gegen die guten Sitten verstoßen, kann auf Unterlassung und Schadensersatz in Anspruch genommen werden.*[43]

Eine altersbedingte Unfreiheit in Bezug auf die Fähigkeit, wirtschaftlich vernünftige Entscheidungen zu treffen, wurde in der Literatur[44], unter Herleitung der Unfreiheit von alten Menschen bei Kaffeefahrten, auch für Kinder angenommen, sodass die Ausnutzung dieser Unfreiheit als Verstoß gegen die guten Sitten gem. § 1 UWG a.F. beurteilt wurde.

Ein Ausnutzen der mangelnden Beurteilungsfähigkeit und Unerfahrenheit von Kindern und Jugendlichen lag dem OLG München[45] 1983 zufolge in einer „Sammelschnipsel-Aktion", die in einer Kinder- und Jugendzeitschrift beworben wurde. Bei einer solchen Aktion, die bei einer bestimmten Anzahl von gesammelten „Schnipseln" unentgeltlich Waren in Aussicht stellt, können Kinder aufgrund ihres altersgemäßen Verhaltens allein schon mittels der Aktion zum Kauf der Zeitschrift bereit und gewillt sein.

Aus ähnlichen Gründen erklärte bereits 1974 das OLG Düsseldorf[46] eine Werbeaktion eines Schokoladenriegelherstellers für unlauter, der für verschiedene Mengen von gesammelten Schokoladenriegelverpackungen unterschiedliche Sachen versprach.[47] Neben einem Verstoß gegen § 1 Abs. 1 ZugabeVO (aufgehoben mit Wirkung zum 24.07.2001[48]), begründete das OLG Düsseldorf die Unlauterkeit gem. § 1 UWG a.F. damit, dass Kinder und Jugendliche weniger auf die Güte und Preiswürdigkeit der Hauptware achten, sondern dem in der Zugabe liegenden Vorteil ausschlaggebende Bedeutung beimessen und beim

---

42 OLG Düsseldorf Urt. v. 17.05.1974 – 2 U 123/73, in GRUR 1975, 267 - „Milky Way"; OLG München Urt. v. 30.06.1983 – 6 U 3450/82, in GRUR 1983, 678 - „Fix und Foxi"; OLG Frankfurt a.M. Beschl. v. 24.03.1994 – 6 W 213/93, in GRUR 1994, 522 – „Lego-Hotline"; BGH Urt. v. 06.04.2006 – I ZR 125/03, in WRP 2006, 885, 887 - „Werbung für Klingeltöne"; Eisenhardt, in WRP 1997, 283, 288.

43 Vgl. § 1 UWG i.d.F. 1909.

44 Bülow, in BB 1974, 769.

45 OLG München Urt. v. 30.06.1983 – 6 U 3450/82, in GRUR 1983, 678, 679 - „Fix und Foxi".

46 OLG Düsseldorf Urt. v. 17.05.1974 – 2 U 123/73, in GRUR 1975, 267, 268 f. – „Milky-Way".

47 So auch Bülow, in FS Piper 1996, 121, 128.

48 BGBl. 2001 Teil I Nr. 37, vom 24.07.2001, S. 1661 f.

Kauf dadurch weniger vom Verstand als vom momentanen Begehren gelenkt werden.[49]

Ein Ausnutzen der leichten Beeinflussbarkeit wurde 1994 vom OLG Frankfurt[50] darin gesehen, dass ein Unternehmen, in einer Werbung für die von ihr hergestellten Spielsachen, die Kinder im Grundschulalter aufforderte ihre kostenpflichtige Hotline anzurufen. Der „Anreiz“ für die Kinder bestand darin, sich durch den Anruf bei der Hotline über die neuen Produkte des Unternehmens informieren zu können. Insofern wurde bis zur UWG-Novelle 2004 die Unlauterkeit anhand der altersbedingten Unerfahrenheit und mangelnden Beurteilungsfähigkeit der Kinder und Jugendlichen gemessen.[51]

Im Rahmen der UWG-Novelle 2004 wurde eine neue Generalklausel in § 3 UWG a.F. eingefügt.[52] Die neue Generalklausel hat im Vergleich zur ursprünglichen Fassung eine andere Formulierung für die zentrale Verbotsnorm des UWG[53] gefunden. Gem. § 3 UWG-2004 sind unlautere Wettbewerbshandlungen unzulässig, die geeignet sind, den Wettbewerb zum Nachteil der Mitbewerber, der Verbraucher oder der sonstigen Marktteilnehmer nicht nur unerheblich zu beeinträchtigen. Anhand des Kriteriums, dass nicht nur eine unerhebliche Beeinträchtigung gegeben sein durfte, auch als Bagatellklausel oder Erheblichkeitsschwelle bekannt geworden[54], mussten sich die Wettbewerbshandlungen im Sinne von § 2 Abs. 1 Nr. 1 UWG-2004 messen lassen. Zur Konkretisierung des Begriffes der Unlauterkeit wurden die Regelbeispiele des § 4 UWG und die Spezialtatbestände der §§ 5, 6 und 7 UWG der neuen Generalklausel bereitgestellt.[55] Diese Verweisungen für die Konkretisierung sind in §§ 4, 5 Abs. 1, 6 Abs. 2 und 7 Abs. 1 UWG a.F. zu finden.

---

49 OLG Düsseldorf Urt. v. 17.05.1974 – 2 U 123/73, in GRUR 1975, 267, 269 – „Milky-Way“.

50 OLG Frankfurt a.M. Beschl. v. 24.03.1994 – 6 W 213/93, in GRUR 1994, 522, 523 – „Lego-Hotline“.

51 Vgl. OLG München Urt. v. 30.06.1983 – 6 U 3450/82, in GRUR 1983, 678, 679 - „Fix und Foxi“; OLG Frankfurt a.M. Beschl. v. 24.03.1994 – 6 W 213/93, in GRUR 1994, 522, 523 – „Lego-Hotline“.

52 BGBl. 2004 Teil I Nr. 32, vom 07.07.2004, S. 1414.

53 BT-Drucks. 15/1487, S. 13.

54 Sosnitza, in MüKo-UWG, Bd. 1, § 3, Rn. 98 ff.; Fezer, in Fezer UWG, Bd. 1, § 3, Rn. 23 ff.; Köhler, in Hefermehl/Köhler/Bornkamm, 24. Aufl., § 3, Rn. 47 ff.

55 Köhler, in Hefermehl/Köhler/Bornkamm, 24. Aufl., § 3, Rn. 2; Sosnitza, in MüKo-UWG, Bd. 1, § 3, Rn. 2.

2. Irreführung und vergleichende Werbung

Wie bereits angedeutet, erfolgte der Schutz der Kinder und Jugendlichen in der gerichtlichen Praxis bis 2004 über die Unlauterkeit wegen Verstoßes gegen die Generalklausel gem. § 1 UWG-1909. Im ausschließlichen Bereich der irreführenden Angaben[56] und der vergleichenden Werbung konnte insofern nur eine auf Werbung gegenüber Kindern und Jugendliche bezogene veröffentlichte Entscheidung ausfindig gemacht werden.[57] Dies mag auch darin begründet sein, dass zu damaliger Zeit die Werbemöglichkeiten weder den gleichen medialen Rahmen noch die gleiche Intensität[58] hatten, wie sie es heute haben und dass die Werbung gegenüber Kindern und Jugendlichen anhand der Generalklausel an deren Beurteilungsfähigkeit und Unerfahrenheit gemessen wurde.

a) Irreführung

§ 3 UWG-1909[59] wurde bis zur Novelle 2004 zuletzt durch Art. 1 Nr. 2 des Gesetzes zur vergleichenden Werbung und zur Änderung wettbewerbsrechtlicher Vorschriften vom 01.09.2000[60] mittels eines ergänzenden Satzes klarstellend dahingehend erweitert, dass eine vergleichende Werbung nicht irreführend sein darf.[61] Diese Ergänzung diente der Umsetzung des Art. 3a Abs. 1 lit. a) RL 97/55/EG vom 06.10.1997.[62] Eine Veränderung des sachlichen Anwendungsbereiches hat dadurch nicht stattgefunden, da auch schon vorher entschieden wurde, dass eine vergleichende Werbung nicht irreführend sein dürfe.[63] Das Irreführungsverbot spielte damals im Rahmen der vergleichenden Werbung kaum eine Rolle, da die echte vergleichende Werbung, die den Konkurrenten erkennen lässt, in der Rechtsprechung generell als unzulässig angesehen wurde.[64]

---

56 Vgl. Rinsche, Diss., S. 124; Eisenhardt, in WRP 1997, 283, 288.

57 BGH Urt. v. 21.04.1978 – I ZR 115/76, in GRUR 1978, 605 ff. - „Mr. Freeze".

58 Eisenhardt, in WRP 1997, 283; Benz, in WRP 2003, 1160; Klees/Lange, in CR 2005, 684; Mankowski, in WRP 2007, 1398.

59 Gesetz gegen den unlauteren Wettbewerb vom 07.06.1909, RGBl. 1909, S. 499.

60 BGBl. 2000 Teil I Nr. 42, vom 13.09.2000, S. 1374 f.

61 Piper, in Köhler/Piper, § 3, Rn. 197; Reese, in MüKo-UWG, Bd. 2, § 5, Rn. 6.

62 Richtlinie 97/55/EG des Europäischen Parlaments und des Rates vom 06. Oktober 1997 zur Änderung der Richtlinie 84/450/EWG über irreführende Werbung zwecks Einbeziehung der vergleichenden Werbung, ABl. L 290/18 vom 23.10.1997.

63 BGH Urt. v. 03.02.1988 – I ZR 183/85, in GRUR 1988, 764, 766 f. - „Krankenkassen-Fragebogen"; Peifer, in Fezer UWG, Bd. 2, § 5, Rn. 8; Lindacher, in GK, § 3, Rn. 187.

64 RG Urt. v. 11.03.1927 – II 321/26, in GRUR 1927, 486, 489 - „Preisvergleich"; RG Urt. v. 04.05.1934 – II 6/34, in GRUR 1934, 473, 475 f. - „Konfektionswatte"; RG Urt. v.

§ 3 UWG-1909 hatte folgenden Wortlaut: *Wer im geschäftlichen Verkehr zu Zwecken des Wettbewerbs über geschäftliche Verhältnisse, insbesondere über die Beschaffenheit, den Ursprung, die Herstellungsart oder die Preisbemessung einzelner Waren oder gewerblicher Leistungen oder des gesamten Angebots, über Preislisten, über die Art des Bezugs oder die Bezugsquelle von Waren, über den Besitz von Auszeichnungen, über den Anlaß oder den Zwecks des Verkaufs oder über die Menge des Vorräte irreführende Angaben macht, kann auf Unterlassung der Angaben in Anspruch genommen werden. Angaben über geschäftliche Verhältnisse im Sinne des Satzes 1 sind auch Angaben im Rahmen vergleichender Werbung.*[65]

Auch über § 3 UWG-1909[66] hätte ein gewisser Schutz der Kinder und Jugendlichen vor unlauterer Werbung, in diesem Zusammenhang vor „Irreführenden Angaben", erreicht werden können.[67] Anfangs als reiner Mitbewerberschutz verstanden[68], wandelte sich das Verständnis hin zu einer auch verbraucherschützenden Auslegung.[69] Eine irreführende Werbung lag vor, wenn der Aussageinhalt der Werbung bei dem Umworbenen eine Vorstellung über deren Bedeutung hervorrief, die nicht mit der wirklichen Bedeutung übereinstimmte.[70] Dabei musste nicht auf den gewollten Werbeinhalt des Werbenden, sondern auf das Verständnis des Werbeempfängers zur Beurteilung des Werbeinhalts abgestellt werden.[71]

Der BGH hat in einer zu Recht umstrittenen Entscheidung[72] eine irreführende Werbung gegenüber Kindern und Jugendlichen verneint, da die dortige zum Verzehr gedachte Flüssigkeit „Mr. Freeze" im gefrorenen Zustand bei dem angesprochenen Verkehrskreis der Kinder[73] aufgrund der Aufschrift „(...) Künstli-

---

09.05.1936 – II 268/35 GRUR 1937, 230, 234 - „Gasbackofen"; BGH Urt. v. 15.11.1960 – I ZR 58/57, in GRUR 1961, 85, 90 - „Pfiffikus-Dose"; BGH Urt. v. 19.12.1960 – I ZR 14/59, in GRUR 1961, 288, 289 - „Dr. Best Zahnbürsten"; vgl. dazu Köhler, in Köhler/Bornkamm, 29. Aufl., § 6, Rn. 2.

65 Vgl. § 3 UWG i.d. geänderten F. von 1909, BGBl. I S. 1374.

66 Ab der Fassung vom 26.06.1969, BGBl. I S. 633.

67 Peifer, in Fezer UWG, 2. Aufl., Bd. 2, § 5, Rn. 31.

68 Bornkamm, in Köhler/Bornkamm, 29. Aufl., § 5, Rn. 1.7; Nordemann, in Götting/Nordemann, § 5, Rn. 0.25; Sosnitza, in Piper/Ohly/Sosnitza, § 5, Rn. 12.

69 Lindacher, in GK, § 3, Rn. 4-6; Ekey, in HK-UWG, 1. Aufl., § 3, Rn. 5.

70 Engels, in WRP 1997, 6, 10; Rinsche, Diss., S. 116; Baumbach/Hefermehl, § 3, Rn. 22.

71 Baumbach/Hefermehl, § 3, Rn. 23; Rinsche, Diss., S. 119; Fischötter, in GRUR 1978, 607; Engels, in WRP 1997, 6, 10; siehe auch RG Entscheidungen in Fn. 64.

72 BGH Urt. v. 21.04.1978 – I ZR 115/76, in GRUR 1978, 605 ff. - „Mr. Freeze".

73 BGH Urt. v. 21.04.1978 – I ZR 115/76, in GRUR 1978, 605, 607 - „Mr. Freeze"; dazu Rinsche, Diss., S. 120; Engels, in WRP 1997, 6, 11.

ches Kaltgetränk (...)“ und des Aufdruckes eines Schneemannes nicht den Eindruck erweckt habe, es handele sich um Speiseeis i.S.d. Speiseeisverordnung. Kritische Stimmen[74] bemängelten im Zusammenhang mit diesem Urteil zu Recht insbesondere die fehlende Befragung des angesprochenen Verkehrskreises der Kinder und gehen im Falle einer Befragung des Empfängerverständnisses von einer irreführenden Werbeaussage aus, da bei Kindern bereits durch die graphische Aufmachung der Verpackungsgestaltung der Eindruck von regulärem Eis i.S.d. Speiseeisverordnung erweckt würde.

Anzumerken sei in diesem Zusammenhang jedoch, dass nicht allein die Aufmachung bzw. die Bezeichnung eines Produkts durch Verwendung des Wortes „Kind“, wie z.B. „Kinder-Konfitüre“, auch zwingend den Verkehrskreis bestimmt.[75] Häufig sind die Eltern diejenigen, denen durch die Verwendung des Wortes „Kind“ als Bestandteil einer Marke zu verstehen gegeben werden soll, dass das Produkt bestimmte Inhaltsstoffe enthält, die für Kinder geeignet sind. Entspricht dies nicht den tatsächlichen Umständen, kann, dem Hans. OLG Hamburg zufolge, darin eine irreführende Werbung liegen.[76]

Im Rahmen der UWG-Novelle 2004 verschob sich der vormals eigenständige[77] Irreführungsverbotstatbestand des § 3 UWG a.F. mit Anpassungen des Wortlauts[78] unter systematischer Änderung in den § 5 UWG als Konkretisierung der nunmehr in § 3 UWG-2004 geregelten Generalklausel.[79]

Inhaltlich-sachlich war die Änderung trotz der Änderung der äußeren Fassung nicht von weitgreifender Natur.[80] Lediglich die durch die Rechtsprechung und Literatur entwickelten Maßstäbe zur Problematik der Irreführung durch Verschweigen von Tatsachen[81] hatten in § 5 Abs. 2 Satz 2 UWG Niederschlag

74 Engels, in WRP 1997, 6, 10 f.; Rinsche, Diss., S. 120 f.; Fischötter, in GRUR 1978, 607 f. - Fischötter führt noch eine Entscheidung des VGH Baden-Württemberg an (LRE Bd. 10, 213 ff.) welche die „Mr. Freeze“ als irreführend betrachtete.

75 Hans. OLG Hamburg Beschl. v. 05.07. 1973 – 3 U 29/73, in GRUR 1974, 227, 228.

76 Hans. OLG Hamburg Beschl. v. 05.07. 1973 – 3 U 29/73, in GRUR 1974, 227.

77 Vgl. Peifer, in Fezer UWG, 2. Aufl., Bd. 2, § 5, Rn. 4 ff.; Bornkamm, in Köhler/Bornkamm, 29. Aufl., § 5, Rn. 1.2 ff.

78 Reese, in MüKo-UWG, Bd. 2, § 5, Rn. 7.

79 Bornkamm, in Hefermehl/Köhler/Bornkamm, 24.Aufl., § 5, Rn. 1.5; ders., in Köhler/Bornkamm, 29. Aufl., § 5, Rn. 1.5; Reese, in MüKo-UWG, Bd. 2, § 5, Rn. 8; a.A. Peifer, in Fezer UWG, Bd. 2, § 5, Rn. 12.

80 Bornkamm, in Hefermehl/Köhler/Bornkamm, 24. Aufl., § 5, Rn. 1.5; Peifer, in Fezer UWG, Bd. 2, § 5, Rn. 9 ff.; Reese, in MüKo-UWG, Bd. 2, § 5, Rn. 9.

81 Peifer, in Fezer UWG Bd. 2, § 5, Rn. 11; BT Drucks. 15/1487 S. 19.

gefunden. In § 5 Abs. 2 Satz 1 UWG wurde Art. 3 RL 84/450/EWG beinahe wortgleich übernommen.[82]

Der Schutz vor irreführenden Angaben gegenüber Kindern und Jugendlichen bekam durch den medialen Fortschritt auch neue Werbebereiche zugeteilt. *Klees/Lange*[83] nehmen dabei Bezug auf die Preisangaben von Klingeltonwerbungen, da insbesondere bei den Klingeltonabonnements die Gesamtkosten nicht vorhersehbar seien, selbst wenn der monatlich zu entrichtende Preis angegeben ist.[84] Diese Sichtweise kann auch an der Argumentation des BGH festgemacht werden.[85]

Der BGH bemängelt darin die Transparenz von Klingeltonwerbungen in Bezug auf die tatsächlich anfallenden Kosten für den Nutzer des Angebots. Diese seien für den Nutzer anhand der Werbung nicht erkennbar gewesen und im Gegensatz zu normalen Telefongesprächen auch nicht beherrschbar. Der BGH zitiert in Rahmen der dortigen Subsumption auch *Klees/Lange*, geht aber nicht weiter auf die dortige Überlegung zu irreführenden Angaben ein.

Dies soll hier später nachgeholt werden, da sich der Gedankengang von *Klees/Lange* gut nachvollziehen lässt, sodass im Weiteren auch auf die heute geltenden §§ 5 und 5a UWG einzugehen sein wird.[86]

b) Vergleichende Werbung

Die Entwicklung der lauterkeitsrechtlichen Beurteilung vergleichender Werbung in Deutschland unterlag einem langwierigen Wandel.

Mit der Einführung des § 2 UWG a.F.[87] gab es erstmals eine gesetzliche Regelung für vergleichende Werbung in Deutschland. § 2 UWG-2000 wurde durch das Gesetz zur vergleichenden Werbung und zur Änderung wettbewerbsrechtlicher Vorschriften vom 01.09.2000 in das UWG a.F. eingeführt.[88] Dies diente der Umsetzung der RL 97/55/EG vom 06.10.1997[89] über irreführende Werbung.[90]

---

82 Vgl. BT-Drucks. 15/1487, S. 19; RL 84/450/EWG, ABl. L 250/17 vom 19.09.1984, geändert durch RL 97/55/EG ABl. L 290/18 vom 23.10.1997.

83 Klees/Lange, in CR 2005, 684, 686; wobei die Autoren Bezug auf § 5 Abs. 1 UWG nehmen und zur Begründung die Entscheidung des OLG Nürnberg, in GRUR-RR 2003, 315 f. anführen, die zum Zeitpunkt der Geltung des UWG vor 2004 erging.

84 Klees/Lange, in CR 2005, 684, 686.

85 BGH Urt. v. 06.04.2006 – I ZR 125/03, in WRP 2006, 885, 887 - „Werbung für Klingeltöne".

86 Vgl. dazu unter C. IV. 2. und E. I. 1.

87 BGBl. 2000 Teil I Nr. 42, vom 13.09.2000, S. 1374 f.

88 BGBl. 2000 Teil I Nr. 42, vom 13.09.2000, S. 1374 f.; RegE BT-Drucks. 14/2959, in WRP 2000, 555.

89 RL 97/55/EG ABl. L 290/18 vom 23.10.1997.

In § 2 Abs. 1 UWG-2000 wurde vergleichende Werbung, als jede Werbung, die unmittelbar oder mittelbar einen Mitbewerber oder die von einem Mitbewerber angebotenen Waren oder Dienstleistungen erkennbar macht, legal definiert. § 2 Abs. 2 UWG a.F. gab sechs Tatbestände vor, von denen jeder eine vergleichende Werbung als unlauter i.S.d. Generalklausel einstufte.

Die bis zur Novelle 2004 geltende Regelung der vergleichenden Werbung gem. § 2 UWG-2000 wurde ohne inhaltliche Veränderung in § 6 UWG-2004 übernommen.[91]

aa) Wandel der Rechtsprechung zur vergleichenden Werbung

Bis zur Umsetzung der RL 97/55/EG wurde die Lauterkeit vergleichender Werbung insbesondere durch zwei höchstrichterliche Entscheidungen geprägt.

Das Reichsgericht stellte mit seiner *Hellegold-Entscheidung* 1931[92] einen Verbotsgrundsatz der vergleichenden Werbung auf. Hauptargumente des Reichsgerichts waren, dass es einem Konkurrenten nicht zustünde, ein konkurrierendes Angebot zu bewerten und dass ein Konkurrent nicht als Mittel zur Erhöhung der eigenen Leistungsfähigkeit des Anpreisenden herangezogen werden dürfe.[93] Der vom Reichsgericht aufgestellte Verbotsgrundsatz wurde in der folgenden Zeit durch begrenzte Ausnahmen aufgelockert.[94]

Der BGH änderte durch seine *Testpreis-Angebote-Entscheidung*[95] diese Rechtsprechung aufgrund der zu diesem Zeitpunkt erlassenen aber noch nicht in deutsches Recht umgesetzten RL 97/55/EG in einem seltenen Fall einer Rechtsfortbildung zur Anpassung an eine erst zukünftig umzusetzende europäische Regelung. Dabei legte der BGH seiner Entscheidung die Zulässigkeitskriterien der RL 97/55/EG zu Grunde und gab somit den vom Reichsgericht entwickelten Verbotsgrundsatz auf.[96]

---

90 Köhler, in Köhler/Piper, § 2, Rn. 1; Koos, in Fezer UWG, Bd. 2, § 6, Rn. 1; Köhler, in Köhler/Bornkamm, 29. Aufl., § 6, Rn. 1.

91 BT-Drucks. 15/1487, S. 13; Zum Ursprung und europarechtlichem Verständnis kann auf § 2 UWG a.F. Bezug genommen werden.

92 RG Urt. v. 6.10.1931 – in HRR 1932, Nr. 869.

93 RG Urt. v. 6.10.1931 – in HRR 1932, Nr. 869; siehe auch weitere Nachweise zur vergleichenden Werbung in Fn. 64.

94 Vgl. Koos, in Fezer UWG, Bd. 2, § 6, Rn. 2; Menke, in MüKo-UWG, Bd. 2, § 6, Rn. 4 jeweils m.w.N. aus Literatur und Rechtsprechung des Reichsgerichts und Bundesgerichtshofes.

95 BGH Urt. v. 05.02.1998 – I ZR 211/95, in WRP 1998, 718 - „Testpreis-Angebot“.

96 BGH Urt. v. 05.02.1998 – I ZR 211/95, in WRP 1998, 718, 721 - „Testpreis-Angebot“.

bb) Verständnis des § 2 UWG a.F.

§ 2 UWG-2000 stellte eine Konkretisierung der Generalklausel aus § 1 UWG-1909 dar und galt als im Sinne der RL 97/55/EG bzw. der RL 84/450/EWG[97] auszulegen.[98] Zweck der RL 97/55/EG war die Harmonisierung der Regelungen zu vergleichender Werbung.[99] Bei der Umsetzung des Zulässigkeitskatalogs des Art. 3 Abs. 1 RL 97/55/EG wurde den Mitgliedsstaaten kein Spielraum zugestanden, da laut Erwägungsgrund 11 der RL 97/55/EG[100] die Bedingungen für vergleichende Werbung kumulativ und uneingeschränkt eingehalten werden sollten. Weiteren Erwägungsgründen der RL 97/55/EG ist insofern zu entnehmen, dass vergleichende Werbung ein zulässiges Mittel zur Unterrichtung der Verbraucher über ihre Vorteile sein kann, wenn sie wesentliche, relevante, nachprüfbare und typische Eigenschaften vergleicht und nicht irreführend ist.[101] Der Schutzzweck liegt daher auf der Kehrseite dessen. Unzulässig sollten solche Praktiken sein, die „den Wettbewerb verzerren, die Mitbewerber schädigen und die Entscheidung der Verbraucher negativ beeinflussen können".[102] Gerade in der negativen Beeinflussung der Entscheidung der Verbraucher, also auch der Kinder und Jugendlichen, durch vergleichende Werbung gem. § 2 UWG a.F. wäre eine Unlauterkeit denkbar gewesen.

Eine explizite Regelung zum Schutz der Kinder und Jugendlichen existierten zu dieser Zeit nur außerhalb des UWG, und zwar in Verhaltens- und Werberegeln[103], den Staatsverträgen zum Rundfunk mitsamt den Richtlinien der Landesmedienanstalten[104] und in der Fernsehrichtlinie 2007/65/EG[105] (ursprünglich 89/552/EWG[106] und 97/36/EG[107]).

---

97 Richtlinie 84/450/EWG des Rates vom 10. September 1984 zur Angleichung der Rechts- und Verwaltungsvorschriften der Mitgliedstaaten über irreführende Werbung, ABl. L 250/17 vom 19.09.1984.

98 Köhler, in Köhler/Piper, § 2, Rn. 6; Koos, in Fezer UWG, Bd. 2, § 6, Rn. 12.

99 RL 97/55/EG, ABl. L 290/18 vom 23.10.1997 – Erwägungsgrund 3.

100 RL 97/55/EG, ABl. L 290/19 vom 23.10.1997.

101 RL 97/55/EG, ABl. L 290/18 vom 23.10.1997 - Erwägungsgrund 5.

102 RL 97/55/EG, ABl. L 290/19 vom 23.10.1997 - Erwägungsgrund 7; Koos, in Fezer, UWG Bd. 2, § 6, Rn. 15; Köhler, in Köhler/Piper, § 2, Rn. 8.

103 Vgl. Verhaltensregeln des Deutschen Werberates für die Werbung mit und vor Kindern in Hörfunk und Fernsehen (i.d.F. 1974 und 1998); Verhaltensregeln des Deutschen Werberates über die Werbung und das Teleshopping für alkoholische Getränke (i.d.F. 1998); Verhaltenskodex für Telefonmehrwertdienste der freiwilligen Selbstkontrolle Telefonmehrwertdienste; s. auch Sosnitza, in MüKo-UWG, Bd. 2, Anh. §§ 1-7, Rn. 2.

104 Staatsvertrag über den Rundfunk im vereinigten Deutschland vom 01.01.1992; vgl. auch Eisenhardt, in WRP 1997, 283, 287; Hoffmann-Riem/Engels, in RdJB 1996, 48, 57.

3. Unzumutbare Belästigung

Der im Rahmen der UWG-Novelle 2004 neu eingefügte § 7 UWG a.F. regelte die Unlauterkeit der unzumutbaren Belästigung durch Werbung.

Auch § 7 UWG-2004 galt trotz der generalklauselartigen Formulierung des § 7 Abs. 2 UWG a.F.[108], als Konkretisierung der Generalklausel des § 3 UWG-2004. Daher führte der Gesetzgeber die Verweisung auf § 3 UWG-2004 zur Sicherstellung ein, dass die Regeln zur unzumutbaren Belästigung nur Anwendung finden sollten, sofern die weiteren Voraussetzungen des § 3 UWG-2004 erfüllt waren.[109] Zum Teil diente die Schaffung der Norm auch der Umsetzung des Art. 13 der Datenschutzrichtlinie 2002/58/EG[110] vom 12.06.2002 für elektronische Kommunikation. Diese europarechtlichen Vorgaben wurden in § 7 Abs. 2 Nr. 2 – 4 UWG a.F. umgesetzt.[111]

Schutzzweck der Norm waren vor allem der Schutz der Verbraucher, folglich auch der Kinder und Jugendlichen, und sonstigen Marktteilnehmer vor einer Beeinträchtigung ihrer privaten oder beruflichen Sphäre durch Eindringen des Werbetreibenden sowie der Schutz vor unangemessener unsachlicher Beeinflussung der Entscheidungsfreiheit.[112] Bei Kindern und Jugendlichen ist insbesondere § 7 Abs. 2 Nr. 3 UWG-2004 von Interesse, da Kinder und Jugendliche häufig über eigene E-Mail-Konten verfügen[113] und auf diesem Wege Empfänger von Werbungen sein können.

---

105 Richtlinie 2007/65/EG des Europäischen Parlaments und des Rates vom 11. Dezember 2007 zur Änderung der Richtlinie 89/552/EWG des Rates zur Koordinierung bestimmter Rechts- und Verwaltungsvorschriften der Mitgliedstaaten über die Ausübung der Fernsehtätigkeit, ABl. L 332/27 vom 18.12.2007.

106 Richtlinie 89/552/EWG des Rates vom 3. Oktober 1989 zur Koordinierung bestimmter Rechts- und Verwaltungsvorschriften der Mitgliedstaaten über die Ausübung der Fernsehtätigkeit, ABl. L 298/23 vom 17.10.1989.

107 Richtlinie 97/36/EG des Europäischen Parlaments und des Rates vom 30. Juni 1997 zur Änderung der Richtlinie 89/552/EWG des Rates zur Koordinierung bestimmter Rechts- und Verwaltungsvorschriften der Mitgliedstaaten über die Ausübung der Fernsehtätigkeit, ABl. L 202/60 vom 30.07.1997.

108 BT-Drucks. 15/1487 S. 21.

109 BT-Drucks. 15/1487 S. 20.

110 Richtlinie 2002/58/EG des Europäischen Parlaments und des Rates vom 12. Juli 2002 über die Verarbeitung personenbezogener Daten und den Schutz der Privatsphäre in der elektronischen Kommunikation; ABl. L 201/37 vom 31. Juli 2002.

111 BT-Drucks. 15/1487 S. 21.

112 Leible, in MüKo-UWG, Bd. 2, § 7, Rn. 1; Köhler, in Hefermehl/Köhler/Bornkamm, 24. Aufl., § 7, Rn. 1.

113 KIM-Studie 2010, S. 33; vgl. näher dazu unten C. III. § 7 UWG.

4. § 4 UWG-2004

Die ausdrückliche Erwähnung des Schutzes der Kinder und Jugendlichen im UWG beginnt mit § 4 Nr. 2 UWG in der Fassung der Bekanntmachung vom 3. Juli 2004.[114] Der Wortlaut des § 4 Nr. 2 UWG a.F. entspricht überwiegend dem Gesetzgebungsvorschlag von *Köhler / Bornkamm / Henning-Bodewig*.[115] Diese Norm wurde unter Anlehnung an die Begründung der Autoren des Gesetzgebungsvorschlags[116] in das UWG eingeführt, um besonders schutzbedürftige Verbraucherkreise vor einer Ausnutzung ihrer Unerfahrenheit zu schützen.[117] § 4 Nr. 2 UWG-2004 bezieht sich auf die Generalklausel in § 3 UWG-2004[118] und bestimmt als Beispiel für unlauteres Handeln Wettbewerbshandlungen, die geeignet sind, die geschäftliche Unerfahrenheit insbesondere von Kindern oder Jugendlichen, die Leichtgläubigkeit, die Angst oder die Zwangslage von Verbrauchern auszunutzen.

Die Erwähnung von Kindern und Jugendlichen in § 4 Nr. 2 UWG diente jedoch nicht unmittelbar dem Schutz dieser Verbrauchergruppe, sondern lediglich als Beispiel für besonders schutzwürdige Verbrauchergruppen.[119] Die geschäftliche Unerfahrenheit liegt vor, wenn ein Verbraucher nicht die Kenntnis von den rechtlichen Anforderungen und den wirtschaftlichen Auswirkungen von Verträgen in einer Marktwirtschaft hat, die von einem durchschnittlich informierten, aufmerksamen und verständigen Durchschnittsverbraucher zu erwarten ist.[120] Bei Werbungen für Minderjährige wurde dabei, in Anlehnung an das allgemeine

---

114 BGBl. 2004 Teil I Nr. 32, vom 07.07.2004, S. 1414; Mankowski, in WRP 2008, S. 421, 421; Köhler, in Hefermehl/Köhler/Bornkamm, 24. Aufl., § 4, Rn. 2.1.

115 Köhler/Bornkamm/Henning-Bodewig, in WRP 2002, 1317, 1319.

116 Köhler/Bornkamm/Henning-Bodewig, in WRP 2002, 1317, 1325.

117 Begründung zu § 4 Nr. 2 RegE UWG, BT-Drucks 15/1487, S. 17; Köhler, in Hefermehl/Köhler/Bornkamm, 24. Aufl., § 4, Rn. 2.1; Scherer, in Fezer UWG, Bd. 1, § 4 Nr. 2, Rn. 101.

118 Vgl. Heermann, in FS Raiser 2005, 681, 688.

119 BT-Drucks. 15/1487, S. 17; Benz, in WRP 2003, S. 1160; Köhler, in Hefermehl/Köhler/Bornkamm, 24. Aufl., § 4, Rn. 2.8; Scherer, in Fezer UWG, Bd. 1, § 4 Nr. 2, Rn. 101; Heermann, in MüKo-UWG, Bd. 1, § 4 Nr. 2, Rn. 5.

120 OLG Frankfurt a.M. Urt. v. 12.05.2005 – 6 U 24/05, in GRUR 2005, 782, 783 – „Milchtaler"; Köhler, in Hefermehl/Köhler/Bornkamm, 24. Aufl., § 4, Rn. 2.10; ders., in Hefermehl/Köhler/Bornkamm, 27. Aufl., § 4, Rn. 2.13; ders., in FS Ullmann 2006, 685, 687; Heermann, in MüKo-UWG, Bd. 1, § 4 Nr. 2, Rn. 3; Späth, in Götting/Nordemann, § 4 Nr. 2, Rn. 2.28.

aus dem europäischen Recht übernommene Verbraucherleitbild[121], auf den durchschnittlich informierten, situationsadäquat aufmerksamen und verständigen Minderjährigen abgestellt.[122] Bei Kindern und Jugendlichen sollte die geschäftliche Unerfahrenheit stets vorliegen.[123]

§ 4 Nr. 2 UWG war zu dieser Zeit zwar die einzige gesetzliche Schutznorm im Wettbewerbsrecht, die einen Kinder- und Jugendschutz im Wortlaut aufweisen konnten, jedoch nicht die einzige Norm, die dem Kinder- und Jugendschutz zu dienen bestimmt war. Diese besonders schutzwürdige Verbrauchergruppe wurde im Rahmen des § 4 UWG ferner mittelbar über § 4 Nr. 1 und 3 UWG[124] sowie über § 4 Nr. 11 UWG in Verbindung mit qualifizierten Schutzgesetzen[125] geschützt.

II. Entstehung und Entwicklung des Kinder- und Jugendschutzes außerhalb des UWG

Auch außerhalb des UWG entstanden Regelungen, die Kinder und Jugendliche in Bezug auf Werbemaßnahmen schützen sollten. Im Gegensatz zum UWG geschah es weitaus früher und unter besonderer Erwähnung der schutzbedürftigen Gruppen der Kinder und Jugendlichen in Verhaltens- und Werberegeln[126], den

121 EuGH Urt. v. 16.07.1998 – C-210/96, in GRUR Int 1998, 795 „Gut Springenheide"; BT-Drucks. 15/1487, S. 19; BGH Beschl. v. 20.10.1999, in WRP 2000, 517, 520 - „Orientteppich"; Köhler, in Köhler/Bornkamm, 29. Aufl., Einl. 2.13, § 1, Rn. 22.

122 BGH Urt. v. 06.04.2006 – I ZR 125/03, in WRP 2006, 885, 886 - „Werbung für Klingeltöne"; BGH Urt. v. 17.07.2008 – I ZR 160/05, in GRUR 2009, 71, 72 - „Schoko-Riegel"; Köhler, in Hefermehl/Köhler/Bornkamm, 24. Aufl., § 4, Rn. 2.10.

123 OLG München Urt. v. 30.06.1983 – 6 U 3450/82, in WRP 1984, 46, 47 – „Fix und Foxi"; OLG Frankfurt a.M. Urt. v. 12.05.2005 – 6 U 24/05, in GRUR 2005, 782, 783 – „Milchtaler"; Hans. OLG Hamburg Urt. v. 10.04.2003 – 5 U 97/02, in WRP 2003, 1003, 1006 – „Klingeltonwerbung"; Köhler, in Hefermehl/Köhler/Bornkamm, 24. Aufl., § 4, Rn. 2.17; Mankowski, in GRUR 2007, 1013, 1014; Plaß, in HK-UWG, 2. Aufl., § 4, Rn. 211; Späth, in Götting/Nordemann, § 4 Nr. 2, Rn. 2.28.

124 Zu § 4 Nr. 1 UWG, vgl. BGH Urt. v. 12.07.2007 – I ZR 82/05, in WRP 214 - „Tony Taler"; zu § 4 Nr. 3 UWG, vgl. Köhler, in FS Ullmann 2006, S. 685, 689, sowie näher dazu unter C. IV. 4. b) c).

125 Siehe zum qualifizierten Schutzgesetz unter C. IV. 4. d) aa).

126 Vgl. Verhaltensregeln des Deutschen Werberates für die Werbung mit und vor Kindern in Hörfunk und Fernsehen (i.d.F. 1974 und 1998); Verhaltensregeln des Deutschen Werberates über die Werbung und das Teleshopping für alkoholische Getränke (i.d.F. 1998); Verhaltenskodex für Telefonmehrwertdienste der freiwilligen Selbstkontrolle Telefonmehrwertdienste; s. auch Sosnitza, in MüKo-UWG, Bd. 2, Anh. §§ 1-7 I, Rn. 2.

Staatsverträgen zum Rundfunk mitsamt den Richtlinien der Landesmedienanstalten[127] und in der Fernsehrichtlinie 2007/65/EG[128] (ursprünglich 89/552/EWG[129] und 97/36/EG[130]).

1. Fernsehrichtlinien RL 89/552/EWG - RL 97/36/EG – RL 2007/65/EG

Ein Schutz für Kinder und Jugendliche befand sich bereits in der Fernsehrichtlinie 89/552/EWG.[131] In ihr wird weder an den Begriff Kinder noch an Jugendliche angeknüpft. Vielmehr gilt der Schutz der Richtlinie allen Minderjährigen. Gem. Art. 16 RL 89/552/EWG darf Fernsehwerbung

a) keine direkten Kaufappelle an Minderjährige richten, die deren Unerfahrenheit und Leichtgläubigkeit ausnutzen.

b) Minderjährige nicht unmittelbar dazu auffordern, ihre Eltern oder Dritte zum Kauf der beworbenen Ware oder Dienstleistung zu bewegen.

c) nicht das besondere Vertrauen ausnutzen, das Minderjährige zu Eltern, Lehrern und anderen Vertrauenspersonen haben.

d) Minderjährige nicht ohne berechtigten Grund in gefährlichen Situationen zeigen.

Die Richtlinie 89/552/EWG wurde u.a. in Bezug auf Art. 16 durch Richtlinie 97/36/EG[132] insofern geändert, dass ein zweiter Absatz mit dem Wortlaut *Teleshopping muss die in Absatz 1 genannten Anforderungen erfüllen und darf darüber hinaus Minderjährige nicht dazu anhalten, Kauf- oder Miet- bzw. Pachtverträge für Waren oder Dienstleistungen zu schließen* eingefügt wurde.

Der gesamte Art. 16 soll jedoch durch eine neue Änderung der Richtlinie 89/552/EWG – 97/36/EG gestrichen werden. Die Streichung ist in Art. 1, Ziff. 17 RL 2007/65/EG festgeschrieben.[133] Dafür erhält der Minderjährigenschutz in Art. 3e lit. g) RL 2007/65/EG[134] Einzug. Danach darf audiovisuelle Kommunikation keine direkten Aufrufe an Minderjährige zum Kaufen oder Mieten von Waren oder Dienstleistungen richten. Die Mitgliedsstaaten sind dazu

---

127 RStV 1992; vgl. auch Eisenhardt, in WRP 1997, 283, 287; Hoffmann-Riem/Engels, in RdJB 1996, 48, 57.

128 RL 2007/65/EG, ABl. L. 332/27 vom 18.12.2007.

129 RL 89/552/EWG, ABl. L. 298/23 vom 17.10.1989.

130 RL 97/36/EG, ABl. L 202/60 vom 30.07.1997.

131 RL 89/552/EWG, ABl. L. 298/23 vom 17.10.1989.

132 RL 97/36/EG, ABl. L 202/60 vom 30.07.1997.

133 RL 2007/65/EG, ABl. L 332/43 vom 18.12.2007.

134 RL 2007/65/EG, ABl. L 332/40 vom 18.12.2007.

angehalten die Änderung bis zum 19.12.2009 umzusetzen (Art. 3 Abs. 1). Die Umsetzung dieser Regelungen erfolgte, wie im Folgenden noch dargestellt wird[135], anfangs im Rundfunkstaatsvertrag und ab 2003 in § 6 Abs. 2 des Jugendschutz-Staatsvertrag (JMStV).[136]

Mittlerweile wurde jedoch eine kodifizierende Fassung als RL 2010/13/EU erlassen.[137] Darin ist der frühere Art. 3e lit. g) RL 2007/65/EG nun in Art. 9 Abs. 1 lit. g) zu finden.[138] Die RL 2010/13/EU regelt keine eigenständige Umsetzungsfrist. Vielmehr bestimmt Art. 34 RL 2010/13/EU, dass die Aufhebung der RL 89/552/EWG, in den Fassungen der RL 97/36/EG und RL 2007/65/EG, unbeschadet der in Anhang I Teil B RL 2010/13/EU[139] genannten Umsetzungsfristen der Richtlinien 97/36/EG und 2007/65/EG erfolgen soll.[140] Daraus ergibt sich in Verbindung mit der in Art. 34 RL 2010/13/EU angeführten Entsprechungstabelle in Anhang II der RL 2010/13/EU[141], dass die Umsetzungsfrist der RL 2007/65/EG und demnach der 19.12.2009 maßgeblich ist.

2. Rundfunkstaatsvertrag und seine Entwicklung in Bezug auf den Schutz von Kindern und Jugendlichen

Der erste Rundfunkstaatsvertrag (RStV) von 03.04.1987[142] hatte bereits den Schutz der Kinder und der Jugendlichen im Blick. In Art. 3 Abs. 2 RStV wurde festgelegt, dass Werbung, die sich auch an Kinder und Jugendliche richtet, nicht deren Unerfahrenheit ausnutzen dürfe (ebenso Art. 7 Abs. 5 in Bezug auf privaten Rundfunk).

Im RStV 1991, der auch die Umsetzung der RL 89/552/EWG bezweckt und daher richtlinienkonform auszulegen ist[143], wurde der Schutz der Kinder und

135 Vgl. näher unter B. II. 2. und D. I. 3.

136 Ladeur, in Beck-Komm RStV, § 6 JMStV, Rn. 6; Kappenberg, Diss., S. 144 f.; Liesching/Schuster, § 6, Rn. 12.

137 Richtlinie 2010/13/EU des Europäischen Parlaments und des Rates vom 10. März 2010 zur Koordinierung bestimmter Rechts- und Verwaltungsvorschriften der Mitgliedsstaaten über die Bereitstellung audiovisueller Mediendienste (Richtlinie über audiovisuelle Mediendienste), ABl. L 95/1 vom 15.04.2010.

138 RL 2010/13/EU, ABl. L 95/16 vom 15.04.2010.

139 RL 2010/13/EU, ABl. L 95/22 vom 15.04.2010.

140 RL 2010/13/EU, ABl. L 95/21 vom 15.04.2010.

141 RL 2010/13/EU, ABl. L 95/23 vom 15.04.2010.

142 Vgl. z.B. BayGVBl. 1987, 249; Vesting, in Beck-Komm RStV, Einf RStV, Rn. 1; Hartstein/Ring/Kreile/Dörr/Stettner, RStV, S.238, Rn. 40.

143 Sack, in AfP 1991, 704.

Jugendlichen aus Art. 3 Abs. 2 nach Art. 6 Abs. 1 S. 2 RStV verschoben und inhaltlich erweitert.[144] Zusätzlich zu dem Verbot der Ausnutzung der Unerfahrenheit durch Werbung wurde weiter festgelegt, dass die Werbung nicht den Interessen der Kinder und Jugendlichen schaden darf. Weiter wurde in Art. 13 Abs. 1 RStV die Bestimmung aufgenommen, dass Sendungen für Kinder nicht durch Werbung unterbrochen werden dürfen.[145]

Der Grund für die Umsetzung der europäischen sekundärrechtlichen Regelungen mittels Staatsvertrag, liegt in der Gesetzgebungskompetenz der Länder für den Rundfunk[146] gem. Art. 30, 70 GG und, in Bezug auf den späteren JMStV, der Sachnähe des Jugendschutzes im Rundfunkrecht.[147] Die früher in der Literatur hier streitige Abgrenzung zwischen der Bundes- und Landeskompetenz ist durch die Föderalismusreform hinfällig geworden.[148] Da alle Bundesländer den RStV und später den JMStV ratifiziert haben, wurde eine einheitliche Regelung geschaffen, wodurch die europarechtlichen Vorgaben bundesweit Geltung erlangt haben.

Der RStV 2002 erweiterte erneut den Schutzgehalt des Kinder- und Jugendschutzes im RStV. Der Kinder- und Jugendschutz wurde nicht mehr in Art. 6 Abs. 1 sondern in Art. 7 Abs. 1 RStV geregelt. Dabei kam Satz 3 als Umsetzung von Art. 16 RL 97/36/EG[149] hinzu, der ein Verbot für das Teleshopping festlegte. Inhalt dieses Verbots war, dass Teleshopping Minderjährige nicht dazu anhalten darf, Kauf- oder Miet- bzw. Pachtverträge für Waren oder Dienstleistungen zu schließen.

In den nachfolgenden Änderungen des RStV sucht man eine Regelung des Kinder- und Jugendschutzes in Bezug auf Werbeinhalte vergebens. Der Grund dafür liegt nicht in der Gleichgültigkeit des Staates, sondern im Gegenteil, in dem in der Zeit vom 10. – 27.09.2002 beschlossenen[150] und am 01.04.2003 in Kraft getretenen Jugendmedienschutz-Staatsvertrag[151] (JMStV).

Der JMStV hatte im Gegensatz zu seinen „Vorläufern" in Bezug auf die Werbeinhalte eine bemerkenswerte Erweiterung. So wurden in

144 Siehe zu der Entwicklung des RStV und JMStV auch Hopf, Diss., S. 34 f.

145 Vgl. Hartstein/Ring/Kreile/Dörr/Stettner, RStV, S. 9, 13.

146 Hopf, Diss., S 48 ff.; Kappenberg, Diss., S. 41.

147 Vgl. Hopf, Diss., S. 49; Kappenberg, Diss., S. 44.

148 Weiterführend dazu s. Kappenberg, Diss., S. 41 ff.; Faber, Diss., S. 107; Hopf, Diss., S. 47 ff.

149 RL 97/36/EG, ABl. L 202/67 vom 30.07.1997.

150 Ukrow, S. 25, Rn. 33.

151 Staatsvertrag über den Schutz der Menschenwürde und den Jugendschutz in Rundfunk und Telemedien (Jugendmedienschutz-Staatsvertrag – JMStV), 10. September 2002, zuletzt geändert durch Vierzehnten Rundfunkänderungsstaatsvertrag vom 10. Juni 2010.

§ 6 Abs. 2 Nr. 1 – 4, der auch als Umsetzung von Art. 16 RL 97/36/EG[152] zu verstehen ist[153], folgende Regelungen aufgenommen:

§ 6 (2) Werbung darf Kindern und Jugendlichen weder körperlichen noch seelischen Schaden zufügen, darüber hinaus darf sie nicht

1. direkte Kaufappelle an Kinder oder Jugendliche enthalten, die deren Unerfahrenheit und Leichtgläubigkeit ausnutzen,

2. Kinder und Jugendliche unmittelbar auffordern, ihre Eltern oder Dritte zum Kauf der beworbenen Waren oder Dienstleistungen zu bewegen,

3. das besondere Vertrauen ausnutzen, das Kinder oder Jugendliche zu Eltern, Lehrern und anderen Vertrauenspersonen haben, oder

4. Kinder oder Minderjährige ohne berechtigten Grund in gefährlichen Situationen zeigen.

Diese Regelungen des JMStV haben durch die Jugendschutzrichtlinien[154], die gem. § 15 Abs. 2 JMStV von den Landesmedienanstalten zu erlassen waren, eine Konkretisierung[155] bezüglich ihrer Durchführung erhalten.

So wurden in Ziff. 7 Jugendschutzrichtlinie inhaltlich die Anforderungen des JMStV nicht nur uneingeschränkt übernommen. Vielmehr erfuhren sie eine Erweiterung durch die Festlegung, dass auch die Umschreibung direkter Kaufaufforderungen als direkte Kaufaufforderung zu werten ist. Weiter wurde in Ziff. 7 aufgenommen, dass bei Kindern Unerfahrenheit und Leichtgläubigkeit vermutet wird. Der Schutz der Jugendlichen wird ebenfalls in Ziff. 7 unter ähnlichen Anforderungen wie der der Kinder normiert.

Der Anwendungsbereich des JMStV ergibt sich aus § 2 JMStV. Dieser gilt gem. § 2 Abs. 1 JMStV für elektronische Informations- und Kommunikationsmedien (Rundfunk und Telemedien). Ausgenommen werden dagegen in Abs. 2 Telekommunikationsdienstleistungen und das Erbringen von Telekommunikationsdiensten nach § 3 des Telekommunikationsgesetzes vom 25.06.1996. Demnach unterfallen den Regelungen des JMStV sowohl die klassischen Rundfunkinhalte sowie die Internetinhalte im Bereich des Jugendschutzes.[156]

---

152 RL 97/36/EG vom 30.06.1997 - ABl. L 202/60 vom 30.07.1997; Hartstein/Ring/Kreile/Dörr/Stettner, Jugendschutz, S. 77.

153 Ladeur, in Beck-Komm RStV, § 6 JMStV, Rn. 7; Ukrow, S. 239, Rn. 464; Mankowski, in WRP 2008, 421, 422; ähnlich Köhler, in Hefermehl/Köhler/Bornkamm, 24. Aufl., § 4, Rn. 2.2; ders., in WRP 2008, 700, 704; Dembowski, in FS Ullmann 2006, 599, 602.

154 „Gemeinsame Richtlinien der Landesmedienanstalten zur Gewährung des Schutzes der Menschenwürde und des Jugendschutzes“ aktuelle Fassung in Kraft getreten am 02.06.2005 - http://www.alm.de/fileadmin/Download/Gesetze/JuSchRiL2005.pdf (zuletzt besucht am 09.12.2009 – jetzt www.diemedienanstalten.de).

155 Benz, in WRP 2003, 1160, 1162; Engels, in WRP 1997, 6, 8.

156 Siehe auch Pooth, Diss., S. 46 f.; Faber, Diss., S. 122; Kappenberg, Diss, S. 49 f.

3. Verhaltens- und Werberegeln

Im nichtgesetzlichen Bereich haben diverse private Organisationen Regelungen aufgestellt, was ihrer Ansicht nach lauteres oder unlauteres Verhalten darstellen soll.[157] Die hinter der Aufstellung solcher Regeln stehende Idee ist, dass die beteiligten Wirtschaftszweige und Unternehmen Eigenverantwortung demonstrieren wollen und sich dadurch gegenüber den jeweils anderen Unternehmen zur Einhaltung der Regelungen verpflichten.[158] Als weiterer Hintergedanke ist auch die Einflussnahme auf die lauterkeitsrechtliche Rechtsprechung denkbar.[159] Diesen Regelungen[160] haben sich die jeweiligen Unternehmen zum Teil durch Anerkennung der Regelungen oder durch Zugehörigkeit zu einem bestimmten Verband oder einer Organisation freiwillig unterworfen.

Diese Regelungen haben für die Rechtsprechung keine bindende Wirkung. Sie sind nicht geeignet die Grenzen des formellen Lauterkeitsrechts zu verändern[161] und sollten auch nur äußerst zurückhaltend zur Konkretisierung herangezogen werden. Sie können lediglich ein „erstes" Indiz für die lauterkeitsrechtliche Beurteilung sein.[162]

Aufgrund der Vielzahl[163] solcher privaten Verhaltenskodices sollen hier nur zwei kurz angesprochen werden.

a) Selbstverpflichtungsabkommen des Deutschen Werberats

Der Deutsche Werberat beschreibt sich selbst als Organ der freiwilligen Selbstkontrolle, der das Vertrauen der Verbraucher in die kommerzielle Kommunikation stärken und wahren will.[164] Träger des Werberates sind 40 Verbände aus verschiedenen Bereichen der Wirtschaft. Jeder Verbraucher soll sich schnell und unbürokratisch an ihn wenden können, um sich auch gegen rechtlich zulässige Werbung wehren zu können, wenn der Verbraucher eine bestimmte Werbung als kritikwürdig empfindet.[165]

157 Sosnitza, in MüKo-UWG, Bd. 2, Anh. §§ 1-7 I, Rn. 1.
158 Eisenhardt, in WRP 1997, 283, 288.
159 Sosnitza, in Piper/Ohly/Sosnitza, § 3, Rn. 26.
160 Vgl. Sosnitza, in MüKo-UWG, Bd. 2, Anh. §§ 1-7 I, Rn. 2.
161 Sosnitza, in MüKo-UWG, Bd. 2, Anh. §§ 1-7 I, Rn. 3; Sosnitza, in Piper/Ohly/Sosnitza, § 3, Rn. 25; Böhler, in WRP 2011, 1028, 1033.
162 Sosnitza, in Piper/Ohly/Sosnitza, § 3, Rn. 26.
163 Vgl. Sosnitza, in MüKo-UWG, Bd. 2, Anh. §§ 1-7 I, Rn. 2; Sosnitza zählt ohne den Anspruch auf Vollständigkeit zu erheben 93 verschiedene Regelwerke auf.
164 http://www.werberat.de/content/Grundregeln.php (zuletzt besucht am 02.11.2011).
165 http://www.werberat.de/content/Aufgaben.php (zuletzt besucht am 02.11.2011).

Aus den „Arbeitsgrundsätzen“ geht weiter hervor, dass der Werberat Missstände in der Werbung feststellen und beseitigen sowie Leitlinien selbstdisziplinären Charakters und Werberegeln aufstellen will.[166] Beanstandet der Werberat, fordert er den Werbenden zur Änderung oder Rücknahme der Werbung auf. Kommt der Werbende der Aufforderung nicht nach, rügt der Werberat die Werbung öffentlich.[167] In den Verhaltensregeln des Deutschen Werberats für die Werbung mit und vor Kindern in Hörfunk und Fernsehen vom 01.01.1974, heute gültig in der Fassung von 1998[168], wurden in den Nr. 2, 3 und 8 geregelt, dass Werbung (Nr. 2) keine direkten Aufforderungen zum Kauf oder Konsum an Kinder enthalten soll, (Nr. 3) keine direkte Aufforderung von Kindern und/oder an Kinder enthalten soll, andere zu veranlassen, ein Produkt zu kaufen..., und weiter (Nr. 8) Jugendliche nicht unmittelbar dazu aufgefordert werden sollen, ihre Eltern oder Dritte zum Kauf der beworbenen Ware oder Dienstleistung zu bewegen.

In den Verhaltensregeln des Deutschen Werberats über die kommerzielle Kommunikation für Lebensmittel wird bestimmt, dass im Sinne dieser Verhaltensregeln Kinder Personen sind, die noch nicht 12 Jahre alt sind.[169]

Die Regelungen des Deutschen Werberates wurden auch in der Rechtsprechung[170] und Literatur[171] als Konkretisierung mit empfehlendem Charakter von § 1 UWG a.F. herangezogen. Tatsächlich stellen sie heutzutage eher eine ethische Instanz innerhalb der Werbewirtschaft dar. Zu begrüßen ist dennoch die Möglichkeit, dass sich Bürger an ihn wenden können, um Werbung überprüfen zu lassen.

b) Verhaltenskodex Telefonmehrwertdienste

Im Bereich der Telefonmehrwertdienste, insbesondere Klingeltöne und Handylogos, besteht seit 1997 der Verhaltenskodex für Telefonmehrwertdienste des Verbandes FST, der heute unter DTMV auftritt.[172] Die aktuelle Fassung vom

166 http://www.werberat.de/content/Arbeitsgrundsaetze.php (zuletzt besucht am 02.11.2011).

167 http://www.werberat.de/content/Sanktionen.php (zuletzt besucht am 02.11.2011); siehe auch Scherer, in Fezer UWG, 2. Aufl., Bd. 1, § 4 Nr. 2, Rn. 338 ff.

168 http://www.werberat.de/content/Kinder.php (zuletzt besucht am 02.11.2011).

169 http://www.werberat.de/content/Lebensmittel.php (zuletzt besucht am 02.11.2011).

170 KG Berlin Urt. v. 06.03.1992 – 5 U 2674/90, in NJW-RR 1992, 1396 – „Kreditkartenwerbung".

171 Benz, in WRP 2003, 1160, 1162; Plaß, in HK-UWG, 1. Aufl., § 1, Rn. 250.

172 Presseinformation des DTVM – Deutscher Verband für Telekommunikation und Medien; www.dtvm.de (zuletzt besucht am 21.06.2011).

01.03.2011 hat den Namen „Kodex Deutschland für Telekommunikation und Medien“. Schon der Kodex in der Fassung von 2001[173] legte unter Punkt B.II.1. fest, dass spezielle Mehrwertdienste, deren Zielgruppe Minderjährige sind, nur bis zu einem maximalen Preis von 3 € je Anruf zulässig sein sollen und eine Animation zu Wiederholungsanrufen nicht erfolgen dürfe. Der Betrag von 3 € wurde ein Jahr später durch den damals neuen Kodex auf 5 € angehoben. In der Fassung von 2009[174] regelte der FST im Bereich der „Dienste mit der Zielgruppe Jugendliche“ unter Ziff. 4.3. den Jugendschutz zugunsten von Kindern und Jugendlichen unter Bezugnahme auf § 4 Nr. 2 und § 3 Abs. 3, Anhang Nr. 28 UWG.

In der Rechtsprechung wurde der Kodex für Telefonmehrwertdienste zum Teil auch als Begründung für eine Sittenwidrigkeit gem. § 1 UWG a.F. herangezogen.[175] Dies erfolgte allem Anschein nach aufgrund einer fehlenden Konkretisierung in gesetzlicher Form und wurde vom LG Hamburg unter Bezugnahme auf den BGH[176] damit begründet, dass auch *derartige Eigenbeschränkungen gewerblicher Anbieter (...) Ausdruck einer allgemeinen sittlichen Verpflichtung* sein können. Das Hanseatische Oberlandesgericht, als Berufungsgericht in dieser Sache, bediente sich zur Begründung nicht des Kodex für Telefonmehrwertdienste in der dann geltenden Fassung von 2002, sondern stellte die Sittenwidrigkeit gem. § 1 UWG a.F. anhand der Ausnutzung der geschäftlichen Unerfahrenheit fest.[177] Dazu führte es insbesondere die einzelfallbezogene Preisgestaltung und die ubiquitäre Verfügbarkeit des Angebots als besondere Gefahr für die von der Werbung angesprochenen Kinder und Jugendlichen ins Feld.

Der BGH[178] hat in dieser Sache auf die Revision der Beklagten die Werbung sowohl nach § 1 UWG a.F. als sittenwidrig als auch nach (damals) neuem Recht als unlauter und unzulässig gem. §§ 3, 4 Nr. 2 UWG a.F. angesehen und daher die Revision zurückgewiesen. Zur Begründung bediente sich auch der BGH

---

173 Kodex für Telefonmehrwertdienste, in der Fassung vom 05.11.2001; abrufbar unter www.dtvm.de.

174 Kodex für Telefonmehrwertdienste in der Fassung vom 09.06.2009, abrufbar unter www.dtvm.de (früher www.fst-ev.org).

175 LG Hamburg Urt. v. 14.05.2002 – 312 O 845/01, in MMR 2002, 834 - „Werbung für Klingeltöne in Jugendzeitschriften“.

176 LG Hamburg Urt. v. 14.05.2002 – 312 O 845/01, in MMR 2002, 834 - „Werbung für Klingeltöne in Jugendzeitschriften“ - LG Hamburg bezieht sich auf BGH GRUR 1994, 219 ff. - „Warnhinweis“.

177 Hans. OLG Hamburg Urt. v. 10.04.2003 – 5 U 97/02, in WRP 2003, 1003 ff. - „Klingeltonwerbung“.

178 BGH Urt. v. 06.04.2006 – I ZR 125/03, in WRP 2006, 885, 886 - „Werbung für Klingeltöne“.

nicht des Kodex für Telefonmehrwertdienste, sondern stellte vornehmlich auf die nun gesetzlich normierte geschäftliche Unerfahrenheit der Kinder und Jugendlichen ab.[179] Dieser Instanzenzug zeigt sehr deutlich auf, dass der Kodex lediglich zu bestimmten Zeiten als Anhaltspunkt für unlauteres Verhalten herzuhalten vermochte, aber durch gesetzliche Regelungen an Bedeutung einbüßte.

Da es sich auch bei dem heutigen Kodex Deutschland für Telekommunikation und Medien und den übrigen Verhaltensregeln verschiedener privater Organisationen und Verbänden nicht um Gesetze handelt, werden diese in der folgenden Untersuchung keinen Raum mehr einnehmen. Ihre Bedeutung für die Werbung gegenüber Kindern und Jugendlichen haben sie meines Erachtens nach durch die mittlerweile entstandenen gesetzlichen Regelungen weitestgehend eingebüßt, da sie als freiwillige ethische Schranken nicht zur Konkretisierung gesetzlicher Regelungen herangezogen werden dürfen. Eine marginale[180] Bedeutung kann ihnen heute lediglich im Rahmen des § 5 Abs. 1 Nr. 6 UWG n.F. zu Teil werden.[181]

179 BGH Urt. v. 06.04.2006 – I ZR 125/03, in WRP 2006, 885, 887 - „Werbung für Klingeltöne“.

180 Ähnlich Bornkamm, in Köhler/Bornkamm, 29. Aufl., § 5, Rn. .164; a.A. Böhler, in WRP 2011, 1028, 1033.

181 Vgl. Böhler, in WRP 2011, 1028, 1033.

C. Heutiger Schutz der Kinder und Jugendlichen vor unzulässiger Werbung

I. Das UWG von 2008

Das neue UWG wurde vom Deutschen Bundestag am 22.12.2008 beschlossen und kurz darauf am 29.12.2008 im Bundesgesetzblatt verkündet.[182] Mit diesem Gesetz wird die mit der Richtlinie 2005/29/EG verfolgte Vollharmonisierung im Bereich des Verhältnisses zwischen Unternehmern und Verbrauchern[183] durch den deutschen Gesetzgeber umgesetzt.

Der Kinder und Jugendschutz ist in dem neuen UWG an mehreren Stellen, jedoch mit unterschiedlicher Wirkungsweise und unter verschiedenen Voraussetzungen vertreten.[184] Dabei wird lediglich die Verbrauchergruppe der Kinder expressis verbis in einem Tatbestand aufgeführt. Die übrigen folgenden Tatbestände schützen im Rahmen des beibehaltenen Schutzzwecktrias[185] die Verbraucher an sich, sodass von diesen auch eine Schutzwirkung für Kinder und Jugendliche in Betracht kommen kann.

Durch die Umsetzung der RL 2005/29/EG sind auch neue Definitionen in das UWG aufgenommen wurden. Der Begriff des Unternehmers ist in § 2 Abs. 1 Nr. 6 UWG legal definiert und entspricht unter Anpassungen im Wortlaut dem Sinn der umzusetzenden Definition in Art. 2 lit. b) RL 2005/29/EG.[186] Unternehmer ist danach jede natürliche oder juristische Person, die geschäftliche Handlungen im Rahmen ihrer gewerblichen, handwerklichen oder beruflichen Tätigkeit vornimmt, und jede Person, die im Namen oder Auftrag einer solchen Person handelt. Der Begriff des Verbrauchers ergibt sich entsprechend der Verweisung in § 2 Abs. 2 UWG aus § 13 BGB.[187]

Neu ist aufgrund der Umsetzung von Art. 2 lit. d) RL 2005/29/EG[188], und der damit einhergehenden Streichung des Begriffes der Wettbewerbshandlung

---

182 BGBl. 2008 Teil I Nr. 64, vom 29.12.2008, S. 2949.

183 RL 2005/29/EG, ABl. L 149/23 vom 11.06.2005, Erwägungsgründe 6, 7; Köhler, in WRP 2010, 1293, 1294; Fezer, in WRP 2010, 677, 680; Schmidt, in GRUR 2009, 353; Hoeren, in BB 2008, 1182; Sosnitza, in WRP 2008, 1014, 1015; Seichter, in WRP 2005, 1087.

184 Köhler, in WRP 2008, 700; ders., in FS Ullmann 2006, S. 685.

185 Fezer, in Fezer UWG, 2. Aufl., Bd. 2, Einleitung E, Rn. 117, 44; Köhler, in WRP 2010, 1293, 1296.

186 BT-Drucks. 16/10145, S. 21.

187 BT-Drucks. 16/10145, S. 22.

188 RL 2005/29/EG, ABl. L 149/12, 20 f. vom 11.06.2005.

auch der Begriff der geschäftlichen Handlung gem. § 2 Abs. 1 Nr. 1 UWG. Dieser wird legal definiert als jedes Verhalten einer Person zugunsten des eigenen oder eines fremden Unternehmens vor, bei oder nach einem Geschäftsabschluss, das mit der Förderung des Absatzes oder des Bezugs von Waren oder Dienstleistungen oder mit dem Abschluss oder der Durchführung eines Vertrages über Waren oder Dienstleistungen objektiv zusammenhängt; als Waren gelten auch Grundstücke, als Dienstleistungen auch Rechte und Pflichten.

Bei der folgenden Darstellung werden Probleme, die nicht den hier zu untersuchenden Bereich der Werbung gegenüber Kindern und Jugendlichen betreffen, außer Acht gelassen, sofern diese nicht Auswirkungen auf das Verständnis der hier relevanten Problematiken haben.

1. Einführung zur Richtlinie 2005/29/EG

Im Zuge der Rechtsvereinheitlichung in der Europäischen Union (EU), wurde die RL 2005/29/EG am 11.05.2005 erlassen. Diese Richtlinie[189] dient in erster Linie dem Schutz der wirtschaftlichen Interessen der Verbraucher vor unlauteren Geschäftspraktiken, also im Verhältnis Unternehmer – Verbraucher (Business to Consumer = B2C) und schützt die Unternehmer vor unlauteren Handlungen anderer Unternehmer nur mittelbar.[190]

Art. 5 Abs. 1 RL 2005/29/EG zufolge sind unlautere Geschäftspraktiken verboten. Weiter verweist Art. 5 Abs. 5 der RL auf den Anhang I, der so genannten „Schwarzen Liste“. In ihr werden Geschäftspraktiken genannt, die unter allen Umständen verboten sind, irreführende und aggressive.[191]

a) Umsetzung der Richtlinie

Die Bundesregierung hatte die Pflicht die RL 2005/29 EG bis zum 12.06.2007 umzusetzen. Dieser ist sie nicht nachgekommen.[192] Die Umsetzung durch den deutschen Gesetzgeber zog sich noch einige Zeit hin. Der Gesetzesentwurf der Bundesregierung wurde am 22.12.2008 vom Bundestag verabschiedet.[193] In die-

189 Bei Verwendung des Wortes Richtlinie, meint der Verfasser, sofern keine Angabe hinsichtlich der genauen Bezeichnung erfolgt, die RL 2005/29/EG.

190 RL 2005/29/EG, ABl. L 149/23 vom 11.06.2005, Erwägungsgründe 6, 8; Seichter, in WRP 2005, 1087; Hoeren, in BB 2008, 1182, 1184.

191 RL 2005/29/EG, ABl. L 149/25 vom 11.06.2005, Erwägungsgrund 17.

192 Hoeren, in BB 2008, 1182, 1184; Köhler, in GRUR 2008, 841; KG Berlin Beschluss v. 25.01.2008 – 5 W 344/07, in GRUR-RR 2008, 308 – „Teillieferungsklausel“.

193 BGBl. 2008 Teil I Nr. 64, vom 29.12.2008, S. 2949.

sem hat die Bundesregierung die Richtlinie umgesetzt und damit einen weiteren Schritt zur Vollharmonisierung in dem Verhältnis zwischen Unternehmern und Verbrauchern des deutschen Lauterkeitsrechts mit dem der anderen Mitgliedsstaaten getan. Das neue UWG wurde am 29.12.2008 im Bundesgesetzblatt verkündet.[194]

b) Anwendungspflicht der Richtlinie bzw. richtlinienkonforme Auslegung

Auch wenn die Richtlinie nicht zum vorgegebenen Zeitpunkt umgesetzt worden ist[195], soll die verfolgte Vollharmonisierung darunter möglichst nicht leiden. Demnach stellt sich die Frage ab wann die deutsche Gerichtsbarkeit die Richtlinie in ihren Entscheidungen zu beachten hat. Gem. Art. 19 Abs. 2 RL 2005/29/EG ist die Richtlinie spätestens seit dem 12.12.2007 richtlinienkonform auszulegen.[196] Von diesem Datum geht auch der BGH[197] für die Anwendbarkeit aus.

Stimmen in der Literatur[198], sowie das Kammergericht Berlin[199], gehen sogar davon aus, dass die Richtlinie schon seit Juni 2007, also seit der von der EU vorgegebenen Umsetzungspflicht anwendbar bzw. das UWG richtlinienkonform auszulegen war.

2. Einführung zu § 3 UWG

Die große Generalklausel des § 3 UWG hat eine deutliche Veränderung durch die UWG-Novelle 2008 erlebt. Anstatt einer Generalklausel, wie zurzeit vor Geltung des neuen UWG, enthält der neue § 3 UWG jetzt zwei Generalklau-

---

194 BGBl. 2008 Teil I Nr. 64, vom 29.12.2008, S. 2949.

195 Müller-Bidinger, in Ullmann jurisPK UWG, § 6, Rn. 2; Hoeren, in BB 2008, 1182, 1184; Köhler, in GRUR 2008, 841.

196 Köhler, in FS Ullmann 2006, S. 685; ders., in GRUR 2008, 841; ders., in Köhler/Bornkamm, 29. Aufl., Einl UWG, Rn. 3.64; Nordemann, in Götting/Nordemann, § 5, Rn. 0.6.

197 BGH Urt. v. 17.07.2008 – I ZR 160/05, in GRUR 2009, 71, 72 – „Schoko-Riegel".

198 Hoeren, in BB 2008, 1182, 1183; Köhler, in WRP 2007, 1393, 1394; ders., in FS Ullmann 2006, S. 685.

199 KG Berlin Beschl. v. 25.01.2008 – 5 W 344/07, in GRUR-RR 2008, 308 – „Teillieferungsklausel".

seln[200] und insgesamt drei Verbotstatbestände.[201] Aufgebaut ist § 3 UWG in drei unterschiedliche Absätze.

a) § 3 Abs. 1 und Abs. 2 UWG

Der Anwendungsbereich des § 3 Abs. 1 UWG und § 3 Abs. 2 S. 1 UWG ist zum Teil in der Literatur sehr umstritten.[202] Die Darstellung dessen, sowie die der hiesig vertreten Ansicht, bleibt aus Gründen der Stringenz der Frage der Anwendbarkeit der Normen zueinander vorbehalten. Eine erläuternde Darstellung der verschiedenen Absätze scheint jedoch angebracht.

aa) § 3 Abs. 1 UWG

Der § 3 Abs. 1 UWG wurde im neuen UWG ohne größere Veränderung aus dem UWG a.F. übernommen.[203] Es wurde eine inhaltliche Änderung in der Gestalt vorgenommen, dass das Tatbestandsmerkmal der Beeinträchtigung des Wettbewerbs zum Nachteil von Marktteilnehmern durch das Tatbestandsmerkmal der Beeinträchtigung ihrer Interessen ersetzt worden ist.[204] Weiter wurde das Tatbestandsmerkmal der Spürbarkeit an die Stelle der unerheblichen Beeinträchtigung gesetzt.[205] Dem Wortlaut nach verblieb der ursprüngliche persönliche Schutzbereich der Mitbewerber, der Verbraucher und der sonstigen Marktteilnehmer bestehen.

Zum Teil wird in § 3 Abs. 1 UWG aufgrund des umfassenden Anwendungsbereichs weiterhin die Zentralnorm des UWG[206] gesehen und zum Teil als immer noch „große Generalklausel" bezeichnet.[207] Aufgrund des weiten Schutz-

200 Ullmann, in Ullmann jurisPK UWG, § 3, Rn. 7; Scherer, in WRP 2010, 586; Sosnitza, in Piper/Ohly/Sosnitza, § 3, Rn. 1; ders., in WRP 2008, 1014, 1018. Dort wird jeweils von einer „allgemeinen" und einer „Verbrauchergeneralklausel" gesprochen.

201 Wirtz, in Götting/Nordemann, § 3, Rn. 1; Köhler, in Köhler/Bornkamm, 29. Aufl., § 3, Rn. 4; ders., in WRP 2009, 109, 112; ders., in WRP 2010, 1293, 1294.

202 Vgl. insbesondere Fezer, in WRP 2010, 677, 678; Scherer, in WRP 2010, 586; Köhler, in WRP 2010, 1293, 1296; siehe auch Kulka, in DB 2008, 1548, 1554; Schöttle, in GRUR 2009, 546, 550; Schünemann, in Harte-Bavendamm/Henning-Bodewig, § 3, Rn. 464; Sosnitza, in Piper/Ohly/Sosnitza, § 3, Rn. 80.

203 Vgl. Kulka, in DB 2008, 1548, 1554; Schmidt, in GRUR 2009, 353, 353.

204 BT-Drucks. 16/10145, S. 22; Köhler, in Köhler/Bornkamm, 29. Aufl., § 3, Rn. 55; Sosnitza, in Piper/Ohly/Sosnitza, § 3, Rn. 46.

205 BT-Drucks. 16/10145, S. 22.

206 Köhler, in Köhler/Bornkamm, 29. Aufl., § 3, Rn. 56.

207 Schünemann, in Harte-Bavendamm/Henning-Bodewig, § 3, Rn. 464.

bereichs des Wortlauts können auch Kinder und Jugendliche als Verbraucher unter den persönlichen Schutzbereich des § 3 Abs. 1 UWG fallen.

bb) § 3 Abs. 2 UWG

Der mit der UWG-Novelle 2008 neu eingefügte Abs. 2 beinhaltet drei Sätze und stellt richtigerweise[208] insgesamt die Umsetzung von Art. 5 Abs. 2 und 3 der RL 2005/29/EG dar.[209] Vereinzelt wird angenommen, dass § 3 Abs. 2 UWG auch der Umsetzung von Art. 5 Abs. 1 RL 2005/29/EG diene.[210] Satz 1 dient der Umsetzung von Art. 5 Abs. 2 a) und b) RL 2005/29/EG und Satz 2 setzt Art. 5 Abs. 2 b) RL 2005/29/EG um.[211] Der dritte Satz in Abs. 2 von § 3 UWG ist die Umsetzung von Art. 5 Abs. 3 RL 2005/29/EG und hat ausweislich der Regierungsbegründung eine Klarstellungsfunktion bezüglich der Sichtweise der geschäftlichen Handlung einer besonders schutzwürdigen Verbrauchergruppe gegenüber.[212]

Insbesondere die Sätze 1 und 2 könnten unter ihrer besonderen Erwähnung der Verbraucher und der besonderen Verbrauchergruppe dazu geeignet sein, einen Schutzbereich für Kinder und Jugendliche entstehen zu lassen und geschäftliche Handlungen ihnen gegenüber für unzulässig zu erklären. Aufgrund der sprachlichen Herausstellung der Verbraucher wird § 3 Abs. 2 UWG als Verbrauchergeneralklausel bezeichnet.[213]

cc) Sichtweisenbestimmung gem. § 3 Abs. 2 S. 2 und 3 UWG

Eine Auswirkung der RL, die auch in § 3 Abs. 2 UWG Einzug erhalten hat, ist, dass geschäftliche Handlungen an den jeweiligen Horizonten der Empfängerkreise zu messen sind.

Richtet sich eine geschäftliche Handlung an die Allgemeinheit, ist die Zulässigkeit der geschäftlichen Handlung gem. § 3 Abs. 2 S. 2 UWG an einem durchschnittlichen Verbraucher, oder im Falle einer speziellen Verbrauchergruppe als Ziel der geschäftlichen Handlung, an einem durchschnittlichen Mitglied dieser Gruppe zu prüfen.[214] Ist es gem. § 3 Abs. 2 S. 3 UWG für den Un-

---

208 Fezer, in WRP 2010, 677, 678; Köhler, in WRP 2010, 1293, 1295.

209 Vgl. BT-Drucks. 16/10145, S. 22; Fezer, in WRP 2010, 677, 678; Köhler, in WRP 2010, 1293, 1295.

210 Scherer, in WRP 2010, 586.

211 BT-Drucks. 16/10145, S. 22.

212 BT-Drucks. 16/10145, S. 22.

213 Scherer, in WRP 2010, 586; Sosnitza, in Piper/Ohly/Sosnitza, § 3, Rn. 1; ders., in WRP 2008, 1014, 1018.

214 Köhler, in Köhler/Bornkamm, 29. Aufl., § 3, Rn. 12.

ternehmer vorhersehbar, dass sich die geschäftliche Handlung „nur“ an z.B. Kinder und/oder Jugendliche richtet, ist ausschließlich auf die Sicht eines durchschnittlichen Mitglieds dieser Gruppe abzustellen.[215]

Bei einem Vergleich des Wortlauts von § 3 Abs. 2 S. 3 UWG und Art. 5 Abs. 3 S. 1 RL 2005/29/EG fällt eine sprachliche Abweichung in § 3 Abs. 2 S. 3 UWG auf, die in ihrer Auswirkung von Bedeutung ist.[216] In § 3 Abs. 2 S. 3 UWG ist davon die Rede, dass auf die Sicht eines durchschnittlichen Mitglieds der besonders schutzbedürftigen Verbrauchergruppe abzustellen ist, wenn (...) „nur“ diese Gruppe von der geschäftlichen Handlung betroffen ist. Dabei läuft der Rechtsanwender Gefahr das „nur“ als „ausschließlich“[217] zu verstehen. Eine derartige Einschränkung ist im Gegensatz zu dem Wortlaut der RL vom Richtliniengeber nicht beabsichtigt.[218] In Art. 5 Abs. 3 S. 1 RL 2005/29/EG ist festgeschrieben, dass auf die Perspektive eines durchschnittlichen Verbrauchers einer besonders schutzbedürftigen Verbrauchergruppe abzustellen ist, wenn voraussichtlich eine Geschäftspraktik des Gewerbetreibenden vernünftigerweise in vorhersehbarer Art und Weise das wirtschaftliche Verhalten nur einer eindeutig identifizierbaren Gruppe (z.B. Kinder und Jugendliche) wesentlich beeinflusst.

Der Unterschied in der Wortwahl macht deutlich, dass der Richtliniengeber beabsichtigte, auch eine an die Allgemeinheit gerichtete Geschäftspraktik aus der Sicht eines durchschnittlichen Mitglieds einer besonders schutzbedürftigen Verbrauchergruppe beurteilen zu können, wenn sie nicht den Durchschnittsverbraucher aber sehr wohl eine besonders schutzbedürftige Verbrauchergruppe in ihrem wirtschaftlichen Verhalten beeinflussen kann.[219]

Daher muss die Auslegung hier in richtlinienkonformer[220] Weise[221] in Bezug auf Art. 5 Abs. 3 RL 2005/29/EG beachtet werden, da ansonsten eine Einschränkung im Sinn und Zweck vorgenommen würde.[222] Dieser Auslegung steht

---

215 Kulka, in DB 2008, 1548, 1555.

216 So auch Fezer, in Fezer UWG, 2. Aufl., Bd. 1, § 3, Rn. 120; Böhler, in WRP 2011, 827; Köhler, in Köhler/Bornkamm, 29. Aufl., § 3, Rn. 14.

217 So Schöttle, in GRUR 2009, 546, 550; Fezer, in Fezer UWG, 2. Aufl., Bd. 1, § 3, Rn. 120.

218 Vgl. RL 2005/29/EG, ABl. L 149/25 vom 11.06.2005, Erwägungsgrund 19; BT-Drucks. 16/10145, S. 15.

219 So auch Köhler, in Köhler/Bornkamm, 29. Aufl., § 3, Rn. 14.

220 Roth, in Riesenhuber, § 14, Rn. 39, 37, 24.

221 Fezer, in Fezer UWG, 2. Aufl., Bd. 1, § 3, Rn. 120; Schünemann, in Harte-Bavendamm/Henning-Bodewig, § 3, Rn. 450 ff.; Köhler, in Köhler/Bornkamm, 29. Aufl., § 3, Rn. 14; ders., in WRP 2010, 1293, 1295.

222 So auch Böhler, in WRP 2011, 827 f.

auch nicht die Grenze des Wortlauts entgegen, da im Rahmen der historischen Auslegung in Bezug auf den Willen des gemeinschaftsrechtlichen Gesetzgebers und in Bezug auf den Sinn der Vorschrift auf die Begründung des nationalen Gesetzgebers zurückgegriffen werden kann.[223]

Im Ergebnis geht auch der deutsche Gesetzgeber von diesem Verständnis aus, da in der Begründung zum Gesetzesentwurf erläuternd ausgeführt wird, dass die geschäftliche Handlung *gerade diese Verbraucher beeinflussen werde.*[224] Daher ist anzunehmen, dass die Wahl der Formulierung lediglich auf Unachtsamkeit zurückzuführen ist.

Aus dem soeben ermittelten Verständnis der Sichtweisenbestimmung folgt, dass § 3 Abs. 2 S. 3 UWG nicht eng am Wortlaut zu verstehen sein darf. Es reicht demnach aus, dass die Gruppe der besonders schutzbedürftigen Verbraucher nicht das primäre Ziel der Werbung sein muss, sondern, dass der Werbetreibende hätte „voraussehen" können, die wirtschaftliche Entscheidungsfreiheit einer besonders schutzbedürftigen Verbrauchergruppe wesentlich zu beeinflussen.

b) § 3 Abs. 3 UWG

Der ebenfalls neu in das UWG eingefügte § 3 Abs. 3 UWG ist eine selbstständige Verbotsnorm, die in Zusammenhang mit den im Anhang des UWG aufgeführten per-se-Verboten[225] gelesen werden muss. Der Ursprung des § 3 Abs. 3 UWG liegt in der Unlauterkeitsrichtlinie 2005/29/EG, dort in Art. 5 Abs. 5.[226] Ausweislich des Wortlauts ist eine geschäftliche Handlung, die im Anhang aufgeführt ist, stets unzulässig.

In Bezug auf Werbung gegenüber Kindern ist in Nr. 28 des Anhangs, auf den § 3 Abs. 3 UWG verweist, die Unzulässigkeit einer Werbung unter den dort genannten Voraussetzungen geregelt. Eine diesbezügliche Regelung sah der Richtliniengeber als unverzichtbar an.[227]

aa) Art. 5 Abs. 5, Anhang I Nr. 28 RL 2005/29/EG

Nr. 28 des Anhangs I nimmt besonderen Bezug auf Geschäftspraktiken, die Kindern gegenüber vorgenommen werden. Nr. 28 Satz 1 des Anhangs I zufolge

---

223 Vgl. Roth, in Riesenhuber, § 14, Rn. 44 ff.

224 BT-Drucks. 16/10145, S. 22.

225 BT-Drucks. 16/10145, S. 22; Köhler/Bornkamm, in Köhler/Bornkamm, 29. Aufl., Einf. Anh zu § 3 Abs. 3, Rn. 0.10; Wirtz, in Götting/Nordemann, § 3, Rn. 9.

226 BT-Drucks. 16/10145, S. 22; Köhler, in Köhler/Bornkamm, 29. Aufl., § 3, Rn. 5; Wirtz, in Götting/Nordemann, § 3, Rn. 41.

227 RL 2005/29/EG, ABl. L 149/25 vom 11.06.2005, Erwägungsgrund 18.

gilt unter allen Umständen als unlauter die Einbeziehung einer direkten Aufforderung an Kinder in einer Werbung, die beworbenen Produkte zu kaufen oder ihre Eltern oder andere Erwachsene zu überreden, die beworbenen Produkte für sie zu kaufen.

Nr. 28 gilt, ebenso wie die anderen Beispiele des Anhang I, ohne Wertungsvorbehalt, wodurch es gar nicht erst auf eine eventuelle Überschreitung der Erheblichkeitsschwelle ankommt.[228] Ein Verstoß gegen die in Nr. 28 des Anhangs enthaltende Regelung ist eine unzulässige Geschäftspraktik. Dies könnte den Unternehmen wenig Spielraum lassen, wobei die Begrifflichkeiten des Tatbestandes noch zu klären sind. Dabei muss auch die landesspezifische Umsetzung beachtet werden[229], die vom Wortlaut her abweichen kann, jedoch nicht vom Sinn und Zweck der Schutzrichtung der einzelnen Tatbestände.[230]

bb) Umsetzung in § 3 Abs. 3, Anhang Nr. 28 UWG

Die Umsetzung des in der RL enthaltenen Kinderschutzes ist im neuen UWG in § 3 Abs. 3, Anhang Nr. 28 UWG zu finden. In der Literatur ist vereinzelt der Vorschlag zu finden, dass Nr. 28 als eigenständiger Paragraph in § 4a UWG umgesetzt werden sollte, der in Abs. 1 den bisherigen § 4 Nr. 2 UWG aufnehmen und in Abs. 2 ein per-se-Verbot mit dem persönlichen Schutzbereich zugunsten Kinder und Jugendlicher beinhalten sollte.[231] Dieser Vorschlag ist jedoch aufgrund des mit der Systematik des Anhangs und den Vorgaben der RL 2005/29/EG in Erwägungsgrund 18[232] sowie des Grundgedankens der Vollharmonisierung der lauterkeitsrechtlichen Bestimmungen der Mitgliedsstaaten und der unzulässigen Erweiterung des persönlichen Schutzbereichs abzulehnen.

Bei der Umsetzung hat der Gesetzgeber eine zulässige, da nicht sinnändernde Änderung des Wortlauts gegenüber dem der Richtlinie vorgenommen. In Art. 5 Abs. 5, Anhang I Nr. 28 RL 2005/29/EG heißt es: *Geschäftspraktiken, die unter allen Umständen als unlauter gelten – Nr. 28.: Einbeziehung einer direkten Aufforderung an Kinder in einer Werbung, die beworbenen Produkte zu kaufen oder ihre Eltern oder andere Erwachsene zu überreden, die beworbenen*

---

228 RL 2005/29/EG, ABl. L 149/25 vom 11.06.2005, Erwägungsgrund 17; Scherer, in WRP 2008, 430, 431; dies., in Pahlow/Eisfeld, S. 157, 165; Köhler, in WRP 2008, 700, 701; Köhler/Bornkamm, in Köhler/Bornkamm, 29. Aufl., Einf Anh § 3 Abs. 3, Rn. 0.10; Schünemann, in Harte-Bavendamm/Henning-Bodewig, § 3, Rn. 456.

229 Vgl. Pechstein/Drechsler, in Riesenhuber, § 8, Rn. 18 ff.; Riesenhuber, in Riesenhuber, § 11, Rn. 15.

230 Köhler, in WRP 2010, 1293, 1295; Vgl. ferner Art. 288 Abs. 3 AEUV.

231 Vural, Diss., S. 189.

232 RL 2005/29/EG, ABl. L 149/25 vom 11.06.2005, Erwägungsgrund 18.

Produkte für sie zu kaufen. Diese Bestimmung gilt unbeschadet des Artikels 16 der Richtlinie 89/552/EWG über die Ausübung der Fernsehtätigkeit.

Die Bundesregierung hat sich in ihrem Entwurf[233] und der deutsche Gesetzgeber im beschlossenen neuen UWG[234] hingegen für folgenden Wortlaut entschieden: *Unzulässige geschäftliche Handlungen im Sinne des § 3 Abs. 3 sind – Nr. 28: die in einer Werbung einbezogene unmittelbare Aufforderung an Kinder, selbst die beworbene Ware zu erwerben oder die beworbene Dienstleistung in Anspruch zu nehmen oder ihre Eltern oder andere Erwachsene dazu zu veranlassen.*

Der deutsche Gesetzgeber hat in der Umsetzung der Nr. 28 des Anhangs S. 2 zu Recht weggelassen[235]. Begründet wird dies mit dem Rechtsgrundsatz des Vorrangs der spezielleren Regelung (lex specialis derogat legi generali), da gem. Art. 3 Abs. 4 der RL 2005/29/EG Rechtsvorschriften der Gemeinschaft die besondere Aspekte unlauterer geschäftlicher Handlungen regeln und mit Bestimmungen dieser Richtlinie kollidieren, dieser vorgehen und für diese besonderen Aspekte maßgebend sind.[236] Art. 16 der RL 89/552/EWG wurde zwar durch die RL 2007/65/EG und diese wiederum von RL 2010/13/EU aufgehoben, aber sogleich in die aufhebende Richtlinie eingeführt[237], sodass weiterhin eine Regelung außerhalb der RL 2005/29/EG in § 6 Abs. 2 JMStV[238] besteht, die besondere Aspekte unlauterer geschäftlicher Handlungen regelt und dieser vorgeht.

---

233 BT-Drucks. 16/10145, S. 7.

234 BGBl. 2008 Teil I Nr. 64, vom 29.12.2008, S. 2949, 2952.

235 So auch Köhler, in Köhler/Bornkamm, 29. Aufl., Anh zu § 3 Abs. 3, Rn. 28.18.

236 BT-Drucks. 16/10145, S. 34.

237 Vgl. hierzu unter B. II. 1, 2 und D. I. 3.

238 Vgl. hierzu unter B. II. 1, 2 und D. I. 3.

II. Schutz nach § 3 Abs. 3, Anhang Nr. 28 UWG

Über die Gewichtigkeit von Nr. 28 des Anhangs in der lauterkeitsrechtlichen Praxis besteht in der Literatur Uneinigkeit.[239] Zumindest kann nach hiesiger Ansicht davon ausgegangen werden, dass in der Praxis bei einer geschäftlichen Handlung gegenüber Kindern und Jugendlichen Nr. 28 des Anhangs eine beachtliche Rolle zukommen wird.[240] Dies gilt es anhand der folgenden Prüfung des von § 3 Abs. 3, Anhang Nr. 28 UWG ausgehenden Schutzes zu untermauern.

1. Kind i.S.v. § 3 Abs. 3, Anhang Nr. 28 UWG

Nr. 28, 1. Alt. des Anhangs schützt seinem Wortlaut nach Kinder vor einer unmittelbaren Aufforderung zum Kauf. Dabei stellt sich die Frage, wer als Kind anzusehen ist. Welche Altersgruppen von dem Begriff erfasst werden, wie der Begriff Kind bisher verstanden und ausgelegt wurde, spielen dabei eine ebenso große Rolle wie die Frage nach der Anwendbarkeit des nationalen Verständnisses[241] des Begriffs und ob sich dieser von dem gemeinschaftsrechtlichen Verständnis unterscheidet, sodass dieser Frage erhebliche Bedeutung zu kommt.

Eine Kammer für Handelssachen des LG Berlin[242] hat in ihrer Entscheidung zu § 3 Abs. 3, Anhang Nr. 28 UWG nicht erkennen lassen, welche Altersgruppe der Minderjährigen von dem Begriff des Kindes erfasst wird, sondern aufgrund der streitgegenständlichen Werbung in einer Kinderzeitschrift die Erfüllung des Tatbestandsmerkmals schlicht angenommen.

a) Bisheriges Verständnis nach dem UWG a.F.

Im UWG wurde bisher zwischen Kindern und Jugendlichen unterschieden. Dieser Unterschied fand seinen gesetzlichen Niederschlag in § 4 Nr. 2 UWG a.F. Darin wurde zwischen Kindern und Jugendlichen in der Form unterschieden, dass unter dem Begriff des Kindes alle Minderjährigen bis zur Vollendung des

---

239 Dafür Boesche, § 14, Rn. 517; a.A. Baukelmann, in FS Ullmann 2006, S. 587, 591; Scherer, in WRP 2011, 393, 400 – Scherer spricht von Bedeutungslosigkeit der gesamten „schwarzen Liste“.

240 Mankowski, in WRP 2008, 421; Boesche, § 9, Rn. 324.

241 Vural (Diss., S. 185) will den Mitgliedsstaaten der EU die Konkretisierung überlassen.

242 LG Berlin Urt. v. 17.03.2009 – 103 O 171/08, in VuR 2010, 106 (Leitsatz und Kurzwiedergabe), Langtext abrufbar unter www.beck-online.de.

14. Lebensjahres verstanden wurden.[243] Als Jugendlicher galt nach dem UWG a.F. jede Person zwischen dem 14. und dem 18. Lebensjahr.[244] Diese Abgrenzung war leicht handhabbar, da sich diese Differenzierung aus dem übrigen deutschen Recht ergab.

b) Auslegung nach § 3 Abs. 3, Anhang Nr. 28 UWG

Der Begriff des Kindes und die sich aus dem Verständnis des Begriffs ergebende Abgrenzung sind für Werbemaßnahmen von großer Bedeutung. Für die Zulässigkeit von Werbemaßnahmen kann es von entscheidender Bedeutung sein, ob sich die Zulässigkeit nach dem geistigen Horizont einer Gruppe Minderjähriger richtet, die entweder noch nicht das 14. oder das 18. Lebensjahr vollendet haben.[245]

Bevor es um die Auslegung des Begriffes Kind im Sinne des § 3 Abs. 3, Anhang Nr. 28 UWG geht, ist zu klären, wo die Unterschiede zwischen dem deutschen und dem europarechtlichen Verständnis des Begriffes Kind liegen. Hierbei ist darauf hinzuweisen, dass die folgende Untersuchung der europäischen Normen nur eine Indizwirkung für die Auslegung des Begriffs des Kindes sein kann, da der Grundsatz der autonomen europäischen[246] und nicht der nationalen Auslegung zu beachten ist.[247] Der Richter eines europäischen Mitgliedstaates muss im Wege der richtlinienkonformen Auslegung beurteilen, wer Kind i.S.v. § 3 Abs. 3, Anhang Nr. 28 UWG ist. Bieten schließlich die europäischen Normen keine Definition oder sonstige Erläuterungen des Begriffs an, so bestehen Zweifel an der Auslegung, was zu einer Vorlage der Frage an den EuGH über die Auslegung der Richtlinienbestimmung zur Vorabentscheidung gem. Art. 267 Abs. 1 lit. b) AEUV (früher Art. 234 EGV) führt.[248]

---

243 Köhler, in Hefermehl/Köhler/Bornkamm, 24. Aufl., § 4, Rn. 2.8; Scherer, in Fezer UWG Bd. 1, § 4, Rn. 110 ff.; Mankowski, in WRP 2007, 1398, 1399; Emmerich, § 12, Rn. 53.

244 Köhler, in Hefermehl/Köhler/Bornkamm, 24. Aufl., § 4, Rn. 2.8; Scherer, in Fezer UWG, Bd. 1, § 4, Rn. 110 ff.; Mankowski, in WRP 2007, 1398, 1399.

245 Köhler, in WRP 2008, 700, 703; Mankowski, in WRP 2008, 421; ders., in WRP 2007, 1398.

246 Riesenhuber, in Riesenhuber, § 11, Rn. 6; Glöckner, in Schulze/Zuleeg, § 17, Rn. 135; Baukelmann, in FS Ullmann, 2006, S. 587, 589; Köhler, in Köhler/Bornkamm, 29. Aufl., Anh zu § 3 Abs. 3, Rn. 28.5.

247 Mankowski, in WRP 2007, 1398, 1399; a.A. anscheinend Vural, Diss., S. 185.

248 Schwarz, 2. Teil, D., Rn. 258; Köhler, in FS Ullmann 2006, S. 685, 698; ders., in Köhler/Bornkamm, 29. Aufl., Anh zu § 3 Abs. 3, Rn. 28.5.

aa) Nationales Verständnis

Im deutschen Lauterkeitsrecht war unter dem Begriff des Kindes eine Person zu verstehen, die ihr 14. Lebensjahr noch nicht vollendet hat.[249] Dies folgte aus § 1 Abs. 1 Nr. 1 JuSchG.

Ein Jugendlicher dagegen ist ein Minderjähriger, der sein 14. aber noch nicht sein 18. Lebensjahr vollendet hat. Dies folgte aus dem Gegensatzpaar des Kindes zum Jugendlichen und einem Umkehrschluss zu § 2 BGB, nachdem die Volljährigkeit mit Vollendung des 18. Lebensjahres eintritt.

bb) Europarechtliches Verständnis

Fraglich ist, was unter dem Begriff des Kindes aus europarechtlicher Sicht zu verstehen ist. Denn diese ist aufgrund der autonomen europäischen Auslegung[250] für den Begriff des Kindes maßgebend.[251]

In europäischen Rechtsnormen wird der Begriff des Kindes nicht gesetzlich definiert. Daher ist anhand der europarechtlichen Bestimmungen zu ermitteln, wie der Begriff des Kindes im europarechtlichen Kontext verwendet wird und zu verstehen ist. Dabei kann zwar nicht auf jede einzelne Norm eingegangen werden, in der der Begriff des Kindes Erwähnung findet, da es ca. 4.000 Fundstellen in europarechtlichen Normen für den Begriff des Kindes gibt.[252] Vielmehr ist herauszuarbeiten, in welchen Rechtsgebieten der Begriff genannt und wie verstanden wird.

aaa) Beamtenrechtliche Normen

In beamtenrechtlichen Normen findet der Begriff des Kindes u.a. in Art. 5, S. 2 der Verordnung (EG, Euratom) Nr. 1323/2008 vom 18.12.2008 sowie in dem Statut der Beamten der Europäischen Gemeinschaft[253] Erwähnung. In diesen

249 Köhler, in Hefermehl/Köhler/Bornkamm, 24. Aufl., § 4, Rn. 2.8; Scherer, in Fezer UWG, Bd. 1, § 4, Rn. 110 ff.; Mankowski, in WRP 2007, 1398, 1399; Emmerich, § 12, Rn. 53.

250 Siehe Riesenhuber, in Riesenhuber, § 11, Rn. 4 ff.

251 Köhler, in Köhler/Bornkamm, 29. Aufl., Anh zu § 3 Abs. 3, Rn. 28.5; ders., in FS Ullmann, 2006, S. 685, 698; Baukelmann, in FS Ullmann, 2006, S. 587, 589.

252 Mankowski, in WRP 2007, 1389, 1400 (folgende Untersuchung erfolgt in Anlehnung an Mankowski); Boesche, § 14, Rn. 518.

253 http://ec.europa.eu/civil_service/docs/toc100_de.pdf; (07.12.2009). Die Zusammenstellung der einschlägigen europarechtlichen Vorschriften ist nicht rechtsverbindlich, da sie nicht vom Rat, sondern von einer Dienststelle der Kommission zusammengestellt worden ist. Auf das Statut wird in den jeweiligen Verordnungen des Rates Bezug genommen.

Normen wird die Alimentierung der EU-Bediensteten geregelt. Im Sinne dieser versorgungsrechtlichen Normen werden die Kinder dem EU-Bediensteten zugerechnet, um die ihm zustehenden Bezüge zu ermitteln. Es geht demnach darum, für wie viele Menschen der EU-Bedienstete verantwortlich ist und finanziell durch diese belastet wird bzw. verpflichtet ist für diese zu sorgen.[254] Das früheste Alter, in dem diese Pflicht des EU-Bediensteten entfällt, ist der Eintritt des Versorgungsberechtigten in die Volljährigkeit. Unter diesem Aspekt werden die Zuschläge an den EU-Bediensteten auch bis zum Eintritt der Volljährigkeit des Versorgungsberechtigten gezahlt. Die Volljährigkeit tritt nach geltendem Europarecht mit der Vollendung des 18. Lebensjahres in Kraft.

In Art. 2 Abs. 3 b) des Anhangs VII des Statuts kann auf Grund eines begründeten Antrags des EU-Beamten die Zulage auch für ein Kind zwischen achtzehn und sechsundzwanzig Jahren gewährt werden. Diese Möglichkeit zeigt deutlich, dass der Begriff des Kindes i.S.e. Angehörigen zu verstehen ist.

Demnach ist im beamten- bzw. versorgungsrechtlichen Kontext ein Kind ein Mensch, der das 18. oder das 26. Lebensjahr noch nicht vollendet hat.

bbb) Familienrechtliche Normen

In familienrechtlichen Normen stehen sich zwei Begriffe zentral gegenüber. Der des Kindes und der Begriff der Eltern. Die Eltern tragen gem. Art. 2 Nr. 7 ff. EheGVO die Verantwortung für das Kind.

Zwar findet sich auch hier keine Definition des Begriffes des Kindes.[255] Trotz der fehlenden Bestimmung ist aus dem Verständnis dieser Normen zu erkennen, dass mit dem Begriff Kind ein Mensch gemeint ist, der der elterlichen Sorge unterfällt.[256] Die rechtliche Sorgepflicht der Eltern um und für das Kind endet mit dessen Volljährigkeit. Diese liegt bei 18 Jahren.

Auch in Art. 2 Haager Kinderschutzübereinkommen (KSÜ)[257], welches das frühere Haager Minderjährigenschutzübereinkommen (MSA) von 1961[258] erset-

254 Vgl. Mankowski, in WRP 2007, 1398, 1400.

255 Spellenberg, in Staudinger (2005), Art. 1 EheGVO, Rn. 29.

256 Mankowski, in WRP 2007, 1398, 1400.

257 Haager Übereinkommen vom 19.10.1996 über die Zuständigkeit, das anzuwendende Recht, die Anerkennung, Vollstreckung und Zusammenarbeit auf dem Gebiet der elterlichen Verantwortung und der Maßnahmen zum Schutz von Kindern; siehe dazu BGBl. 2009 Teil II Nr. 21 vom 1.07.2009, S. 602, 604.

258 Zum MSA und dessen Geltung in Deutschland seit 1971 siehe Kroppholler, Diss., S. 11 ff.; Allinger, S. 1 f.

zen soll[259], wird die Altersgrenze für die elterliche Verantwortung bei Vollendung des 18. Lebensjahres gezogen.

ccc) Europarechtliche Sozialbezüge

Im Bereich der sozialen Sicherheiten auf europarechtlicher Ebene verhält es sich ähnlich wie im Bereich der für die EU-Bediensteten bereits angesprochenen Normen. Familienleistung im Sinne von Art. 4 Abs. 1 lit. h) VO (EWG) Nr. 1408/71 sind gem. Art. 1 lit. u) alle Sach- und Geldleistungen die zum Ausgleich von Familienlasten bestimmt sind. Hierzu zählen auch Leistungen, die zur Kinderbetreuung aufgebracht werden.[260]

Auch hier wird demnach auf die Möglichkeit des Kindes abgestellt, voll selbstverantwortlich für sich zu sorgen. Die Zurechnung des Kindes für die Sozialbezüge der Eltern endet mit dem Eintritt des Kindes in das Alter, in dem von dem Kind unter Anerkennung seiner rechtlichen Selbstständigkeit eigenverantwortliches Handeln erwarten kann. Diese Altersgrenze ist, wie bereits erwähnt, die Volljährigkeit. Demnach ist ein Kind, auch unter diesem Ansatz, ein Mensch, der das 18. Lebensjahr noch nicht vollendet hat.

ddd) Kinderarzneimittelverordnung

Die Kinderarzneimittelverordnung (EG) 1901/2006 ist wohl die einzige europarechtliche Norm, in der der Begriff des Kindes ansatzweise gesetzlich geregelt ist. In Art. 2 Nr. 1 KinderarzneimittelVO wird die pädiatrische Gruppe als der Teil der Bevölkerung zwischen der Geburt und der Vollendung des 18. Lebensjahres angesehen. Folglich wird hier die Obergrenze für das Verständnis des Begriffes des Kindes bei 18 Jahren gezogen.

eee) ArbeitnehmerfreizügigkeitsVO

In Art. 12 ArbeitnehmerfreizügigkeitsVO[261] wird ein weiteres Mal der Begriff des Kindes verwendet. In diesem Zusammenhang wird dem Kind des Arbeitnehmers das Recht zugestanden unter den gleichen Bedingungen am allgemeinen Unterricht in dem jeweiligen Mitgliedstaat teilzunehmen, wie es den Staatsangehörigen dieses Mitgliedstaates zugestanden wird. Dies gilt auch für die Lehrlings- und Berufsausbildung. Die Verwendung des Begriffs Kind in der ArbeitnehmerfreizügigkeitsVO gibt jedoch wenig Aufschluss über das Alter des Kindes. Denn ein Kind kann in diesem Sinne auch ein Schüler über 14 Jahren

---

259 Vgl. auch Andrae, § 6, Rn. 9.

260 EuGH Urt. v. 07.11.2002 Rs. C 333/00, Rn. 29, in Slg. 2002, I-10087 ff. – „Familienleistung / Beihilfe für häusliche Kinderbetreuung“.

261 Verordnung (EWG) Nr. 1612/68.

sein, sodass zumindest diese Grenze überschritten zu sein scheint und eine weitere Eingrenzung frühestens bei 18 Jahren gezogen werden könnte.

fff) Jugendarbeitsschutz

Weiter wird der Begriff des Kindes in der Richtlinie 94/33/EG zum Jugendarbeitsschutz[262] verwendet. In dieser RL wird in Art. 1 Abs. 1 S. 1 die Kinderarbeit verboten und in S. 2 das Eintrittsalter für Arbeit mit 15 Jahren festgeschrieben. Unter Art. 3 der Richtlinie 94/33/EG gibt es in Bezug auf die Begriffsbestimmungen drei Unterscheidungen bezüglich des Schutzobjekts. Es wird unterschieden zwischen a) „junger Mensch“, b) „Kind“ und c) „Jugendlicher“. Ein „junger Mensch“ ist danach eine Person unter 18 Jahren. Kind ist, wer noch nicht 15 Jahre alt oder gemäß den einzelstaatlichen Rechtsvorschriften noch vollzeitschulpflichtig ist. Als Jugendlicher gilt jede Person, die mindestens 15 aber noch nicht 18 Jahre alt und nicht mehr gemäß den einzelstaatlichen Rechtsvorschriften vollzeitschulpflichtig ist.

ggg) Grundrechtscharta

(1) Art. 24

Art. 24 GR-Charta trägt die Überschrift „Rechte des Kindes“. In Art. 24 Abs. 1, S. 1 GR-Charta wird der Anspruch des Kindes auf den Schutz und die Fürsorge, die für ihr Wohlergehen notwendig sind, festgeschrieben. Der Begriff des Kindes wird durch die GR-Charta nicht legal definiert. Es wird jedoch davon ausgegangen, dass Grundrechtsträger des Art. 24 GR-Charta alle Menschen sind, die das 18. Lebensjahr noch nicht vollendet haben.[263] Diese Erkenntnis stammt aus den für Art. 24 GR-Charta geltenden Vorgaben des internationalen Rechts.[264] Die Vorgabe ist Art. 1 des Übereinkommens über die Rechte des Kindes.[265] Nach Art. 1 des Übereinkommens ist ein Kind im Sinne dieses Übereinkommens jeder Mensch, der das achtzehnte Lebensjahr noch nicht vollendet hat, soweit die Volljährigkeit nach dem auf das Kind anzuwendenden Rechts nicht früher eintritt.

---

262 Richtlinie 94/33/EG des Rates vom 22.06.1994 über den Jugendschutz ABl. L 216/12 1994.

263 Streinz, in Streinz, EUV/EUG, Art. 24 GR-Charta, Rn. 4; Hölscheidt, in Meyer, Art. 24, Rn. 16; Ross, in Schwarze, GRC Art. 24, Rn. 4.

264 Hölscheidt, in Meyer, Art. 24, Rn. 1.

265 Übereinkommen über die Rechte des Kindes vom 20. November 1989, BGBl. 1992 II S. 122.

(2) Art. 32

Art. 32 GR-Charta gilt dem Verbot der Kinderarbeit und dem Schutz der Jugendlichen am Arbeitsplatz. Kinderarbeit ist danach verboten und die Tätigkeit von Jugendlichen engen Grenzen unterworfen.[266] Eine eigene Festlegung der Altersgrenzen ist in Art. 32 GR-Charta nicht zu finden. Für die Auslegung ist die bereits angeführte RL 94/33/EG Jugendarbeitsschutz[267] heranzuziehen[268], aus der sich die Obergrenze von 15 Jahren oder das Ende der Schulzeitpflicht für die Altersgrenze des Kindes ergibt.

hhh) Fernsehrichtlinie 89/552/EWG

Die Fernsehrichtlinie enthält zwar in Art. 16 nicht den Begriff des Kindes aber den des Minderjährigen. Unter einem Minderjährigen ist eine Person zu verstehen, die noch nicht das 18. Lebensjahr vollendet und folglich die Volljährigkeit nicht erreicht hat.

iii) Vorschlag zu einer VerkaufsförderungsVO im Binnenmarkt

Der geänderte Vorschlag zur VerkaufsförderungsVO im Binnenmarkt[269] könnte ebenfalls zu der Klärung der Frage nach der Altersgrenze für ein Kind weiterhelfen. Zwar ist der Vorschlag, aufgrund von Kompetenzstreitigkeiten[270], vom EU-Gesetzgeber nicht über das Stadium eines Vorschlags hinaus gekommen, dafür wurde in diesem Vorschlag unter Art. 2 lit. j) der Begriff des Kindes definiert. Danach sollte ein Kind eine Person unter 14 Jahren sein.

jjj) Gegensatzpaar Kind und Jugendlicher im Gemeinschaftsrecht

Weiter bleibt zu prüfen, ob in gemeinschaftsrechtlichen Normen dem Kind im Bereich unterhalb der Volljährigkeit dem Begriff des Jugendlichen gegenüber gestellt oder überhaupt verwendet wird. Für den Fall, dass ein solches Gegensatzpaar existiert, könnte es für den Begriff des Kindes eine Einschränkung in dem Sinne bedeuten, dass die Altersgrenze niedriger als bei der Volljährigkeit angesetzt werden muss.

---

266 Ross, in Schwarze, GRC Art. 32, Rn. 6; Riedel, in Meyer, Art. 32, Rn. 15; Krebber, in Callies/Ruffert, GRCh Art. 32, Rn. 3.

267 RL 94/33/EG vom 22.06.1994 – ABl. L 216/12.

268 Krebber, in Callies/Ruffert, GRCh Art. 32, Rn. 1; Riedel, in Meyer, Art. 32, Rn. 12; Ross, in Schwarze, GRC Art. 32, Rn. 4.

269 KOM (2002) 585 endg. vom 25.10.2002.

270 Boesche, § 14, Rn. 518; Scherer, in WRP 2008, 430, 432; Mankowski, in WRP 2007, 1398, 1402.

Das Vorliegen eines solchen Gegensatzpaares wird in der Literatur[271] zum Teil verneint. In der Richtlinie zum Jugendarbeitsschutz wird zum einen von einem Verbot der Kinderarbeit gesprochen und zum anderen die Jugendarbeit erlaubt. In der Begriffsbestimmung von Art. 3 der RL werden die beiden Begriffe unter b) und c) erläutert. Weiter wird in Nr. 20 der „Gemeinschaftscharta der sozialen Grundrechte der Arbeitnehmer“ der „Jugendliche“ ausdrücklich erwähnt. Auch ist in diesem Zusammenhang Art. 32 Grundrechtscharta anzuführen.[272] Diese stützt sich insbesondere auf die RL 94/33/EG.[273]

Demnach kann nicht davon ausgegangen werden, dass es grundsätzlich keinen Gegensatz zu dem Begriff des Kindes im Gemeinschaftsrecht gibt. Es ist vielmehr davon auszugehen, dass auch dem europäischen Gesetzgeber eine Unterscheidung innerhalb der Gruppe der Minderjährigen in Kinder und Jugendliche bekannt ist.

kkk) Zwischenergebnis

In dem europarechtlichen Kontext ist der Begriff des Kindes zwar enthalten, aber nicht legal definiert. Dies ist aber auch insofern nicht zwingend erforderlich, da im Wege der sog. funktionalen Auslegung[274] die Auslegung eines Begriffes anhand der Funktion und dem Zweck der jeweiligen Norm vorgenommen wird[275], sodass der gleiche Begriff unterschiedlich ausgelegt werden kann. Im Wege der Auslegung ist bei den einzelnen Punkten mehrheitlich ersichtlich, dass unter dem Begriff Kind ein Mensch zu verstehen ist, der das 18. Lebensjahr noch nicht vollendet hat. Das Verständnis des Kindes als Person unter 18 Jahren ist aber, wie z.B. die Richtlinie zum Jugendarbeitsschutz zeigt, nicht einheitlich verwendet. Weiter ist anzumerken, dass auch die Begriffe Jugendlicher und Minderjähriger verwendet werden.

cc) Zwischenergebnis

Im nationalen Verständnis ist ein Kind ein Mensch, der das 14. Lebensjahr noch nicht vollendet hat. Aus dem europarechtlichen Zusammenhang ergibt sich die Grenze, die spätestens bei der Vollendung des 18. Lebensjahrs gezogen wird.

---

271 Mankowski, in WRP 2007, 1398, 1401.

272 Ross, in Schwarze, GRC Art. 32, Rn. 4.

273 Krebber, in Callies/Ruffert, GRCh Art. 32, Rn. 1; Riedel, in Meyer, Art. 32, Rn. 12; Ross, in Schwarze, GRC Art. 32, Rn. 1.

274 Sosnitza, in Piper/Ohly/Sosnitza, § 3, Rn. 21; vgl. auch Immenga/Mestmäcker, in Immenga/Mestmäcker, Einl. Rn. 78 f.

275 Immenga/Mestmäcker, in Immenga/Mestmäcker, Einl. Rn. 78 f.; Mankowski spricht von Funktionszusammenhängen, in WRP 2007, 1398, 1400.

c) Verwertbarkeit der Erkenntnisse in Bezug auf Nr. 28

Anhand der gewonnen Erkenntnisse, die aus dem nationalen und dem europarechtlichen Kontext hervorgehen, ist deren Verwertbarkeit in Hinsicht auf den „black list" – Tatbestand gem. Nr. 28 zu untersuchen.

aa) Europarechtlicher Kontext ohne Wettbewerbsbezug

Aus den europäischen Normen und Verordnungen hat sich für das Kind eine Obergrenze bei spätestens 18 Jahren ergeben. Es ist jedoch für die Auslegung des Begriffs im UWG dessen Schutzrichtung zu beachten.[276] Die Schutzrichtung ergibt sich aus § 1 UWG. Geschützt werden Mitbewerber, Verbraucher und sonstige Marktteilnehmer vor unlauteren geschäftlichen Handlungen. Um aus den europäischen Normen und Verordnungen einen Rückschluss auf Nr. 28 ziehen zu können, sollte der Begriff des Kindes in diesen Normen und Verordnungen auch einen gewissen Bezug zu der Schutzrichtung haben, die sich durch die funktionale Auslegung bestimmt.

Aus dem beamten- bzw. versorgungsrechtlichen Kontext ergibt sich eine Grenze des Kindes bei 18 Jahren. Grund für diese Grenze ist die Festlegung der dem EU-Bediensteten zustehenden Bezüge. Dieses Verständnis ähnelt dem des familienrechtlichen Kontexts. Die Bezüge des EU-Bediensteten werden für die Personen gewährt, für die eine Sorgeverpflichtung besteht. Diese Sorgeverpflichtung endet ebenfalls mit Vollendung des 18. Lebensjahres des Sorgeberechtigten, des Kindes. Unter besonderen Voraussetzungen können einem EU-Beamten auch für sein 25 Jahre altes Kind Bezüge gewährt werden. Diese Möglichkeit zeigt sehr deutlich, dass die Verwendung des Begriffs „Kind" allein der Zurechnung einer Person zu einer bezügeberechtigten Person darstellt. Folglich kann auch aus dem beamten- bzw. versorgerechtlichen Kontext keine Schlussfolgerung für eine Auslegung im UWG gezogen werden.

Ebenso verhält es sich im Bereich der Sozialbezüge für EU-Beamte. Auch hier wird der Begriff des Kindes nur als zurechenbare Person verstanden. Demnach ist dem Begriff des Kindes keine Markt- bzw. Wettbewerbsrelevanz zuzusprechen.

Der familienrechtliche Kontext bildet mit dem Begriff des Kindes das Gegenstück zu dem Begriff der Eltern. Das Verhältnis vom Kind zu seinen Eltern begründet, wie beispielhaft aus Art. 24 GR-Charta ersichtlich, eine Sorgepflicht der Eltern. Diese Sorgepflicht der Eltern endet mit Eintritt der Volljährigkeit. Daher ist unter dem Begriff des Kindes im familienrechtlichen Kontext eine

276 So auch Steinbeck, in WRP 2008, 865, 867.

Person unter 18 Jahren zu verstehen. Demnach wird diese Grenze nicht mit der Schutzbedürftigkeit eines Kindes im geschäftlichen Verkehr begründet.

Fraglich ist jedoch, ob unter dem Begriff der elterlichen Verantwortung gem. Art. 2 Nr. 7 EheGVO (Brüssel IIa-VO) auch der Bereich der Teilnahme des Kindes am Wirtschaftsleben zu fassen ist. Art. 2 Nr. 7 EheGVO bezeichnet die elterliche Verantwortung als die gesamten Rechte und Pflichten, die einer natürlichen oder juristischen Person durch Entscheidung oder kraft Gesetzes oder durch eine rechtlich verbindliche Vereinbarung betreffend die Person oder das Vermögen eines Kindes übertragen wurden. Elterliche Sorge umfasst insbesondere das Sorge- und Umgangsrecht. Die elterliche Sorge umfasst demnach auch den Schutz über das Vermögen des Kindes. Dabei ist jedoch darauf zu achten, dass es in EheGVO vornehmlich um die Zuständigkeit in Eheverfahren geht. Daher ist Art. 2 Nr. 7 EheGVO dahingehend zu verstehen, dass eine Entscheidung bezüglich der elterlichen Verantwortung auch das Vermögen des Kindes betreffen kann. Da aber der Begriff des Kindes in diesem Kontext als Angehöriger zu verstehen ist, für den die Eltern sorgeverpflichtet sind, kann auch das familienrechtliche Verständnis des Begriffs „Kind“ nicht für eine Auslegung i.S.d. UWG herangezogen werden.

bb) Europarechtlicher Kontext mit Wettbewerbsbezug

Die einzigen europäischen Ansätze, die einen Marktbezug aufweisen und mit der funktionalen Auslegung i.S.d. Lauterkeitsrechts übereinstimmen, sind schließlich der Vorschlag zu der VerkaufsförderungsVO und die FernsehRL 89/552/EWG, auf die auch in Nr. 28 S. 2 RL 2005/29/EG eingegangen wird.

Zwar ist die VerkaufsförderungsVO[277] nie über das Stadium eines Vorschlags hinausgekommen, aber immer noch der einzige Ansatz des europäischen Gesetzgebers mit Marktbezug, in dem der Begriff des Kindes definiert werden sollte; nämlich als Person unter 14 Jahren.[278]

Weiter spricht auch die Erwähnung des Art. 16 RL 89/552/EWG in Nr. 28 S. 2 RL 2005/29/EG zum einen für deren Wettbewerbsrelevanz und zum anderen für die eben genannte Altersgrenze.[279] In Art. 16 RL 89/552/EWG, auf den der europäische Gesetzgeber Bezug nimmt, der durch die RL 2007/65/EG sowie RL 2010/13/EU geändert wurde und jetzt dem Inhalt nach in

277 KOM (2002) 585 endg. vom 25.10.2002.

278 KOM (2002) 585 endg. S. 11, vom 25.10.2002.

279 So auch Köhler, in Köhler/Bornkamm, 29. Aufl., Anh zu § 3 Abs. 3, Rn. 28.5; ders., in WRP 2008, 700, 703; Steinbeck, in WRP 2008, 865, 868; Stuckel, in Harte-Bavendamm/Henning-Bodewig, Anh. § 3 Abs. 3, Rn. 6; Scherer, in Fezer UWG, 2. Aufl., Bd. 2, Anhang UWG Nr. 28, Rn. 9.

Art. 9 Abs. 1 lit. g) zu finden ist und ebenfalls von direkten Kaufappellen spricht, wird von Minderjährigen und nicht von Kindern gesprochen. Im Gegensatz dazu verwendet der Gesetzgeber in Nr. 28 den Begriff des Kindes. Allein dieser Umstand mag noch nicht von Gewicht dafür sein, dass der europäische Gesetzgeber dem Anschein nach einen Unterschied zwischen Kindern und Minderjährigen sieht.[280] Bei näherer Betrachtung ist jedoch auffällig, dass in dem Verbot ohne Wertungsvorbehalt der Nr. 28 („Kinder") nicht wie in Art. 9 Abs. 1 lit. g) RL 2010/13/EU eine Ausnutzung der Unerfahrenheit und Leichtgläubigkeit der Minderjährigen gefordert wird.[281] Demnach ist bei audiovisueller Kommunikation Minderjährigen gegenüber auf den jeweiligen Empfängerhorizont abzustellen, da ein Minderjähriger im Alter von 9 Jahren anders zu beurteilen ist als ein Minderjähriger im Alter von 17 Jahren.[282] Dass aber Werbung, die an Kinder (Nr. 28) gerichtet ist, ohne die Ausnutzung derer Unerfahrenheit und Leichtgläubigkeit per-se verboten ist, spricht dafür, dass auch der Gesetzgeber einen Unterschied zwischen dem Begriff des Minderjährigen und dem des Kindes sieht und ein höheres Schutzniveau festlegen wollte.

Diese Unterscheidung ist kein Phänomen der deutschen Übersetzung, wie auch die anderssprachigen Fassungen der RL 2005/29/EG zeigen, welche für eine Auslegung[283] ebenfalls zu berücksichtigen sind. In den Fassungen anderer Mitgliedstaaten wird ebenfalls in Bezug auf die Fernsehrichtlinie und in Bezug auf § 3 Abs. 3, Anhang Nr. 28 UWG zwischen Minderjährigen und Kindern dem Wort nach unterschieden: englisch[284]: minors / child; französisch[285]: mineurs / enfants; spanisch: menores / ninos; italienisch: minorenni / bambini usw.

Es ist schwer vorstellbar, dass der europäische Gesetzgeber sehenden Auges einen neuen / unterschiedlichen Begriff einbringen wollte, ohne damit auch inhaltlich etwas Unterschiedliches ausdrücken zu wollen. Denn bei einer expliziten Erwähnung einer Norm, in der der Begriff des Minderjährigen verwendet wird, kann davon ausgegangen werden, dass der Gesetzgeber diese Norm auch inhaltlich kennt. Von der inhaltlichen Kenntnis kann auch deshalb ausgegangen werden, weil der europäische Gesetzgeber Art. 16 lit. a), b) FernsehRL für die

---

280 Ausreichend für: Scherer, in Fezer UWG, 2. Aufl., Bd. 2, Anhang UWG Nr. 28, Rn. 9; Sosnitza, in Piper/Ohly/Sosnitza, Anhang zu § 3 Abs. 3, Rn. 59; Seichter, in Ullmann jurisPK UWG, Anh. zu § 3 Abs. 3 (Nr. 28), Rn. 3.

281 So auch Köhler, in Köhler/Bornkamm, 29. Aufl., Anh zu § 3 Abs. 3, Rn. 28.5.

282 Späth, in Götting/Nordemann, § 4, Rn. 2.38; Lettl, § 4, Rn. 90; Köhler, in FS Ullmann 2006, 685, 690.

283 Riesenhuber, in Riesenhuber, § 11, Rn. 15.

284 RL 2005/29/EG, ABl. L 149/22 [EN] of 11.06.2005.

285 RL 2005/29/EG, ABl. L 149/22 [FR] du 11.06.2005.

Formulierung der Nr. 28 als Vorbild genommen hat[286] und nicht den Begriff des Minderjährigen verwendete. Dass nun mit einem anderen Begriff (Minderjähriger / Kind) in Nr. 28 inhaltlich das gleiche gemeint sein soll wie in Art. 16, ist meines Erachtens nicht vorstellbar.[287]

Eine weitere Hilfestellung für die Unterscheidung zwischen den Begriffen Kind und Jugendlicher ist in einer Stellungnahme des Europäischen Parlaments[288] zu der RL 2005/29/EG zu finden. Dort werden als Beispiel für auf Grund des Alters besonders schutzbedürftige Verbraucher Minderjährige und alte Menschen genannt.[289] In Anlage 1 der Stellungnahme des Europäischen Parlaments[290] befindet sich der Vorläufer des heutigen Anhangs zu § 3 Abs. 3 UWG. Dort wird eine an Kinder gerichtete Werbung als aggressive Geschäftspraktik angesehen, wenn diese den Kindern suggeriert, dass ihre Akzeptanz unter Gleichaltrigen davon abhinge, dass sie ein bestimmtes Produkt kaufen oder dass ein bestimmtes Produkt gekauft wird. Diese Unterscheidung in der Wortwahl zwischen den Minderjährigen, als Beispiel für auf Grund des Alters besonders schutzbedürftiger Verbraucher, und Kindern lässt darauf schließen, dass der europäische Gesetzgeber die Minderjährigen nicht als einheitliche Verbrauchergruppe betrachtet, sondern innerhalb dieser differenziert. Diese Unterscheidung in der Wortwahl findet sich auch zum Beispiel in der englischen Fassung des Amtsblatts.[291]

Auch eine Kontrollüberlegung, dass die Jugendlichen, also die Gruppe der 14 bis 18 jährigen, durch die auf sie bezogene Nichtanwendbarkeit von Nr. 28 bei Kaufappellen schutzlos sein würden[292], vermag nicht zu überzeugen. Die Jugendlichen sind immer noch und unverändert von §§ 3, 4 ff. UWG geschützt, auch vor Kaufappellen. Außerdem scheint es meines Erachtens sachgerecht, dass Kinder einem höheren Schutz unterliegen, da sie auf Grund ihrer Entwicklung und dem daraus resultierenden Verhalten Werbemaßnahmen nicht in dem

---

286 Mankowski, in WRP 2008, 421, 423; Köhler, in WRP 2008, 700, 701.

287 Im Ergebnis auch so: Köhler, in Köhler/Bornkamm, 29. Aufl., Anh zu § 3 Abs. 3, Rn. 28.5; Stuckel, in Harte-Bavendamm/Henning-Bodewig, Anh. § 3 Abs. 3, Rn. 6; Späth, in Götting/Nordemann, § 4, Rn. 2.33; Köhler, in WRP 2008, 700, 703; ders., in FS Ullmann 2006, S. 685, 598; Baukelmann, in FS Ullmann 2006, S. 587, 589; Scherer, in WRP 2008, 430, 432; dies., in Fezer UWG, Bd. 2, Anhang UWG Nr. 28, Rn. 9; Boesche, § 14, Rn. 518; Lettl, § 3, Rn. 89; Böhler, in WRP 2011, 827, 829; a.A. Mankowski, in WRP 2007, 1398, 1405.

288 ABl. C 104 E/263 vom 30.04.2004.

289 ABl. C 104 E/263 vom 30.04.2004 Erwägungsgrund 15.

290 ABl. C 104 E/276 vom 30.04.2004 Erwägungsgrund 6.

291 ABl. C 104 E/276 [EN], 30.04.2004.

292 Vgl. ähnlich Mankowski, in WRP 2007, 1398, 1404 (der auf ein „Ja“ oder „Nein“ des Schutzes abstellt).

Maße einschätzen und kritisch beurteilen können, wie es von z.B. einem Jugendlichen im Alter von 17 Jahren erwartet werden kann.

cc) Psychologische Entwicklungsstufen

Die Unterscheidung in den verschiedenen Entwicklungsstadien, in denen sich Kinder und Jugendliche befinden können, bietet ebenfalls einen Anhaltspunkt für die Einordnung des Kindes. Hierbei wurden erhebliche Unterschiede in der Entwicklung und der Fähigkeit, Werbung als solche zu erkennen und diese kritisch zu beurteilen, festgestellt.[293] Grundlegend wurden von *Piaget* vier verschiedene Entwicklungsstadien des Minderjährigen und deren Altersgrenzen herausgearbeitet.[294]

Die erste Phase betrifft Kleinkinder bis zu zwei Jahren und kann im Hinblick auf das hier zu beurteilende Thema der Werbung vernachlässigt werden, da nicht davon auszugehen ist, dass Kinder in diesem Alter auf Werbung reagieren und über eigenes Geld verfügen.

In der zweiten Phase vom 2. bis zum 6. Lebensjahr, der sog. „Anschaulich-Symbolischen Phase“, erlernt das Kind die Muttersprache und erhält Zugang zu einem erweiterten Kommunikationskreis.[295] Des Weiteren wird das Kind mit Verhaltensgewohnheiten, Interessen, Ansichten und Verpflichtungen seiner Bezugspersonen vertraut und lernt ferner, dass auch Erwartungen an es gestellt werden.[296] In dieser 2. Phase besteht die kognitive Fähigkeit, Werbung als solche zu erkennen, noch nicht.[297]

In der dritten Phase, die der logischen Operationen, im Alter vom 7. bis zum 10. Lebensjahr, beginnt das Kind sich mit seiner Umwelt auseinanderzusetzen. Das umfasst sowohl die Möglichkeit sich in andere Personen hineinzuversetzen als auch Gedanken und Argumente mit Dritten zu tauschen.[298]

Die vierte Phase vom 10. bis zum 15. Lebensjahr, in der die kognitive Reifung seinen vorläufigen Abschluss findet, ist das Kind in der Lage abstrakt-intellektuelle[299] bzw. formal-logische[300] Denkoperationen durchzuführen. Am Ende dieser vierten Stufe, steht das Kind, im Alter von 14 bis 15 Jahren, dem

293 Scherer, in Pahlow/Eisfeld, S. 160 f.

294 Piaget, S. 189 ff.

295 Piaget, S. 204; Scherer, in Pahlow/Eisfeld, S. 160.

296 Albert, S. 40 f.

297 Hoffman-Riem/Engels, in Charlton/Neumann-Braun/Aufenanger/Hoffmann-Riem-, Bd. 2, S. 376 ff.

298 Piaget, S. 190; Scherer, in Pahlow/Eisfeld, S. 160; Albert, S. 41.

299 Piaget, S. 190; Scherer, in Pahlow/Eisfeld, S. 160 f.

300 Albert, S. 41 2008, 430, 437.

Erwachsenen, in Bezug auf die Fähigkeit Werbung als solche zu erkennen und dieser kritisch gegenüberzustehen, gleich.[301]

Im Ergebnis lässt sich demnach in Bezug auf die verschiedenen psychologischen Entwicklungsstufen von Kindern festhalten, dass erst ab einem Alter von ca. 10 bis 15 Jahren der Minderjährige in der Lage ist, Werbung zu erkennen und kritisch zu beurteilen. Diese Altersgrenze spricht für eine erhöhte Schutzwürdigkeit der Kinder bis zur Vollendung der vierten Phase.

d) Zwischenergebnis zum Begriff „Kind"

Es ist davon auszugehen, dass mit dem Begriff des Kindes in Nr. 28 des Anhangs zu § 3 Abs. 3 UWG eine Person zu verstehen ist, die noch nicht das 14. Lebensjahr vollendet hat. Dieses Ergebnis ist ebenfalls aus entwicklungs-psychologischer Sicht geboten.

2. Zulässigkeit von Werbemaßnahmen gegenüber Kindern

Nachdem festgestellt worden ist, dass unter dem Begriff des Kindes eine Person unter 14 Jahren zu verstehen sein sollte, muss zwischen den zulässigen und unzulässigen Werbemaßnahmen unterschieden werden, die Kindern gegenüber vorgenommen werden.

a) Rechtlicher Rahmen der Nr. 28, 1. Alt. des Anhangs zu § 3 Abs. 3 UWG

Gem. Nr. 28, 1. Alt. ist eine Werbemaßnahme unzulässig, wenn diese eine unmittelbare Aufforderung an Kinder zum Kauf von Waren oder der Inanspruchnahme von Dienstleistungen enthält. Hierbei stellt sich die Frage, was unter einer unmittelbaren Aufforderung zum Kauf zu verstehen ist.

Bevor allerdings das Tatbestandsmerkmal der Unmittelbarkeit untersucht wird, ist zu klären, was unter einer Werbung und unter einer Aufforderung zum Kauf zu verstehen ist.

---

301 Albert, S. 44; Scherer, in Pahlow/Eisfeld, S. 161; a.A. Mankowski/Schreier, in VuR 2006, 209, 210; im Ergebnis Hans. OLG Hamburg Urt. v. 10.04.2003 – 5 U 97/02, in WRP 2003, 1003, 1006.

aa) Werbung

Der Begriff der Werbung wird in der RL 2005/29/EG und in dem neuen UWG sehr oft verwendet ohne in diesen legal definiert zu sein. Eine Definition des Begriffes findet sich in einer anderen Rechtsvorschrift des Europarechts. In RL 84/450/EWG[302], wurde der Begriff der Werbung für den Bereich der irreführenden Werbung definiert. Gem. Art. 2 Nr. 1 RL 84/450/EWG ist Werbung jede Äußerung bei der Ausübung eines Handels, Gewerbes, Handwerks oder freien Berufs mit dem Ziel, den Absatz von Waren oder die Erbringung von Dienstleistungen, einschließlich unbeweglicher Sachen, Rechte und Verpflichtungen zu fördern.[303] Die RL 84/450/EWG wurde durch die RL 2006/114/EG[304] abgelöst. Dabei wurde die Definition der Werbung in Art. 2 lit. a) allerdings beibehalten. Sie hat sich demnach bewährt.

Auch wenn diese Definition dem Wortlaut nach auf die Absatzwerbung und nicht auf den Nachfragewettbewerb abzielt, ist von einer Gültigkeit für das übrige Lauterkeitsrecht auszugehen.[305] Inwiefern die Definition tatsächlich für Nachfragewettbewerb, Image- und sonstige mittelbare Werbung heranzuziehen ist, kann in Bezug auf Nr. 28 des Anhangs zu § 3 Abs. 3 UWG unbeleuchtet bleiben, da Nr. 28 nur die Einbeziehung einer unmittelbaren Kaufaufforderungen an Kinder in einer Werbung, also die Absatzwerbung als unlautere aggressive Geschäftspraktik für unzulässig erklärt.

bb) Zielrichtung der Werbung

Zunächst ist zu hinterfragen, ob es für den Tatbestand der Nr. 28 entscheidend ist, dass nur Kinder, auch Kinder oder die Allgemeinheit mit der Werbung angesprochen werden[306] oder sogar, ob es einen Unterschied ausmacht, ob die Werbung persönlich oder in einem Massenmedium erfolgt.[307]

Dem Gesetzeswortlaut nach, muss es sich um eine, in eine Werbung einbezogene unmittelbare Aufforderung zum Kauf an Kinder handeln. Demnach muss die Werbung Kinder in irgendeiner Art und Weise ansprechen. Dies umfasst die

302 RL 84/450/EWG, ABl. L 250/17 vom 19.09.1984.

303 RL 84/450/EWG, ABl. L 250/18 vom 19.09.1984.

304 RL 2006/114/EG, ABl. L 376/21 vom 27.12.2006.

305 OLG Oldenburg Urt. v. 24.11.2005 – 1 U 49/05, in GRUR-RR 2006, 239, 241 – „Telefaxwerbung“; OLG Hamm Urt. v. 23.02.2006 – 4 U 164/05, in GRUR-RR 2006, 379 – „Ankaufgesuch per Fax“; Köhler, in Köhler/Bornkamm, 29. Aufl., § 2, Rn. 15; ders., in WRP 2008, 700, 702; Keller, in Harte-Bavendamm/Henning-Bodewig, § 2, Rn. 12; Mankowski, in WRP 2008, 421, 422.

306 Mankowski, in WRP 2008, 421, 246.

307 Steinbeck, in WRP 2008, 865, 868.

Werbung, die direkt auf Kinder abzielt. Aber auch die Werbung, die sich sowohl an Kinder und Erwachsene richtet, soll nach ganz h.M. am Maßstab der Nr. 28 zu messen sein.[308] Nicht mehr unter den Geltungsbereich der Nr. 28 soll dagegen die an jedermann gerichtete Werbung fallen.[309] Dies soll selbst dann gelten, wenn sich Kinder von der Werbung angesprochen fühlen.[310]

Eine an die Allgemeinheit gerichtete Werbung fällt richtigerweise nicht unter den Regelungsbereich des Tatbestandes, selbst wenn sich Kinder von ihr angesprochen fühlen sollten.[311] Würde allein der Umstand, dass sich ein Kind von einer an Jedermann gerichteten Werbung angesprochen fühlt, dazu führen, dass diese Werbung in den Regelungsbereich von Nr. 28 des Anhangs fiele, würde im Bereich der Werbegestaltung keine Sicherheit in Bezug auf die Zulässigkeit der Werbung zustande kommen. Gerade weil sich der Werbende nicht an Kinder sondern an die Allgemeinheit richtet, wäre ein extensives Verständnis des Regelungsbereichs in dieser Hinsicht unzulässig. Die Gegenansicht vertritt die Auffassung, dass jeden Gewerbetreibende, dem Erwägungsgrund 19 RL 2005/29/EG[312] entsprechend, die Sorgfaltspflicht treffe, bei einer an die Allgemeinheit gerichteten Werbung zu überprüfen, ob vernünftigerweise auch das Verhalten bestimmter sensiblen Verbrauchergruppen (hier Kinder) angesprochen wird.[313] Im Falle dessen, muss der Gewerbetreibende seine Werbung an dieser Verbrauchergruppe ausrichten.[314]

Gegen diese Ansicht ist anzuführen, dass bei einem solch extensiven Verständnis das Verbraucherleitbild der Richtlinie nicht zur Geltung kommen könnte, da bei jeder Werbung die Möglichkeit bestünde, dass Minderheiten (besonders schutzbedürftige Verbrauchergruppen) die Werbung verschieden auffassen.[315] Dadurch müsste der Werbende jede Werbung an möglichen Minderheiten ausrichten.[316]

Untermauert wird diese Sichtweise dadurch, dass es für den Werbenden bei einer an die Allgemeinheit gerichteten Werbung, abhängig von der Art der an-

---

308 Mankowski, in WRP 2008, 421, 426; Köhler, in Köhler/Bornkamm, 29. Aufl., Anh zu § 3 Abs. 3, Rn. 28.7; ders., in WRP 2008, 700, 703; Loschelder/Dörre, in Gloy/Loschelder/Erdmann, § 47, Rn. 75.

309 Boesche, § 14, Rn. 521; Köhler, in WRP 2008, 700, 703.

310 Köhler, in Köhler/Bornkamm, 29. Aufl., Anh zu § 3 Abs. 3, Rn. 28.7; a.A. Baukelmann, in FS Ullmann 2006, 587, 595.

311 Köhler, in Köhler/Bornkamm, 29. Aufl., Anh zu § 3 Abs. 3, Rn. 28.7.

312 RL 2005/29/EG, ABl. L 149/25 vom 11.06.2005.

313 Baukelmann, in FS Ullmann 2006, 587, 595.

314 Baukelmann, in FS Ullmann 2006, 587, 595.

315 So auch Seichter, in WRP 2005, 1087, 1091.

316 Seichter, in WRP 2005, 1087, 1091.

gebotenen Ware oder Dienstleistung, nicht immer vernünftigerweise vorhersehbar im Sinne von Art. 5 Abs. 3 RL 2005/29/EG sein wird, dass sich eventuell auch Kinder, im Sinne einer eindeutig identifizierbare Verbrauchergruppe, von ihr angesprochen fühlen und dadurch das per-se-Verbot der Nr. 28 des Anhangs Geltung erlangen würde.

Der Ausschluss einer an die Allgemeinheit gerichteten Werbung aus dem Regelungsbereich der Nr. 28 des Anhangs lässt sich auch mit dem Schutzzweck begründen. In Erwägungsgrund 18 der Richtlinie 2005/29/EG wird die Notwendigkeit des Schutzes von Kindern in Bezug auf die an Kinder gerichtete Werbung begründet.[317] Denn richtet sich eine Geschäftspraxis speziell an eine besondere Verbrauchergruppe wie z.B. Kinder, so sollte die Auswirkung der Geschäftspraxis aus der Sicht eines Durchschnittsmitglieds dieser Gruppe beurteilt werden.[318] Aus dieser Formulierung ist ersichtlich, dass nicht jede Werbung, von der sich Kinder angesprochen fühlen könnten, nach Nr. 28 des Anhangs zu beurteilen ist. Auch das Referat 3 der Europäischen Kommission für „Consumer and marketing law“ bestätigt, dass z.B. Waren im Kassenbereich nicht speziell an Kinder gerichtet sind und als an die Allgemeinheit gerichtete Geschäftspraktik („this technique is not specifically directed to children and therefore not banned up-front by the Directive“) nicht vom Regelungsbereich des § 3 Abs. 3, Anhang Nr. 28 UWG erfasst werden.[319]

Auch wegen der Unzulässigkeitsfolge ohne Wertungsvorbehalt scheint eine restriktive Auslegung der Zielrichtung der Werbung geboten, da die Allgemeinheit mit unmittelbaren Aufforderungen beworben werden darf und bei einem sich von der Werbung angesprochen fühlendem Kind, eine Unzulässigkeit nach anderen Normen des UWG, die als Auffangkontrolle weiterhin zur Verfügung stehen, nicht ausgeschlossen ist.

Doch auch im Bereich der an die Allgemeinheit gerichteten Werbung kann eine Anwendung von Art. 5 Abs. 3 RL 2005/29/EG unter besonderen Voraussetzungen angebracht erscheinen.[320] Dies soll nach hier vertretener Auffassung dann gelten, wenn sich dem Werbenden bei einer an die Allgemeinheit gerichteten Werbung zu Missverständnissen einladende Darstellungen oder Aussagen aufdrängen müssten, die geeignet sind Kinder zu beeinflussen.[321] Denn in einem solchen Fall sollte der Werbetreibende nicht durch eigene Nachlässigkeit bevorzugt werden und dadurch dem Schutzzweck des per-se-Verbotes entgehen.

---

317 RL 2005/29/EG, ABl. L 149/25 vom 11.06.2005, Erwägungsgrund 18.

318 RL 2005/29/EG, ABl. L 149/25 vom 11.06.2005, Erwägungsgrund 18.

319 Anhang 2.

320 Vgl. Seichter, in WRP 2005, 1087, 1091.

321 So auch Seichter, in WRP 2005, 1087, 1091.

Daher ist der Betrachtung des Geltungsbereichs der h.M. überwiegend zuzustimmen. Der Gesetzeswortlaut spricht nur von einer Einbeziehung der unmittelbaren Aufforderung an Kinder in einer Werbung. Die Verwendung des Begriffes der Einbeziehung bedeutet, dass die unmittelbare Aufforderung an Kinder in der Werbung vorkommen muss um den Tatbestand zu erfüllen und nicht deren alleiniger Inhalt ist. Es wäre eine zu restriktive Auslegung, würde er dahingehend interpretiert werden, dass nur Kinder mit der Werbung angesprochen sein dürften. Andererseits wäre es für Werbetreibende ein Leichtes, den Tatbestand dadurch zu umgehen, dass in der Werbung nicht nur sondern auch Kinder angesprochen werden.

Der von *Steinbeck*[322] vertretenen Auffassung, dass nur die Werbung erfasst sein sollte, die nicht in einem Massenmedium verbreitet wird, ist abzulehnen.[323] Der Ausschluss der Massenmedien wird damit begründet, dass praktisch jede Werbung, die sich an Kinder richte und eine Aufforderung zum Kauf zum Inhalt habe, unlauter wäre. Daher sei unter der Werbung nur eine solche im Rahmen einer Verkaufsveranstaltung zu verstehen.[324] Diese Ansicht verkennt jedoch die gewollte Schutzrichtung von Anhang Nr. 28, findet keine Stütze im Gesetz und hat auch in der veröffentlichten Rechtsprechung[325] keine Erwähnung gefunden. Insbesondere ist Erwägungsgrund 18 RL 2005/29/EG[326] anzuführen, der gerade nicht jede an Kinder gerichtete Werbung, sondern nur diejenigen, die eine unmittelbare Aufforderung zum Kauf beinhalten, verbieten will. Eine Eingrenzung auf persönliche Verkaufsgespräche zwischen Werbetreibenden und Kindern ist weder daraus zu erkennen noch vom europäischen Gesetzgeber gewollt. Es geht dem Gesetzgeber gerade darum, einen effektiven Schutz vor unmittelbaren Kaufaufforderungen zu erschaffen, weshalb es sich bei diesen Werbemaßnahmen um per-se-Verbote handelt. Ein Kind, das in einer Zeitschrift mit dem Slogan „Kauf Dir das!“ konfrontiert wird, wird nicht weniger dadurch unmittelbar zum Kauf aufgefordert, als ein Kind, dem der Slogan gegenüber verbal zur Kenntnis gebracht wird.

Selbst wenn das hinter *Steinbecks* Auffassung stehende Argument, das nahe liegt, aber hier nur vermutet werden kann, so wäre, dass Werbungen mit unmittelbaren Kaufaufforderungen in Massenmedien ausgeschlossen sein sollten, weil kein unmittelbarer Erwerb der beworbenen Ware aufgrund weiterer Zwischenschritte möglich sei, kann es dennoch nicht überzeugen. Denn es ginge am

322 Steinbeck, in WRP 2008, 865, 868.

323 So auch Böhler, in WRP 2011, 827, 830.

324 Steinbeck, in WRP 2008, 865, 868.

325 LG Berlin Urt. v. 17.03.2009 – 103 O 171/08, in VuR 2010, 106.

326 RL 2005/29/EG, ABl. L 149/25 vom 11.06.2005.

Schutzzweck des Gemeinschaftsgesetzgebers vorbei. Dem Gemeinschaftsgesetzgeber ging es zwar auch um den Schutz der wirtschaftlichen Interessen der Verbraucher bei Erlass der Richtlinie. Doch gerade im Bereich des Kinderschutzes vor unlauteren Werbemaßnahmen regelte der Gemeinschaftsgesetzgeber, dass bereits die Art der Werbung und zwar die der unmittelbaren Kaufaufforderung, eine unter allen Umständen unzulässige Geschäftspraktik darstellen soll.[327] Eine Einschränkung auf die Werbeform der „vier-Augen-Ansprache" ist dabei nicht vorgesehen.[328]

cc) Aufforderung zum Kauf

Für eine Auslegung des Tatbestandsmerkmals der Aufforderung zum Kauf könnte ein Blick auf den Ursprungsort der Regelung von Nutzen sein. Dieser ist unter anderem im Anhang I zu Art. 5 Abs. 5 RL 2005/29/EG zu finden. Der Begriff der Aufforderung zum Kauf wird bereits in Art. 2 lit. i) RL 2005/29/EG legal definiert, allerdings wurde Art. 2 lit. i) vom deutschen Gesetzgeber lediglich für § 5a Abs. 3 UWG umgesetzt.[329] Eine Übernahme der Definition blieb aus.[330]

Gem. Art. 2 lit. i) RL 2005/29/EG ist eine Aufforderung zum Kauf jede kommerzielle Kommunikation, die die Merkmale des Produkts und den Preis in einer Weise angibt, die den Mitteln der verwendeten kommerziellen Kommunikation angemessen ist und den Verbraucher dadurch in die Lage versetzt, einen Kauf zu tätigen.

Diese Voraussetzungen, insbesondere die Angabe des Preises, sind gleichlautende Tatbestandsvoraussetzungen der französischen[331] („du produit et son prix de facon") und englischen[332] („of the product and the price") Fassung des Art. 2 lit. i) RL 2005/29/EG.

Dies würde für die Auslegung des Tatbestandsmerkmals in Nr. 28 des Anhangs zu § 3 Abs. 3 UWG bedeuten, dass in der Werbung stets der Preis des Produkts genannt werden müsste, um unter den Regelungsbereich von Nr. 28 zu fallen.[333] Danach könnte in einer Werbung ein Kind zulässig unmittelbar zum Kauf aufgefordert werden, solang der Preis des Produkts nicht genannt

327 RL 2005/29/EG, ABl. L 149/25 vom 11.06.2005, Erwägungsgrund 18.

328 Vgl. LG Berlin Urt. v. 17.03.2009 – 103 O 171/08, in VuR 2010, 106.

329 BT-Drucks. 16/10145, S. 12, 25.

330 BT-Drucks. 16/10145, S. 25.

331 RL 2005/29/EG, ABl. L 149/26 [FR] du 11.06.2005.

332 RL 2005/29/EG, ABl. L 149/26 [EN] of 11.06.2005.

333 So Vural, Diss., S. 186; Boesche, § 14, Rn. 519; Scherer, in WRP 2008, 430, 433; dies., in Fezer UWG, 2. Aufl., Bd. 2, Anhang UWG Nr. 28, Rn. 13: Stuckel, in Harte-Bavendamm/Henning-Bodewig, § 3 Abs. 3 Anhang Nr. 28, Rn. 7.

würde.[334] Diese Umgehung des gesetzgeberischen Willens, gerade Kinder vor unmittelbaren Kaufaufforderungen zu schützen[335], widerspräche allerdings nach hier vertretener Ansicht dem Sinn und Zweck des in der RL 2005/29/EG niedergelegten Kinderschutzes.

Auch der umsetzende deutsche Gesetzgeber hat zu Recht keinen Bezug zwischen einer Aufforderung zum Kauf in Art. 2 lit. i) und Anhang Nr. 28 gesehen[336], da sich ebenfalls aus den Erwägungsgründen[337] der RL 2005/29/EG die dort definierte Aufforderung zum Kauf dem Sinn und Zweck entsprechend auf die irreführenden Werbungen bezieht.

Weiter findet die Ablehnung des Rückschlusses auf Art. 2 lit. i) zur Auslegung des Tatbestandsmerkmals in Nr. 28 Halt in einem Vergleich[338] mit der englischen[339] und französischen[340] Fassung der RL 2005/29/EG, die unterschiedliche Begriffe verwenden.

In der englischen Fassung ist in Art. 2 lit. i) von „invitation to purchase" und in Nr. 28 von „direct exhortation to children to buy advertised products" die Rede. Ähnlich verhält es sich in der französischen Fassung, in der zum einen in Art. 2 lit. i) „invitation á l'achat" und zum anderen in Nr. 28 „inciter directment les enfants á acheter … le produit" verwendet wird. Ferner wird der Begriff der „Aufforderung zum Kauf" in der deutschen Fassung auch in Nr. 5 und 6 des Anhangs I zu Art. 5 Abs. 5 der Richtlinie benutzt. In der englischen Fassung wird in Nr. 5 und 6 des Anhangs ebenfalls der Begriff „invitation to purchase", also gleich dem aus Art. 2 lit. i) verwendet. In der französischen Fassung der Richtlinie ist dagegen schon ein Unterschied festzustellen, da nicht „invitation á l'achat" (Art. 2 lit. i) sondern in Nr. 5 und 6 des Anhangs „Proposer l'achat" verwendet wird.

Diese Unterscheidungen in der Wortwahl zeigen auf, dass die Definition in der deutschen Fassung der RL 2005/29/EG von einer Aufforderung zum Kauf in Art. 2 lit. i) nach hier vertretener Auffassung nicht mit der Aufforderung zum Kauf in Nr. 28 gleichzusetzen ist.[341]

---

334 Böhler, in WRP 2011, 827, 830; ähnlich Köhler, in WRP 2008, 700, 703; Schöttle, in WRP 2009, 673, 682.

335 RL 2005/29/EG, ABl. L 149/25 vom 11.06.2005, Erwägungsgrund 18.

336 BT-Drucks. 16/10145, S. 12.

337 RL 2005/29/EG, ABl. L 149/24 vom 11.06.2005, Erwägungsgründe 14, 15.

338 Vgl. Riesenhuber, in Riesenhuber, § 11, Rn. 15.

339 RL 2005/29/EG, ABl. L 149/22 [EN] of 11.06.2005.

340 RL 2005/29/EG, ABl. L 149/22 [FR] du 11.06.2005.

341 So auch Köhler, in Köhler/Bornkamm, 29. Aufl., Anh zu § 3 Abs. 3, Rn. 28.11; ders., in WRP 2008, 700, 703; Schöttle, in WRP 2009, 673, 682; Späth, in Götting/Nordemann, § 4 Nr. 2, Rn. 2.34; a.A. Wirtz, in Götting/Nordemann, § 3, Rn. 144; Scherer, in WRP

Anderer Ansicht ist das LG Berlin[342], welches sich ohne Beachtung dieser Unterschiede in der Auslegungsmethode strikt an Art. 2 lit. i) RL 2005/29/EG gehalten und die Aufforderung zum Kauf daran definiert und unter diese, soweit aus den Entscheidungsgründen ersichtlich, vermeintlich subsumiert.[343] In der Entscheidung wurde die Werbung für eine Kinderzeitschrift in einer anderen Kinderzeitschrift, soweit aus Tenor und Entscheidungsgründen ersichtlich, für unzulässig erklärt, die gegenüber Kindern mit „Dein Extra Cooles We-Radio mit Kopfhörern […] Nicht vergessen […] Nicht Verpassen […] ab 15.04. am Kiosk!" wirbt. Zu dem Vorliegen einer Aufforderung zum Kauf stellt das LG Berlin nach Abdruck des Art. 2 lit. i) lediglich fest, dass durch die Kommunikation der Absatz gefördert werden solle und die Wahl des Kommunikationsmittels dabei gleichgültig sei. Ob in der streitgegenständlichen Werbung, in Hinblick auf die Bezugnahme auf Art. 2 lit. i) auch der Preis angegeben war, wird nicht erläutert.

Dem erkennbaren Sachverhalt zufolge, hätte das LG Berlin unter Zugrundelegung seiner Bezugnahme auf Art. 2 lit. i) die Aufforderung zum Kauf ablehnen müssen, da die Werbung soweit ersichtlich, nicht den Preis des Produkts enthielt.[344] Diese Gerichtsentscheidung und die obige Auslegung anhand anderer Fassungen der RL 2005/29/EG zeigen auf, dass die Orientierung an der Definition des Art. 2 lit. i) für Anhang Nr. 28 nicht maßgeblich sein sollte.

Als eine Aufforderung zum Kauf soll daher das Angebot zum Abschluss eines entgeltlichen Vertrages, in diesem Fall eines Kaufvertrages zu sehen sein. Eine erweiternde Auslegung des Tatbestandsmerkmals des Kaufes kann auch im Einzelfall sinnvoll sein, wie sich gerade im Bereich der Gewinnspiele noch zeigen wird.

dd) Unmittelbarkeit der Aufforderung zum Kauf

Das wahrscheinlich bedeutendste Tatbestandsmerkmal in Nr. 28 ist die an Kinder gerichtete unmittelbare Aufforderung[345] zum Kauf.

Für die Auslegung dieses Tatbestandsmerkmals in Nr. 28 gibt es bisher erst eine Entscheidung in der Rechtsprechung.[346] Das LG Berlin sah in der Formulie-

---

2008, 430, 433; dies., in Fezer UWG, 2. Aufl., Bd. 2, Anhang UWG Nr. 28, Rn. 13; Stuckel, in Harte-Bavendamm/Henning-Bodewig, § 3 Abs. 3 Anhang Nr. 28, Rn. 7; Wirtz, Scherer und Stuckel gelangen dadurch zu einer sehr restriktiven Auslegung des Tatbestandsmerkmals, da nach diesen Auffassungen die Werbung auch eine Angabe bzgl. des Preises der beworbenen Ware enthalten müsste.

342 LG Berlin Urt. v. 17.03.2009 – 103 O 171/08, in VuR 2010, 106.

343 a.A. Scherer, in WRP 2001, 393, 397.

344 Im Ergebnis Köhler, in WRP 2008, 700, 703; Schöttle, in WRP 2009, 673, 682.

345 Köhler, in WRP 2008, 700, 702 – Köhler spricht von dem „Schlüsselbegriff".

rung der Werbung in einer Kinderzeitschrift „Nicht verpassen […] Nicht vergessen […] ab 15.04. am Kiosk" eine unmittelbare Aufforderung zum Kauf an Kinder. Ein weiteres Urteil, das sich nur am Rande mit Anhang Nr. 28 befasst, ist für das Vorliegende unbeachtlich.[347] In der Literatur ist das Verständnis der unmittelbaren Aufforderung zum Kauf sehr unterschiedlich.

Bevor einzelne Werbemaßnahmen unter dem Gesichtspunkt der Unmittelbarkeit einer Aufforderung zum Kauf untersucht werden, scheint es geboten, einen Überblick über die verschiedenen Ansätze zu diesem Tatbestandsmerkmal darzustellen.

aaa) Überblick über die verschiedenen Auffassungen

(1) Boesche

Nach *Boesche* kann eine unmittelbare Aufforderung in der Ansprache an Kinder in der zweiten Person, in der Ansprache der Zielgruppe als „Kinder", in der verwendeten Sprache selbst, in der Präsentation der Ware oder in dem beworbenen Produkt selbst liegen.[348] Weiter muss sich diese Aufforderung auf ein konkret gekennzeichnetes Produkt oder eine konkret gekennzeichnete Dienstleistung beziehen. Unter den Merkmalen für ein konkret gekennzeichnetes Produkt verlangt diese Auffassung die Angabe von Preis und Produktmerkmalen.[349]

Boesche sieht die Abgrenzung der unmittelbaren Aufforderung zur mittelbaren darin, dass bei der mittelbaren Aufforderung erst aus sonstigen Umständen darauf geschlossen werden muss, einen Kauf zu tätigen.[350] Die Erzeugung von Gruppenzwang und eine bloße Information bezüglich des Produkts sollen keine unmittelbare Aufforderung darstellen. Als bloße Information über Waren wird hier z.B. die Warenpräsentation im Kassenbereich erachtet.

(2) Lettl

Lettl sieht den Rahmen der unmittelbaren Aufforderung ebenfalls in der Abgrenzung zur mittelbaren Aufforderung, die bei bloßer Information über das Produkt und bei der Darstellung von Kindern, die sich das beworbene Produkt

346 LG Berlin 17.03.2009 – 103 O 171/08, in VuR 2010, 106.

347 OLG Koblenz Urt. v. 06.05.2009 – 9 U 117/09, in GRUR-RR 2010, 20, 22 - „Süßwaren in Annahmestelle" - dort wurde lediglich festgestellt, dass die Platzierung von Süßwaren neben Alkohol und Glücksspiellosen keine unmittelbare Aufforderung zum Kauf an Kinder darstellt.

348 Boesche, § 14, Rn. 519.

349 Boesche, § 14, Rn. 519.

350 Boesche, § 14, Rn. 519.

kaufen, liegen soll.[351] Die unmittelbare Aufforderung soll nur vorliegen, wenn sich die Aufforderung gezielt und persönlich an Kinder richtet. Für die Zulässigkeit der Werbung soll es weiter keinen Einfluss haben, ob die in der Werbung angesprochenen Kinder den beabsichtigten Kaufvertrag zivilrechtlich wirksam abschließen können.

(3) Wirtz

Nach *Wirtz* kann bereits in der Präsentation der Waren im Kassenbereich (sog. „Quengelware) eine unmittelbare Aufforderung zum Kauf an Kinder gegeben sein.[352] Hierbei und wie z.B. in Fällen einer „Geschichte" in der Werbung selbst, ist zur Beurteilung der Tatbestandsverwirklichung auf die Perspektive eines durchschnittlichen Mitglieds der angesprochenen Gruppe abzustellen.[353] Dies entspricht auch der gesetzlichen Wertung gem. § 3 Abs. 2, S. 3 UWG.

(4) Scherer

Auch *Scherer* stellt auf die Abgrenzung zur mittelbaren Aufforderung ab und verlangt weiter ausdrücklich die konkrete Angabe von Preis und Produktmerkmalen. Als Beispiel für eine Abgrenzung werden die Sätze: „Kauf Dir das!" und „Wäre es nicht schön, so etwas zu haben?" angeführt.[354] Nach *Scherer* muss der angesprochene Verbraucher beim ersten Beispiel, im Gegensatz zum zweiten, keinen weiteren Zwischenschritt zwischen Aufforderung und Entstehung des Erwerbsentschlusses mehr vornehmen.

(5) Mankowski

Eine unmittelbare Aufforderung zum Kauf kann, *Mankowski*[355] zufolge, an verschiedenen Werbepraktiken ausgemacht werden. Sie soll z.B. bei einer imperativischen Ansprache wie „Hol es Dir!" immer vorliegen. Auch in der sog. Quengelware, sowie in der Verwendung von Kindern in der Werbung für Kinder und in der Anpreisung von Produkten in einem für Kinder bestimmten Medium, sieht *Mankowski* eine unmittelbare Aufforderung zum Kauf als gegeben an.[356]

---

351 Lettl, § 3, Rn. 89.

352 Wirtz, in Götting/Nordemann, § 3, Rn. 144.

353 Wirtz, in Götting/Nordemann, § 3, Rn. 144.

354 Scherer, in WRP 2008, 430, 433; dies., in Fezer UWG, 2. Aufl., Bd. 2, Anhang UWG Nr. 28, Rn. 16.

355 Mankowski, in WRP 2008, 421, 423 f.

356 Mankowski, in WRP 2008, 421, 424 f.

(6) Köhler

Auch *Köhler* geht grundsätzlich bei einer Abgrenzung von unmittelbarer zu mittelbarer Aufforderung davon aus, dass die Grenze dort zu ziehen sei, wo der Verbraucher erst aus anderen Umständen darauf schließen soll, ein bestimmtes Produkt zu kaufen.[357]

Unabdingbar sei für eine unmittelbare Aufforderung, dass diese sich direkt und gezielt an Kinder richtet.[358] Nicht unter das Tatbestandsmerkmal der unmittelbaren Aufforderung sollen die sog. Quengelware, der mit der Werbung geschaffene Gruppenzwang und die Darstellung von Kindern in der Werbung sein.[359]

(7) Stuckel

Stuckel zufolge kann eine unmittelbare Aufforderung zum Kauf durch eine direkte Ansprache, durch Massenwerbung oder durch den Einsatz von Kindern in einer Werbung erfolgen.[360] Eine mittelbare Aufforderung hingegen sieht Stuckel in der Warenpräsentation im Kassenbereich.

(8) Späth

Nach *Späth* ist für eine unmittelbare Aufforderung eine Werbebotschaft erforderlich, die einen Erwerbsentschluss auslösen kann und Kinder gezielt anspricht.[361] Dazu zählen soll eine imperativische Ansprache. Keine unmittelbare Aufforderung sollen Kinder in der Werbung, Quengelware, Gruppenzwang, Produktinformationen, Imagewerbung und Süßwarengeschäfte in Schulnähe darstellen.

---

357 Köhler, in WRP 2008, 700, 702; ders., in Köhler/Bornkamm, 29. Aufl., Anh zu § 3 Abs. 3, Rn. 28.8; ders., in Hefermehl/Köhler/Bornkamm, 27. Aufl., Anh zu § 3 Abs. 3, Rn. 28.4.

358 Köhler, in WRP 2008, 700, 702; ders., in Köhler/Bornkamm, 29. Aufl., Anh zu § 3 Abs. 3, Rn. 28.8; ders., in Hefermehl/Köhler/Bornkamm, 27. Aufl., Anh zu § 3 Abs. 3, Rn. 28.4.

359 Köhler, in Köhler/Bornkamm, 29. Aufl., Anh zu § 3 Abs. 3, Rn. 28.10; ders., in Hefermehl/Köhler/Bornkamm, 27. Aufl., Anh zu § 3 Abs. 3, Rn. 28.4; ders., in WRP 2008, 700, 702; wobei Köhler in Bezug auf die Darstellung von Kindern in der Werbung seine früher vertretene Ansicht aufgegeben hat (Köhler, in FS Ullmann 2006, 685, 699).

360 Stuckel, in Harte-Bavendamm/Henning-Bodewig, § 3 Abs. 3 Anhang Nr. 28, Rn. 8.

361 Späth, in Götting/Nordemann, § 4 Nr. 2, Rn. 2.35.

(9) Zwischenresumee zu den verschiedenen Auffassungen

Zwischen den dargestellten Auffassungen besteht Einigkeit, dass die Werbung auf Kinder abzielen muss. Weiter ist unstreitig, dass im Falle des Paradebeispiels „Kauf Dir das!“[362] eine unmittelbare Aufforderung zum Kauf liegen soll.

Streitig sind jedoch die Fälle, in denen Produkte als Quengelware präsentiert werden, Kinder in der Werbung selbst auftreten, sog. Mitmach-Aktionen und weitere einzelne Werbemaßnahmen. Diese problematischen und umstrittenen Fälle sind näher zu erörtern.

bbb) Einzelne Werbemaßnahmen

Fraglich ist, wie die einzelnen Werbemaßnahmen rechtlich zu beurteilen sind und ob diese eine unmittelbare Aufforderung zum Kauf darstellen.

(1) Ansprache von Kindern

Eine Werbung, die Kindern gezielt vermittelt, das beworbene Produkt zu kaufen, stellt den eindeutigen Fall der unmittelbaren Aufforderung zum Kauf dar. Es sind insbesondere Werbeslogan wie: „Nicht verpassen [...] ab dem [...] am Kiosk“[363], „Kauf Dir jetzt den neuen X“, „Bestell Dir...“, „Hol Dir den coolsten X“[364] oder „Ruf unsere 24-h Bestellhotline an und...“[365] welche die umworbenen Kinder unmittelbar auffordern einen entgeltlichen Vertrag abzuschließen.[366]

Diese Art der Werbung arbeitet unter grammatikalischen Aspekten mit der zweiten Person Singular Imperativ, also im Befehlston. Ob allein schon die Verwendung der zweiten Person Singular, in auf Kinder zielender Werbung, für eine unmittelbare Aufforderung zum Kauf genügt, darf bezweifelt und im Ergebnis abgelehnt werden. Denn es sind Werbebotschaften wie: „Gefällt Dir das“, „Deine Wahl“ oder „Deine Entscheidung“.[367]

Zwar ist es richtig, dass die Verwendung der zweiten Person Singular ein starkes Anzeichen für die unmittelbare Ansprache ist[368], aber eben auch nicht mehr, denn es ist keine unmittelbare Aufforderung zum Kauf bzw. zum Ab-

---

362 Beispielhaft Scherer, in WRP 2008, 430, 433.

363 LG Berlin Urt. v. 17.03.2009 – 103 O 171/08, in VuR 2010, 106.

364 Ähnlich Köhler, in Köhler/Bornkamm, 29. Aufl., Anh zu § 3 Abs. 3, Rn. 28.5; Späth, in Götting/Nordemann, § 4 Nr. 2, Rn. 2.35; Mankowski, in WRP 2008, 421, 423.

365 BGH Urt. v. 06.04.2006 – I ZR 125/03, in WRP 2006, 885 – „Handy-Klingeltöne“. Das Urteil stellt noch auf § 4 Nr. 2 UWG ab. Nach heutigem Recht, wäre diese Werbung bereits nach § 3, Abs. 3, Anhang Nr. 28 UWG unzulässig.

366 Mankowski, in WRP 2008, 421, 423.

367 Mankowski, in WRP 2008, 421, 424.

368 Mankowski, in WRP 2008, 421, 424.

schluss eines entgeltlichen Vertrages. Werbungen dieser Art regen mit hoher Wahrscheinlichkeit den Umworbenen, insbesondere die hier in Rede stehende Verbrauchergruppe, an, über das Produkt nachzudenken, fordern ihn aber nicht immer unmittelbar zum Erwerb auf. Daher kann nicht davon ausgegangen werden, dass allein die Verwendung der zweiten Person Singular und die damit verbundene Einbeziehung in die Werbung[369] eine unmittelbare Aufforderung zum Kauf darstellt.

(2) Kinder in der Werbung

Werden Kinder in der Werbung selbst als Werbesubjekt eingesetzt, fehlt es häufig an einer direkten bzw. unmittelbaren Ansprache des Umworbenen.

Diese Werbeart muss den kindlichen Adressat auch nicht explizit ansprechen. Das Kind soll sich gedanklich in die Werbung hineinversetzen und sich an die Stelle des in der Werbung agierenden Kindes wünschen.[370] Sie sollen nachahmen was ihnen in der Werbung suggeriert wird.[371] Aus der Sicht eines Kindes macht es entwicklungspsychologisch keinen Unterschied ob es persönlich angesprochen oder zur Nachahmung eines ihm dargebotenen Verhaltens angehalten wird.[372]

Gegen diese Sichtweise könnte sprechen, dass in dem Standpunkt des Europäischen Parlaments[373] von „suggerieren" (englisch[374]: „in a way which implies that...") und in der Richtlinie von einer „direkten Aufforderung" (englisch[375]: „direct exhortation") die Rede sei. Daraus ließe sich ableiten, dass der Richtliniengeber keine suggestive Wirkung ausreichen lassen wollte.[376]

Bei dieser Ableitung wird zwar auf die Änderung des Begriffes hingewiesen, allerdings nicht darauf, dass es nicht nur eine Änderung dieses Begriffes gab. In dem Standpunkt des Europäischen Parlaments war unter Anlage 1 / Aggressive Geschäftspraktiken (6) folgender Wortlaut zu finden: *An Kinder gerichtete Werbung suggeriert diesen, ihre Akzeptanz unter Gleichaltrigen sei davon abhängig, dass sie ein bestimmtes Produkt kaufen, oder dass ein be-*

---

369 Mankowski, in WRP 2008, 421, 424.

370 Mankowski, in WRP 2008, 421, 425; Stuckel, in Harte-Bavendamm/Henning-Bodewig, § 3 Abs. 3 Anhang Nr. 28, Rn. 8; Köhler, in FS Ullmann 2006, 699; a.A. jetzt (ohne Begründung) Köhler, in WRP 2008, 700, 702; ders., in Köhler/Bornkamm, 29. Aufl., Anh zu § 3 Abs. 3, Rn. 28.10; Späth, in Götting/Nordemann, § 4 Nr. 2, Rn. 2.35.

371 Böhler, in WRP 2011, 827, 831.

372 Köhler, in FS Ullmann 2006, 685, 699.

373 ABl. C 104 E/276 (6) vom 30.04.2004.

374 ABl. C 104 E/276 (6) [EN] of 30.04.2004.

375 RL 2005/29/EG, ABl. L 149/37 [EN] of 11.06.2005.

376 Späth, in Götting/Nordemann, § 4 Nr. 2, Rn. 2.35; Böhler, in WRP 2011, 827, 831.

stimmtes Produkt gekauft wird. Entsprechend verhält es sich mit der englischen Fassung[377], die insofern anführt: *which implies that their acceptance by their peers is dependent on them buying or being bought(...)*.

Dieser Tatbestand weicht jedoch erheblich von dem heutigen ab. Er umfasst im Bereich des Selbsterwerbs nur die Art von Werbung, die auf das Zugehörigkeitsgefühl durch Akzeptanz der Kinder abzielt. Eine weitergehende Schutzrichtung ist ihm nicht zu entnehmen. Man stelle sich vor in Nr. 28 des Anhangs spräche man von „*Einbeziehung einer Suggerierung an Kinder in einer Werbung, die beworbenen Produkte zu kaufen...*“. Damit wäre jede Art von Werbung gegenüber Kindern verboten. Doch das war nicht das Ziel des Richtliniengebers.[378] Daher ist der dargestellten Ansicht nicht zu folgen.

Meines Erachtens kann diese Werbeart unter einigen zusätzlichen Voraussetzungen eine unmittelbare Aufforderung zum Kauf gemäß der 1. Tatbestandsalternative sein. Es sollte allerdings eine Differenzierung vorgenommen werden, die bei dem Verhalten des Kindes in der Werbung anzusetzen ist. Geht aus der Werbung hervor, dass das Kind aktiv nach dem beworbenen Produkt verlangt oder es sich das Produkt verschafft, spräche dies dafür, die von der Werbung ausgehende gewollte Nachahmung, als eine unmittelbare Aufforderung zum Kauf zu qualifizieren.

Dem deutschen Sprachverständnis nach wird unter einer Aufforderung eine mit Nachdruck vorgebrachte Bitte[379] verstanden, deren Synonyme Appell, Bitte, Ersuchen und Verlangen[380] sind, also eher eine direkte Kommunikation zu verstehen sei. Da es sich aber um eine umgesetzte EU-Richtlinie handelt, sind zur Feststellung des eigentlichen gesetzgeberischen Willens auch andere Sprachfassungen zu bemühen.

Die englische Fassung verwendet an Stelle der Aufforderung den Begriff „exhortation“[381] und die französische verwendet „inciter“[382]. Unter dem englischen Begriff der „exhortation“ ist ein Aufruf oder ein Appell zu verstehen.[383] Diese Übersetzung bringt jedoch keine neuen Erkenntnisse über das Verständnis des Richtliniengebers. Im Gegensatz dazu verspricht die französische Fassung

377 ABl. C 104 E/276 (6) [EN] of 30.04.2004.

378 RL 2005/29/EG, ABl. L 149/25 vom 11.06.2005, Erwägungsgrund 18.

379 Duden, S. 124, Stichwort: Aufforderung.

380 Duden, S. 124, Stichwort: Aufforderung.

381 RL 2005/29/EG, ABl. L 149/37 [EN] of 11.06.2005.

382 RL 2005/29/EG, ABl. L 149/37 [FR] du 11.06.2005.

383 Mankowski versteht es als „Ersuchen“ und führt weitere Stammformen an: „encourage, stimulate, urge, rouse“, übersetzt: ermuntern, stimulieren, verleiten und verführen, in WRP 2008, 421, 423.

mehr Erfolg. „Inciter“ kann als „anregen, anstiften[384], anreizen[385]“ verstanden werden. Diese Übersetzungen geben auch unter Beachtung des gesetzgeberischen Willens in Erwägungsgrund 18 und 19 ein besseres Verständnis von der Bedeutung des Begriffs der Aufforderung. Bei diesem Verständnis des Schutzzweckes kann auch eine Werbung, die keine Ansprache an die Kinder richtet, diese im Wege der Nachahmung zu einem Kauf unmittelbar auffordern.

Ein passives Verhalten eines Kindes in der Werbung dagegen, z.B. die Entgegennahme eines Produkts, welches die Mutter dem Kind aus dem Supermarkt mitbringt, kann nicht als unmittelbare Aufforderung zum Kauf an Kinder eingeordnet werden. Denn das einzige was das Kind in diesem Fall nachahmen könnte, ist die Entgegennahme. Eine andere Sichtweise würde hier zu einem generellen Verbot von Kindern in der Werbung führen, sobald ein kinderspezifisches Produkt beworben wird.

Ob ein passives Verhalten in den Bereich der 2. Alt. in Nr. 28 fällt, wird innerhalb der Prüfung der 2. Tatbestandsalternative zu diskutieren sein.[386]

(3) Gewinnspiele

Im Bereich der Gewinnspiele setzen die bisher vertretenen Literaturmeinungen unterschiedliche Maßstäbe. Zum Teil soll bei Gewinnspielen schon eine unmittelbare Aufforderung zum Kauf vorliegen, wenn kindertypische Gewinne ausgelobt werden.[387] Dabei geht *Mankowski* von der Voraussetzung aus, dass das Produkt auch das Interesse von Kindern anzusprechen geeignet ist und das Gewinnspiel in einem Medium veröffentlicht wird, das Kinder zumindest auch anspricht.[388] Weiter hält diese Ansicht an dem Erfordernis des Kaufs i.S.d. Erwerbs fest.[389]

Eine andere Ansicht verlangt, dass Kinder gezielt zur Teilnahme an dem Gewinnspiel aufgefordert werden müssen und erst später erfahren, dass die Teilnahme an dem Gewinnspiel vom Kauf eines bestimmten Produkts abhängt.[390] *Köhler* beschränkt das Merkmal des Kaufes nicht nur auf Kaufverträge im Rechtssinne, sondern lässt alle Arten entgeltlicher Verträge über Produkte (Waren und Dienstleistungen) ausreichen.[391]

---

384 Doucet/Fleck, Dictionnaire, S. 418.
385 Mankowski, in WRP 2008, 421, 423.
386 Vgl. unten C. II. 2. b) aa) bbb) (1).
387 Mankowski, in WRP 2008, 421, 428.
388 Mankowski, in WRP 2008, 421, 427.
389 Mankowski, in WRP 2008, 421, 422.
390 Köhler, in WRP 2008, 700, 702.
391 Köhler, in WRP 2008, 700, 703 – Köhler zählt Mietverträge, Leasingverträge, Dienst- und Werkverträge beispielhaft auf.

In einer anderen Veröffentlichung ist *Köhler* der Auffassung, dass eine unmittelbare Aufforderung an Kinder bei Gewinnspielen auch dann vorliegen kann, wenn die Kinder zur Teilnahme aufgefordert werden, die Teilnahme aber vom Kauf eines bestimmten Produkts abhängig gemacht wird.[392]

(a) Fiktives Fallbeispiel Nr. 1:

Unternehmen A möchte Werbung für ihre neuen kindertypischen Spielzeuge machen. Zu gewinnen gibt es einzelne Spielzeuge aus dem neuen Sortiment. Um daran teilzunehmen, müssen die an dem Spiel teilnehmenden Kinder etwas malen, schätzen oder basteln.

Alle Ansichten kommen in diesem Beispielsfall richtigerweise zu einer Nichtanwendbarkeit des § 3 Abs. 3, Anhang Nr. 28 UWG, da eine nichtentgeltliche Leistung von den Kindern als Gegenleistung erwartet wird. Ähnlich hat bereits 1930 das Reichsgericht eine unlautere Wettbewerbshandlung abgelehnt, wenn unabhängig von entgeltlichen Entscheidungen bei einem Kinder-Wettbewerb gebastelt und gemalt werden soll.[393]

(b) Fiktives Fallbeispiel Nr. 2:

Wenn Du die neue Super-Action-Hero-Figur gekauft hast, nimm an unserer tollen Verlosung weiterer Figuren teil!

Die von *Mankowski* vertretene Ansicht[394] kommt, Medium und Interesse des Kindes unterstellt, zu einer Unzulässigkeit nach § 3 Abs. 3, Anhang Nr. 28 UWG, da es sich um ein kindertypisches Produkt handelt und der Kauf eines Produkts verlangt wird.

Auch die heute von Köhler vertretene Ansicht[395] kommt zur Unzulässigkeit des Gewinnspiels gem. § 3 Abs. 3, Anhang Nr. 28 UWG, da das Kind zur Teilnahme aufgefordert wird und der Kauf eines Produkts vorausgesetzt wird.

Die frühere Ansicht[396] von *Köhler* stellt ausdrücklich darauf ab, dass eine Unzulässigkeit vorliege, wenn die zur Teilnahme aufgeforderten Kinder erst nach dieser Aufforderung erfahren, dass sie ein bestimmtes Produkt erwerben müssen, um an dem Gewinnspiel teilnehmen zu können. Dies kann nicht vollends überzeugen.

Dadurch, dass diese Ansicht den Warenerwerb als nachgelagertes Element der Werbung verlangt, wäre die dargestellte Werbeart ihr zufolge zulässig, ob-

392 Köhler, in Köhler/Bornkamm, 29. Aufl., Anh zu § 3 Abs. 3, Rn. 28.9.
393 RG Urt. v. 19.12.1930 – RG II 198/30, in HRR 1931 Nr. 847.
394 Mankowski, in WRP 2008, 421, 428.
395 Köhler, in Köhler/Bornkamm, 29. Aufl., Anh zu § 3 Abs. 3, Rn. 28.9.
396 Köhler, in WRP 2008, 700, 702.

wohl dem Kind zu verstehen gegeben wird, dass es zuerst eine Figur kaufen muss, um an der Verlosung teilnehmen zu dürfen.

(c) Konkretes Fallbeispiel „Bravo Girl“

In der Zeitschrift BRAVO GIRL[397] wurde ein SMS-VOTING beworben. Die Teilnehmer schicken von ihrem Mobiltelefon eine sms und können Sachpreise gewinnen, die zum Teil mit dem Film „Alice im Wunderland“ in Verbindung stehen.

Die sms soll unter anderem den Namen, die Adresse, das Alter, das Geschlecht und einige Angaben darüber enthalten, was dem Teilnehmer an diesem Heft besonders gut gefällt. Dafür stehen vier verschiedene Rubriken A,B,C und D zur Auswahl mit insgesamt 64 Wahlmöglichkeiten (A: A1-A34, B: B1-B10, C: C1-C10, D: D1-D10). Der Teilnehmer soll insgesamt dreizehn Themen aussuchen. Der dahinter stehende Sinn und Zweck dieses Gewinnspiels ist die Erhebung von Vorlieben, Interessen und personenbezogenen Daten der Leser.

Die Preise sind eine „Swarovski-Alice-Uhr“, fünf „Alice im Wunderland“-Fan-Pakete (bestehend aus Armband, Armkette, T-Shirt und Mousepad) und fünf I-Pod Shuffle (Special-Edition) plus Airwaves Kaugummis. Beworben wird dieses SMS-VOTING mit Botschaften wie „Gewinn mich!“, „Dieses Mal kannst du (...) absahnen“ „Hol sie Dir“ und „Wer sie hat, ist hot!“. Es folgt noch der Hinweis, dass es zumindest das Fan-Paket nirgendwo zu kaufen gibt und dass die Kosten für eine sms 20 Cent nicht übersteigen. Einen Hinweis, ob jeder Teilnehmer nur eine sms schicken dürfe oder sollte, ist nicht abgedruckt.
Die Bravo-Girl ist eine Kinder- und Jugendzeitschrift, deren Kernzielgruppe Personen zwischen 12 und 14 Jahren sind.[398]

Das Gewinnspiel stellt auch eine Werbung i.S.d. UWG dar, da der zeitgleich in den Kinos laufende Film „Alice-im-Wunderland“ und insbesondere die Produkte I-Pod, Swarowski-Uhr beworben werden sollen.

Die oben angeführten Ansichten kämen im konkreten Fallbeispiel jeweils zu dem Ergebnis der Zulässigkeit des Gewinnspiels nach § 3 Abs. 3, Anhang Nr. 28 UWG, da sie alle den Kauf bzw. Erwerb eines Produkts als Voraussetzung betrachten.

Die von *Mankowski* vertretene Ansicht stellt in Bezug auf Gewinnspiele auf alterstypische Gewinne ab, die geeignet sind, das Interesse von Kindern anzusprechen. Bei den angepriesenen Sachpreisen (I-Pod, Fan-Paket etc.) kann davon ausgegangen werden, dass diese die Eignung aufweisen. Auch das Medium

397 BRAVO GIRL, Heft Nr. 9, Ausgabe vom 14.04.2010, S. 70. Abgebildet im Anhang 1, Abbildung Nr. 1.

398 BGH Urt. v. 06.04.2006 – I ZR 125/03, in WRP 2006, 885, 886 - „Handy-Klingeltöne“.

erfüllt die Voraussetzungen, da das Gewinnspiel in einer Kinder- und Jugendzeitschrift veröffentlicht worden ist[399] und sich das Gewinnspiel als geschäftliche Handlung am Empfängerhorizont i.S.v. § 3 Abs. 2 S. 2 UWG messen lassen muss, denn das Gewinnspiel richtet sich ausschließlich an ihre Kernzielgruppe Kinder. Jedoch erwirbt das Kind kein Produkt durch seine finanzielle Vorleistung. Demnach greift die Ansicht in Hinsicht auf die unmittelbare Kaufaufforderung und ihrem Verständnis davon ins Leere.

Auch die von *Köhler* früher vertretene Ansicht, die verlangt, dass die Kenntnis der Entgeltlichkeit erst nach der Aufforderung zur Teilnahme entsteht,[400] stößt hier an ihre Grenzen. Denn bereits in dem Gewinnspiel selbst „SMS-Voting" wird dem potenziellen Teilnehmer klar, dass dafür von ihm eine entgeltliche Leistung in Form der sms verlangt wird, da auch Kindern bewusst ist, dass die Nutzung des Mobiltelefons Geld kostet.[401] Weiter geht aber auch diese Ansicht sowie die aktuell veröffentlichte Ansicht von *Köhler*[402] von einem entgeltlichen Erwerb eines Produkts bzw. einem entgeltlichen Dienstleistungsvertrag aus. Ein Kauf liegt hier nicht vor und ob *Köhler* die Berücksichtigung des Teilnehmenden bei der Gewinnverlosung (sofern es diese tatsächlich im konkreten Beispiel geben sollte) als Hauptleistungspflicht eines Dienstleistungsvertrages des Gewinnspielveranstalters ansieht, kann hier nicht pauschal unterstellt werden. Daher sind auch diese Ansichten abzulehnen, da sie den Schutz der Kinder bei einem derart gestalteten Gewinnspiel nicht gewährleisten.

Der hier vertretenen Ansicht nach sollte die Zulässigkeit von Gewinnspielen nach zwei Kriterien zu beurteilen sein, und zwar, ob dem umworbenen Kind bzw. dem potenziellen Gewinnspielteilnehmer eine entgeltliche Eigenleistung als Teilnahmevoraussetzung abverlangt wird und die Kinder verbal oder durch visuelle Anreize unmittelbar zur Teilnahme aufgefordert werden. Daher erscheint es sinnvoll, das Tatbestandsmerkmal des „Kaufens" in Nr. 28 des Anhangs zu § 3 Abs. 3 UWG im Sinne der Schutzrichtung der RL 2005/29/EG[403] als Schutz der wirtschaftlichen Interessen zu verstehen und so die Entgeltlichkeit der Leistung des Kindes zur Subsumption ausreichen zu lassen, und nicht dem reinen Wortlautverständnis nach die Hauptleistungspflichten[404] des Kaufvertrages gem. § 433 BGB, in Form von Kaufpreiszahlung und Übertragungspflicht

399 Vgl. BGH Urt. v. 06.04.2006 – I ZR 125/03, in WRP 2006, 885, 886 - „Handy-Klingeltöne" (zur Werbung in Jugendzeitschrift „Bravo-Girl").

400 Köhler, in Köhler/Bornkamm, 29.Aufl., Anh zu § 3 Abs. 3, Rn. 28.9, erwähnt das chronologische Element nicht mehr, gibt es aber auch nicht explizit auf.

401 KIM-Studie 2010, S. 55.

402 Köhler, in Köhler/Bornkamm, 29. Aufl., Anh zu § 3 Abs. 3, Rn. 28.9.

403 RL 2005/29/EG, ABl. L 149/23 vom 11.06.2005, Erwägungsgrund 8.

404 Weidenkaff, in Palandt, § 433, Rn. 38.

des Kaufgegenstandes Zug-um-Zug, oder eines Dienstleistungsvertrages gem. § 611 BGB zu verlangen.

Ausschließlich die hier vertretene Ansicht kommt somit im konkreten Beispielsfall im Ergebnis richtigerweise zu einer Unzulässigkeit nach § 3 Abs. 3, Anhang Nr. 28 UWG.

Zwar werden die Teilnehmer nicht zum Kauf i.S.v. § 433 BGB eines Produkts unmittelbar aufgefordert, aber zu einer entgeltlichen Eigenleistung. Die Aufforderung eine entgeltliche Leistung zu erbringen, ohne dafür unmittelbar eine Ware zu erhalten, sollte wie bereits erwähnt, nach hier vertretener Ansicht auch unter das Tatbestandsmerkmals des Kaufs i.S.v. Nr. 28 subsumiert werden können. Denn das umworbene und leistende Kind würde durch den Nichterhalt einer Ware oder Dienstleistung des Schuldners schlechter gestellt, als das Kind, das für die Teilnahme an einem Gewinnspiel eine Ware erwerben müsste. Im hier angesprochenen Fall erhält das Kind einzig eine Gewinnchance, also eine Chance doch zu einer Gegenleistung zu kommen.

Mit den sehr plakativen Schlagwörtern wie „Gewinn mich", „Hol sie dir" und „sahn ab" wird das Kind unmittelbar dazu aufgefordert, an dem Gewinnspiel teil zu nehmen und eine entgeltliche Leistung zu erbringen.

Diese Geschäftspraktik stellt daher gerade in Bezug auf Kinder eine aggressive Praktik dar, die als unzulässig gem. Nr. 28 des Anhangs zu § 3 Abs. 3 UWG anzusehen ist. Auch die Geringfügigkeit des Betrags in Höhe von 20 Cent für eine sms kann nicht für eine andere Wertung sprechen, selbst wenn ein Teilnehmer nur eine sms verschicken sollte. Doch gerade Kinder könnten denken, dass ihre Gewinnchancen steigen, wenn sie mehrere sms verschicken.

(4) Mitmach-Sammel-Aktionen

Unter Mitmach- oder Sammel-Aktionen sind Geschäftspraktiken zu verstehen, bei denen der Verbraucher eine bestimmte Anzahl von Kaufnachweisen, in Form von auszuschneidenden oder der Produktverpackung beiliegenden Teilen sammelt, diese einsendet und dafür zu Beginn der Aktion angepriesene Waren oder Vergünstigungen erhält.

(a) Überprüfung der Rechtsprechung

Diese Werbeart war bereits mehrfach Gegenstand von Gerichtsentscheidungen vor Inkrafttreten des aktuellen UWG.[405] In diesen Entscheidungen ging es maß-

---

405 BGH Urt. v. 12.07.2007 – I ZR 82/05, in WRP 2008, 214 - „Tony Taler"; BGH Urt. v. 17.07.2008 – I ZR 160/05, in GRUR 2009, 71 - „Schoko-Riegel"; OLG Düsseldorf Urt. v. 17.05.1974 – 2 U 123/73, in GRUR 1975, 267 - „Milky Way"; OLG München Urt. v.

geblich um die Frage, ob die jeweilige Sammel-Aktion die geschäftliche Unerfahrenheit von Kindern ausnutze. Abhängig von dem zu der Zeit der Maßnahme geltendem UWG wurde auf § 1 oder auf § 4 Nr. 2 UWG abgestellt.

Zu untersuchen ist daher, ob sich durch die Einführung von Nr. 28 des Anhangs etwas an der rechtlichen Zulässigkeit geändert haben könnte.

Der BGH hat in seinem „Schoko-Riegel"-Urteil[406] die Sammelaktion eines Schokoladenriegelherstellers anhand von § 4 Nr. 2 UWG geprüft und diese für zulässig erklärt. Die mit der Aktion angesprochene Kundschaft sollte 25 „N-Screens" sammeln, an den Hersteller schicken und dafür einen 5 € Amazon.de-Gutschein erhalten. Diese Aktion zielte auch auf Kinder ab, was sich sowohl aus der durchgehenden Anrede in der zweiten Person Singular, als auch durch die Verwendung eines „Computer-Männchens" auf der Verpackung der Schokoriegel ergibt. Diese Werbeaktion lief über einen Zeitraum von acht Monaten. Zur Begründung der Rechtmäßigkeit der Sammelaktion führte der BGH u.a. an, dass auch Minderjährige in der Lage sein, den Ankauf der Schokoriegel mit N-Screen-Sammelpunkten in Bezug auf ihre wirtschaftliche Bedeutung, Preiswürdigkeit und finanzielle Belastung hinreichend zu überblicken.[407]

Bei Anwendung des heute geltenden UWG hätten die Gerichte diese Sammelaktion für unzulässig erklären müssen.[408] Die in der Literatur vertretenen Ansichten fordern richtigerweise für den Bereich der Sammelaktionen eine direkte Ansprache von Kindern und den erforderlichen Produktbezug, damit der Umworbene weiß, welche Produkte er kaufen soll, um an der Sammelaktion teilnehmen zu können.[409]

Die Aktion zielte auch gezielt auf Kinder ab[410] und fordert diese mit der Botschaft „N-Screens sammeln und bei amazon.de 5 € abkassieren" zum Kauf auf, denn um die N-Screens zu sammeln, war der Erwerb von bestimmten Schokoriegeln notwendig. Anderer Meinung ist lediglich Boesche, die den Werbetext nicht als unmittelbare Aufforderung zum Kauf, sondern als Information über die Vorteile des Sammelns von Punkten versteht.[411]

30.06.1983 – 6 U 3450/82, in GRUR 1983, 678 - „Fix & Foxi"; OLG Frankfurt a.M. Urt. v. 12.05.2005 – 6 U 24/05, in GRUR 2005, 782 - „Milchtaler".

406 BGH Urt. v. 17.07.2008 – I ZR 160/05, in GRUR 2009, 71 - „Schoko-Riegel".

407 BGH Urt. v. 17.07.2008 – I ZR 160/05, in GRUR 2009, 71, 72 - „Schoko-Riegel".

408 Köhler, in Köhler/Bornkamm, 29. Aufl., Anh zu § 3 Abs. 3, Rn. 28.9; Mankowski, in WRP 2008, 421, 428; Sosnitza, in Piper/Ohly/Sosnitza, Anhang zu § 3 Abs. 3, Rn. 61; a.A. Bosche, § 14, Rn. 522.

409 Köhler, in Köhler/Bornkamm, 29. Aufl., Anh zu § 3 Abs. 3, Rn. 28.9; Mankowski, in WRP 2008, 421, 428; Sosnitza, in Piper/Ohly/Sosnitza, Anhang zu § 3 Abs. 3, Rn. 61.

410 BGH Urt. v. 17.07.2008 – I ZR 160/05, in GRUR 2009, 71, 72 [12] – „Schoko-Riegel".

411 Boesche, S. 384, Rn. 522.

Die Worte „sammeln und abkassieren“ stellen meines Erachtens auch eine unmittelbare Aufforderung dar, sodass Nr. 28 des Anhangs erfüllt wäre.[412] Weiter war es auch nicht möglich die N-Screens auf eine andere Art als durch den Kauf zu erwerben. Schließlich ist bei einer lebensnahen Betrachtung zu beachten, dass ein Kind nicht zwischen den Aufforderungen „Kaufe und sammel“ oder „sammel“ unterscheiden wird, und je nach psychologischer Entwicklungsstufe unterscheiden kann, wenn es weiß, dass es kaufen muss, um sammeln zu können. Die Frage nach einem Ausnutzen der geschäftlichen Unerfahrenheit von Kindern und Jugendlichen würde sich daher in diesem Fall nicht mehr stellen.

(b) Ferrero-Werbung zur FIFA-WM 2010

Eine neuere Sammelaktion wurde von dem Süßwarenhersteller Ferrero im Rahmen der FIFA-Fußballweltmeisterschaft 2010 durchgeführt.[413]

Das Unternehmen wirbt auf 18 verschiedenen Produkten mit Sammelpunkten. Elf der beworbenen Aktionspackungen tragen im Produktnamen, als Bestandteil der Wort-Bildmarke der Ferrero Deutschland GmbH[414], das Wort „Kinder“, wie zum Beispiel: „Kinder Schokolade“, „Kinder Country“ oder „Kinder Bueno“. Bei den übrigen sieben Aktionsprodukten handelt es sich ebenfalls um Süßigkeiten.[415]

Bei den zur Auswahl stehenden Prämien kann der teilnehmende Verbraucher zwischen neun verschiedenen Preisen wählen. Für die verschiedenen Gewinne müssen unterschiedlich viele Sammelpunkte in das Sammelheft eingeklebt und an den Werbenden geschickt werden. Für 45 Punkte gibt es ein „DFB-Fan-Cap“, für 50 Punkte ein drei Monats-Abo der Fußballzeitschrift „Kicker“, für 60 Punkte ein „DFB-Fußball“ und für 90 Punkte das Video-Pc-Fußballspiel „PES 2010“. Die übrigen Prämien sind eine Zugfahrt, ein DFB-Trikot, ein DFB-Rucksack, eine DFB-Trainingsjacke und ein Mobiltelefon mit Startguthaben. Für diese Prämien sind zwischen 100 und 150 Sammelpunkte zu sammeln.[416] Beworben wird die Aktion auf den Aktionspackungen mit dem Slogan „Punkte sammeln für tolle Prämien“. Diese Aktion startete Ende Dezember 2009 und

---

412 So auch Köhler, in Köhler/Bornkamm, 29. Aufl., Anh zu § 3 Abs. 3, Rn. 28.9; Mankowski, in WRP 2008, 421, 428; Sosnitza, in Piper/Ohly/Sosnitza, Anhang zu § 3 Abs. 3, Rn. 61.

413 Teilweise abgebildet unter Anhang 1 Abbildung Nr. 2 und 3.

414 DPMA Registerauskunft, abrufbar unter http://register.dpma.de/DPMAregister/marke /einsteiger, (zuletzt besucht am 15.11.2011).

415 http://www.fanconnection.de/ Registerkarte: Aktionspackungen, (zuletzt besucht am 17.08.2010).

416 http://www.fanconnection.de/ Registerkarte: Fanprämien, (zuletzt besucht am 17.08.2010).

endet am 12.07.2010. Anzumerken ist, dass der Werbende in Bezug auf den Aktionsbeginn angibt, dass noch einige Zeit vergehen könne, bis die Aktionspackungen in den Märkten Deutschlands zu finden wären. Daher ist von einem Aktionszeitraum von ca. sechs Monaten auszugehen. Sammelpunkte können ausschließlich durch den Kauf von Aktionspackungen erworben werden. Die diesbezügliche Internetseite ist der graphischen Ansicht her, den im Anhang abgebildeten Verpackungen nachempfunden. Sie ist sehr bunt und mit Animationen versehen. Auf manchen der Aktionspackungen sind die Prämien selbst abgebildet, auf anderen ein Hinweis auf die Prämien und die dazugehörige Internetadresse. Bei den Darstellungen der Prämien sind zum Teil Menschen mit abgebildet, auch mindestens ein Kind und andere Minderjährige.[417] Eine Altersgrenze für die Teilnahme ist auf der Verpackung nicht vorgegeben.

Unter Zugrundelegung der obigen Argumentation in Hinblick auf die Sammelaktion für Schokoriegel liegt meines Erachtens hier ebenfalls eine Unzulässigkeit nach § 3 Abs. 3, Anhang Nr. 28 UWG vor. Bei einer richtlinienkonformen Auslegung von § 3 Abs. 2 S. 3 UWG i.S.v. Art. 5 Abs. 3 S. 1 RL 2005/29/EG musste für Ferrero vorhersehbar gewesen sein, dass die Sammelaktion die Kaufentscheidung von Kindern wesentlich beeinflussen kann. Im Gegensatz zu dem Sachverhalt des Schoko-Riegel-Urteils[418] werden hier persönliche Anreden, wie „Du“ oder „ihr“ vermieden und auf die Darstellung eines „Computer-Männchens“ verzichtet. Dies könnte vermuten lassen, dass der Werbende sich unter Beachtung des Schoko-Riegel-Urteils[419] an die Gesamtheit der Verbraucher richten wollte, um nicht in den Regelungsbereich von § 3 Abs. 3, Anhang Nr. 28 UWG zu fallen. Dafür könnte auch sprechen, dass die streitgegenständlichen Produkte überwiegend von Erwachsenen gekauft werden.

Jedoch spricht für eine Ansprache von Kindern als – auch - Zielgruppe, die Verwendung einer Minderjährigen mit dem „DFB-Fan-Cap“, für welches die geringste Anzahl von zu sammelnden Punkten erforderlich ist und die Verwendung eines Kindes mit dem „DFB-Fußball“ für 60 Punkte. Gleiches gilt umso mehr unter Einbeziehung der für die Aktion geschalteten Internetseite[420], die in kindergerechter Aufmachung gestaltet worden ist. Der Hinweis in der Werbung, sich über die „tollen Prämien“ auf der Internetseite des Werbenden zu informieren, und die Abbildung der Prämien auf den Produkten selbst, auf der ein Kind mit einer „günstigen“ Prämie gezeigt wird[421], muss meines Erachtens so ver-

417 Siehe Anhang 1 Abbildung Nr. 4 Detailausschnitt von Abbildung Nr. 3.

418 BGH Urt. v. 17.07.2008 – I ZR 160/05, in GRUR 2009, 71, 72 - „Schoko-Riegel“.

419 BGH Urt. v. 17.07.2008 – I ZR 160/05, in GRUR 2009, 71, 72, [12] - „Schoko-Riegel“.

420 http://www.fanconnection.de/ Registerkarte: Fanprämien, (zuletzt besucht am 17.08.2010).

421 Anhang 1 Abbildung Nr. 4 Detailausschnitt von Abbildung Nr. 3.

standen werden, dass bei Kindern der Wunsch nach zumindest dieser Prämie geweckt werden soll. Daher, und aufgrund des Nichtausschlusses in Bezug auf ein Mindestalter potenzieller Teilnehmer, richtet sich die Aktion auch gezielt an Kinder und ist aus der Sicht eines durchschnittlichen Kindes zu beurteilen.

Wie bereits erläutert, stellt es für ein Kind keinen sprachlichen Unterschied dar, ob es in der Werbung heißt „ Punkte sammeln“ oder „sammel Punkte“. Für ein Kind stellt diese Aussage im Kontext mit dem Erscheinungsbild der Werbung[422] eine unmittelbare Aufforderung dar.[423] Folglich ist die Werbung in Bezug auf Kinder unzulässig nach § 3 Abs. 3, Anhang Nr. 28 UWG.

Sollte die Rechtsprechung nicht der Ansicht sein, dass Kinder durch den Slogan „Punkte sammeln für tolle Prämien“ unmittelbar zum Kauf aufgefordert werden, würde sich die Zulässigkeit nach § 4 Nr. 2 UWG richten.[424]

(c) Schwip-Schwap Werbung

In Abgrenzung zu der „auch“- Ansprache von Kindern zu an die Allgemeinheit der Verbraucher gerichtete geschäftlichen Handlungen bei Sammelaktionen ist beispielsweise die Werbung des Getränkeherstellers Pepsi[425] anzuführen.

Dieser warb im Sommer 2011 mit einer Sammelaktion auf Etiketten des Getränks „Schwip-Schwap“.[426] Der Verbraucher sollte 18 Deckelcodes sammeln, diese online einlösen und sich unter Zuzahlung von 3,99 € für Verpackung und Versand ein „exklusives Style-Radio (...) deiner Wahl“ aussuchen können. Beworben wurde diese Aktion mit dem Slogan „JETZT CODES SAMMELN & EXKLUSIVES STYLE RADIO ERHALTEN!“. Das Aktionsende wurde auf den 30.11.2011 festgesetzt, sodass die Aktion mindestens 5 Monate beworben wurde.

Bei dieser Sammelaktion handelt es sich aufgrund der Ansprache „jetzt Codes zu sammeln“ um eine unmittelbare Aufforderung zum Kauf.[427] Dies ist in Bezug auf diese Werbung aber nicht die entscheidende Frage. Vielmehr ist hier die Zielrichtung der Werbung entscheidend und ob sich diese Werbung anhand der Sichtweisenbestimmung gem. § 3 Abs. 2 S. 2 und 3 UWG nach Anhang

422 Anhang 1 Abbildung Nr. 2 und Nr. 3.

423 Köhler, in Köhler/Bornkamm, 29. Aufl., Anh zu § 3 Abs. 3, Rn. 28.9; ähnlich Sosnitza, in Piper/Ohly/Sosnitza, Anhang zu § 3 Abs. 3, Rn. 61.

424 Siehe C. IV. 4. a) cc).

425 Anhang 1 Abbildung Nr. 5.

426 Anhang 1 Abbildung Nr. 5.

427 So auch Köhler, in Köhler/Bornkamm, 29. Aufl., Anh zu § 3 Abs. 3, Rn. 28.9; Mankowski, in WRP 2008, 421, 428; Sosnitza, in Piper/Ohly/Sosnitza, Anhang zu § 3 Abs. 3, Rn. 61.

Nr. 28 beurteilen lassen muss. Dafür gilt es zu untersuchen, ob sich die Werbung an die Allgemeinheit richtet oder auch Kinder als Zielgruppe hat.

Nach hiesiger Auffassung bezüglich der Zielrichtung der Werbung fällt eine an die Allgemeinheit gerichtete Werbung auch dann nicht in den Regelungsbereich von Anhang Nr. 28, wenn sich Kinder von der Werbung angesprochen fühlen sollten[428], es sei denn, dass es sich dem Gewerbetreibenden geradezu aufdrängen musste, dass die Werbung auch das Verhalten von Kindern beeinflussen könnte.[429]

Meines Erachtens ist die Schwip-Schwap-Werbung an die Allgemeinheit gerichtet, sodass die Werbung nicht auch aus der Sicht eines durchschnittlichen Kindes zu bewerten ist, was die Unzulässigkeit zur Folge hätte. Die auf dem Etikett abgedruckte Sammelaktion ist nicht als kindergerechte Aufmachung zu sehen und hält sich im Rahmen der sonstigen graphischen Aufmachung des Etiketts. Dagegen spricht auch nicht die einmalige Verwendung der zweiten Person Singular („Radio deiner Wahl") im Bereich der Teilnahmeerleuterung, da, wie bereits aufgezeigt, die Verwendung dieser Anredeform kein sicherer Grund für die Annahme einer Ansprache von Kindern darstellt.[430] Dabei ist auch das beworbene Produkt selbst mit in die Wertung einzubeziehen. Bei einem Erfrischungsgetränk wie Pepsi oder Coca-Cola ist die anvisierte Käuferschicht nicht auf eine bestimmte Verbrauchergruppe beschränkt. Dies gilt zwar auch für die eben diskutierten Süßigkeiten. Diese haben aber einen stärkeren Bezug zu Kindern und werben auch gezielt mit ihnen. Dies stellt sicherlich einen schmalen Grat dar, der aber auf den Einzelfall bezogen im Rahmen der Sichtweisenbestimmung gem. § 3 Abs. 2 S. 3 UWG berücksichtigt werden muss.

Demnach stellt die Werbung trotz unmittelbarer Aufforderung zum „sammeln" und mithin zum Kauf, keine unzulässige Werbung gem. Anhang Nr. 28 dar, weil sie an die Allgemeinheit gerichtet ist und selbst im Falle der sich angesprochen fühlenden Kinder, es sich dem Werbenden nicht aufdrängen musste, dass dadurch das Kaufverhalten von Kindern beeinflusst würde.

(5) Gruppenzwang

Eine Gruppenzwang auslösende Werbung kann in zwei verschiedene Richtungen wirken. Zum einen besteht die Möglichkeit, dass ein beworbenes Produkt

---

428 Übereinstimmend mit Köhler, in Köhler/Bornkamm, 29. Aufl., Anh zu § 3 Abs. 3, Rn. 28.7.

429 Siehe auch Seichter, in WRP 2005, 1087, 1091.

430 Sosnitza, in Piper/Ohly/Sosnitza, Anhang zu § 3 Abs. 3, Rn. 62; wohl auch Seichter, in Ullmann jurisPK UWG, Anh. zu § 3 Abs. 3 (Nr. 28), Rn. 2; a.A. Mankowski, in WRP 2008, 421, 424.

einer Gruppe von Personen zugedacht ist und sich die umworbenen Verbraucher solidarisieren sollen (solidarischer Gruppenzwang) und zum anderen, dass der Einzelne umworben wird und sich durch den Erwerb eines Produkts einer bestimmten Gruppe zugehörig fühlen soll (Zugehörigkeitsgefühl weckender Gruppenzwang).

Ob, oder unter welchen Voraussetzungen, diese Werbearten eine unmittelbare Aufforderung zum Kauf an Kinder darstellen können, ist zu untersuchen.

(a) Solidarischer Gruppenzwang

In dem Bereich des solidarischen Gruppenzwangs muss wieder unterschieden werden, ob die Werbung darauf abzielt, dass Kinder selbst die beworbenen Waren kaufen oder die Eltern durch ihre Kinder angesprochen werden sollen, was einen Fall gem. Nr. 28, 2. Alt. darstellen könnte.

Wie ein noch zu diskutierendes Beispiel aus der Rechtsprechung[431] zeigt, besteht nach der hier vertretenen Ansicht auch die Möglichkeit, dass beide Tatbestandsalternativen der Nr. 28 mit einer Werbeaktion erfüllt sein können.

Der BGH hatte über eine Werbeaktion eines Nahrungsmittelproduzenten zu entscheiden. Mit der Werbeaktion wurden Schüler aufgefordert, als „Tony Taler" bezeichnete Sammelpunkte zu sammeln und diese über ihre Schule unter Einschaltung eines Lehrers bei dem Werbenden einzureichen. Zu gewinnen gab es Sportmaterial für die Schule. Die Sammelpunkte befanden sich während des Aktionszeitraums auf ausgewählten Produkten des Werbenden. Weiter bestand die Möglichkeit „Tony Taler" durch einen kostenpflichtigen Anruf (0,49 €) oder durch ein Geschicklichkeitsspiel auf der Internetpräsenz des Werbenden zu erhalten.

Der BGH kam zu der Überzeugung, dass die Werbeaktion nicht darauf angelegt war, Kinder und Jugendliche als Käufer, sondern diese als Kaufmotivatoren einzusetzen, die versuchen sollten, die Kaufentscheidung der Eltern zu beeinflussen.[432] Diese Feststellung spricht für eine Unzulässigkeit der Werbeaktion gem. Nr. 28, 2. Alt. (was zu einem späteren Zeitpunkt aufzugreifen ist).

In Bezug auf die angesprochenen Kinder führte der BGH aus, dass der Werbende mit der Aktion in unsachlicher Weise die innerhalb einer Schulklasse bestehende Gruppendynamik und den bei den Schülern bestehenden Solidaritätszwang ausgenutzt habe.[433] Denn die Aktion sei geeignet gewesen, einen erhebli-

---

431 BGH Urt. v. 12.07.2007 – I ZR 82/05, in WRP 2008, 214 - „Tony Taler".

432 BGH Urt. v. 12.07.2007 – I ZR 82/05, in WRP 2008, 214, 217 - „Tony Taler".

433 BGH Urt. v. 12.07.2007 – I ZR 82/05, in WRP 2008, 214, 218 - „Tony Taler".

chen Gruppendruck auf die Schüler auszuüben, damit sich die dem Gruppenzwang unterliegenden Mitschüler an der Aktion beteiligen.[434]

Aus dieser Feststellung heraus ist aber auch die Frage aufzuwerfen, ob der durch die Werbeaktion geschaffene Gruppenzwang aus heutiger Sicht unzulässig i.S.v. Anhang Nr. 28, 1. Alt. wäre.[435] Denn selbst, wenn die Aktion in erster Linie darauf abzielt, dass die Eltern über den Kauf entscheiden, ist es sehr gut denkbar, dass Kinder entweder aufgrund einer negativen Kaufentscheidung der Eltern selbst ein Produkt kaufen oder sich zu einem kostenpflichtigen Anruf entscheiden, um einen „Tony Taler" beisteuern zu können, um nicht vor der Klassengemeinschaft als Außenseiter dastehen zu müssen.

Meiner Ansicht nach reicht ein derart geschaffener Gruppenzwang aus, um als unmittelbare Aufforderung zum Kauf angesehen zu werden. Den Kindern wird vom Werbenden und vom engagierten Sportlehrer, der für die Kinder eine Autoritätsperson darstellt[436] und laut Werbung die Aktion an der Schule starten soll, genau aufgezeigt, welche Möglichkeiten es gibt, um Sammelpunkte zu erwerben. Selbst wenn die Eltern kein Aktionsprodukt kaufen wollen, kennt das Kind aufgrund der ihm unterbreiteten Werbung verschiedene Wege, Sammelpunkte zu erhalten. Sollten sich die Eltern gegen eine generelle Beteiligung an der Aktion entschieden haben, dürfte auch die Möglichkeit des Kindes, unter Nutzung des Internets „Tony Taler" zu gewinnen, ausscheiden, da bei einer lebensnahen Betrachtung davon auszugehen wäre, dass die konsequenten Eltern die Nutzung des Internets durch das Kind zwecks Teilnahme an dem angepriesenen Geschicklichkeitsspiel, mittels einer am Computer möglichen Sperrung bestimmter Internetseiten, unterbinden würden.

Dem Kind blieben nur noch entgeltliche Möglichkeiten. Entweder kann es eine Aktionspackung selbst erwerben und zwar mit Mitteln, die ihm zur freien Verfügung gem. § 110 BGB überlassen wurden. Außerdem bleibt die Möglichkeit des kostenpflichtigen Telefonanrufs. Da anzunehmen ist, dass der Anruf nicht lange dauern würde und entgegen einem Computer das Festnetztelefon immer verfügbar ist[437], könnten die Eltern auch nicht den Anruf gleichermaßen verhindern wie die Teilnahme mittels Internet. Zu beachten ist schließlich, dass ein sehr großer Teil des sozialen Lebens der Kinder in der Schule stattfindet. Dabei ist es sehr wahrscheinlich, dass ein Kind, falls es noch keine „Tony Taler" abgegeben hat, sich dem durch die Werbung in der Klasse geschaffenen Grup-

---

434 BGH Urt. v. 12.07.2007 – I ZR 82/05, in WRP 2008, 214, 218 - „Tony Taler".

435 Dagegen Köhler, in WRP 2008, 700, 707.

436 Köhler, in WRP 2008, 700, 706.

437 Dabei ist zu beachten, dass Internetanschlüsse in 98 % der Haushalte mit Minderjährigen bestehen (JIM-Studie 2010, S. 25) und bereits 14 % der Sechsjährigen Handys haben (KIM-Studie 2010, S. 52).

penzwang beugt und einen Teil seines Taschengeldes verwendet, um nicht als Außenseiter und Abweichler angesehen zu werden. Durch diese Werbeart geschaffener Gruppenzwang stellt aus der Sicht eines Kindes eine unmittelbare Aufforderung zum Kauf dar, da der Kauf bzw. der entgeltliche Erwerb eines Sammelpunktes die einzige Möglichkeit ist, dem Gruppenzwang zu entkommen.

Eine derartige Werbepraktik, die gezielt einen solidarischen Gruppenzwang in den sozialen Lebensräumen von Kindern schafft, ist daher unzulässig nach § 3 Abs. 3, Anhang Nr. 28, 1. Alt UWG.

Diese Sichtweise findet auch Unterstützung in der „Klassensparbuch-Entscheidung“ des OLG Celle.[438] Zu beurteilen war die Zulässigkeit einer Werbeaktion, die ähnlich gestaltet war, wie die Aktion der „Tony Taler“ und als Anreiz mit vergünstigten Klassenfahrten warb. Das OLG führte, meiner Meinung nach zutreffend, aus, dass es die nicht teilnehmenden Schüler oder ihre Eltern schwer hätten, sobald sich die Klassengemeinschaft für eine „subventionierte“ Klassenfahrt entschieden hätte. Die „Abweichler“, so das OLG, könnten sich – auch seitens der Lehrer – dem Vorwurf des „Spielverderbers“, der Kleinlichkeit und vor allem der mangelnden Solidarität[439] mit der Klassenmehrheit ausgesetzt und schon deshalb gezwungen sehen, sozusagen notgedrungen doch die Klassenfahrt durch Kauf der Produkte des Werbenden und damit den Erwerb von Produkten zu unterstützen. Diese Aktion übe einen unzulässigen Kaufzwang auf die Schüler und Eltern aus.[440]

Die Argumentation des BGH und des OLG lassen sich daher auch auf allgemeine Fälle übertragen, in denen ausschließlich Kinder das Ziel der Werbung sind. Daher ist davon auszugehen, dass derart wirkende Werbung eine unmittelbare Kaufaufforderung an Kinder darstellt.

(b) Zugehörigkeitsgefühl weckende Werbung

Ein durch eine Werbung hervorgerufener Gruppenzwang kann auch in der Weise auf die angesprochene Zielgruppe wirken, dass sie den Umworbenen vermittelt, jeder müsse dieses Produkt haben.

Diese Werbeart betrifft insbesondere Werbeslogans wie „Wenn Du das nicht hast, bist Du out“ oder „Nur für coole Typen“. Für Kinder, die mit einer solchen durch die Werbung vermittelten Aussage konfrontiert werden, ist der Wahr-

438 OLG Celle Urt. v. 21.07.2005 - 13 U 13/05, in GRUR-RR 2005, 387 – „Klassensparbuch“.

439 BGH Urt. v. 03.11.1978 – I ZR 90/77, in GRUR 1979, 157, 158 - „Kindergarten-Malwettbewerb“.

440 OLG Celle Urt. v. 21.07.2005 - 13 U 13/05, in GRUR-RR 2005, 387 – „Klassensparbuch“.

heitsgehalt der Aussage nicht überprüfbar. Aufgrund ihrer altersbedingten Unfähigkeit Werbung kritisch zu beurteilen[441], nehmen Kinder diese Werbung ungefiltert auf. Sie erweckt bei den zielgerichtet umworbenen Kindern das Gefühl, dass ihr Ansehen im Freundeskreis oder der Schule von dem Erwerb eines bestimmten Produkts abhängt. Dem Kind stellt sich aufgrund des Werbeslogans die Frage, ob es „out" sein will oder zu den „coolen Typen" gehören möchte. Es wird kaum ein Kind geben, das von sich aus als „out" oder „uncool" gelten möchte.

Meiner Ansicht nach, ist diese Werbeart als unmittelbare Aufforderung zum Kauf zu qualifizieren.[442] Aus der Sicht eines Kindes, auf die es gem. § 3 Abs. 2 S. 3 UWG in solchen Fällen ankommt, stellt es keinen Unterschied dar, ob der Werbeslogan mit der Befehlsform oder dem psychischem Kaufzwang arbeitet. Auch wenn die Werbeaktion dem Wortlaut nach keine unmittelbare Aufforderung zum Kauf enthält, ist die Wirkungsweise beim Adressaten für die Zulässigkeit der Praktik entscheidend. Das Kind wird psychisch unter Druck gesetzt. Durch diese hervorgerufene Zwangslage nicht als „out" oder „uncool" gelten zu wollen, bildet sich bei dem Kind der Erwerbsentschluss.

Andere Ansichten,[443] die für eine Tatbestandsverwirklichung verlangen, dass zwischen der Aufforderung zum Kauf und dem Erwerbsentschluss kein zusätzlicher Schritt liegen darf, würden bei dieser Werbeart zu dem Ergebnis der Zulässigkeit gem. Nr. 28 kommen, da der Erwerbsentschluss hier als Produkt der Überlegung des Kindes bezüglich der geschaffenen Zwangslage (Zwischenschritt) entsteht und zu einer Prüfung der Unlauterkeit gem. § 4 Nr. 2 UWG gelangen.[444] In dieser Hinsicht ist es schwer verständlich, dass der Werbende, der die umworbenen Kinder psychisch unter Druck setzt, nicht den Regelungen ohne Wertungsvorbehalt unterliegen soll.

Der vom Kind zu vollbringende Zwischenschritt ist ein vom Werbenden gewollter Bestandteil der Werbeaktion. Er geht davon aus, dass das Kind nicht out oder uncool sein will und dementsprechend einen Kaufentschluss fasst. Dieser Kaufentschluss könnte sogar fester sein, als der durch eine „Kauf Dir das"-Werbung entstandene Entschluss, da das Kind in seiner Vorstellung negative Konsequenzen, wie den Verlust des Ansehens in der Gemeinschaft befürchten könnte. Aus der Sichtweise eines Kindes besteht kein Unterschied zwischen der Zwangslage und einer klassischen Verwendung des Imperativs.

441 Siehe C.II.1.c) cc) 4. Phase der psychologischen Entwicklungsstufen.

442 a.A. Boesche, § 14, Rn. 519; Scherer, in WRP 2008, 430, 433.

443 Boesche, § 14, Rn. 519; Scherer, in WRP 2008, 430, 433.

444 Scherer, in Fezer UWG, 2. Aufl., Bd. 1, § 4-2, Rn. 192.

Daher stellt diese Werbeform nach hier vertretener Auffassung eine unmittelbare Aufforderung zum Kauf an Kinder im Sinne von Nr. 28 des Anhangs zu § 3 Abs. 3 UWG dar. Diese Ansicht findet auch Unterstützung in Anlehnung an den Schutzgedanken der RL 2005/29/EG in Erwägungsgrund 18[445], der die Kinder einem besonderen Schutz vor unlauteren Werbepraktiken genießen lassen möchte. Sollte demnach die psychische Unterdrucksetzung von Kindern nicht in den Regelungsbereich fallen, weil das Kind sich in einem Gedankenschritt erst noch dazu entschließen müsste, sich dem vom Werbenden aufgebauten Druck zu beugen, wäre der Schutzzweck der RL 2005/29/EG in Bezug auf den anvisierten Kinderschutz zu leicht umgänglich.

(6) Quengelware

Unter der sog. Quengelware ist grundsätzlich die Warenpräsentation im unmittelbaren Kassenbereich zu verstehen. In den meisten Fällen wird die Situation darunter gefasst, dass Kinder ihre Eltern mit stresserzeugenden Mitteln bedrängen (quengeln), um sie zu einem Kauf zu bewegen.[446] Diese Situation würde im Falle der Bejahung der Unmittelbarkeit der Aufforderung zum Kauf unter die Fremderwerbsvariante der Nr. 28 fallen. Da es allerdings primär um die unmittelbare Aufforderung zum Kauf geht, ist auch eine Variante denkbar, in der eine Person unter 14 Jahren ohne Begleitung mit dieser Werbeart konfrontiert wird[447], sodass diese Warenpräsentation auch unter den Selbsterwerb gefasst werden kann.

Schließlich stellt sich die Frage, ob diese Warenpräsentation eine unmittelbare Aufforderung zum Kauf (auch) an Kinder darstellt. In der Literatur zeichnet sich eine differenzierte Auffassung dieser Thematik ab.

Ein Teil der Literatur geht davon aus, dass die Warenpräsentation im unmittelbaren Kassenbereich keine unmittelbare Aufforderung zum Kauf an Kinder darstellt.[448] Aufgrund der Erscheinungsjahre der verschiedenen Beiträge, stellen

445 RL 2005/29/EG, ABl. L 149/25 vom 11.06.2005.

446 Benz, Diss., S. 108.

447 Auch nach dem BGH ist es gut denkbar das Minderjährige ohne Begleitung eines Erwachsenen Verkaufsstätten für Schoko-Riegel aufsuchen – BGH Urt. v. 17.07.2008 – I ZR 160/05, in GRUR 2009, 71, 73 [18] – „Schoko-Riegel“.

448 Baukelmann, in FS Ullmann 2006, S. 587, 591; Köhler, in FS Ullmann 2006, S. 685, 695; ders., in WRP 2008, 700, 702; ders., in Köhler/Bornkamm, 29. Aufl., Anh zu § 3 Abs. 3, Rn. 28.10; Dembowski, in FS Ullmann 2006, 599, 604; Späth, in Götting/Nordemann, § 4 Nr. 2, Rn. 2.36; Stuckel, in Harte-Bavendamm/Henning-Bodewig, § 3 Abs. 3 Anhang Nr. 28, Rn. 8; Sosnitza, in Piper/Ohly/Sosnitza, Anhang zu § 3 Abs. 3, Rn. 61.

nicht alle explizit auf Anhang Nr. 28 ab,[449] sondern nehmen Stellung zu der Frage der unangemessenen Einflussnahme. Unter heutiger Gesetzeslage verortet diese Ansicht die Quengelware als bloße Information[450] über bzw. Präsentation[451] der Ware.

Die Gegenansicht geht dagegen von einer unmittelbaren Aufforderung zum Kauf aus.[452] Insbesondere *Mankowski* ist der Auffassung, dass von der Quengelware eine nonverbale Kommunikation ausgehe, die dem Kind die Botschaft „Kauf mich, und zwar sofort!" vermitteln soll.[453] Weiter begründet er seine Auffassung mit dem kurzen Weg zwischen Kaufimpuls und dem Griff zur Ware sowie damit, dass sich der (von der nonverbalen Botschaft) Angesprochene nichts merken, keine Wege machen, keine Zeitplanung vornehmen und nur zugreifen müsse.[454]

Meiner Ansicht nach stellt die Quengelware keine unmittelbare Aufforderung zum Kauf dar. Allein in dem Umstand der unmittelbaren Verfügbarkeit der präsentierten Ware kann keine Unmittelbarkeit in Bezug auf eine Aufforderung zum Kauf gesehen werden. Diese unmittelbare Verfügbarkeit besteht gleichermaßen bei allen übrigen Waren, die zum Kauf angeboten werden.

Auch das Argument der nonverbalen Botschaft vermag nicht zu überzeugen. Nr. 28 verlangt, dass die Aufforderung in eine Werbung einbezogen sein muss. Der Begriff der Werbung wird in Art. 2 RL 2006/114/EG definiert. Danach ist Werbung jede Äußerung bei der Ausübung eines Handels, Gewerbes, Handwerks oder freien Berufs mit dem Ziel, den Absatz von Waren oder die Erbringung von Dienstleistungen, einschließlich unbeweglicher Sachen, Rechte und Verpflichtungen, zu fördern. Fraglich erscheint daher, ob allein die bloße Positionierung von Produkten im Kassenbereich eine Äußerung darstellt.[455] Für eine Äußerung ist es nicht von Belang, welche Form sie aufweist.[456] Sie kann auch

---

449 Köhler, in FS Ullmann 2006, S. 685, 695; Dembowski, in FS Ullmann 2006, S. 599, 604.

450 Köhler, in WRP 2008, 700, 702.

451 Köhler, in Köhler/Bornkamm, 29. Aufl., Anh zu § 3 Abs. 3, Rn. 28.10; Sosnitza, in Piper/Ohly/Sosnitza, Anh zu § 3 Abs. 3 Rn. 61; Stuckel, in Harte-Bavendamm/Henning-Bodewig, § 3 Abs. 3 Anhang Nr. 28, Rn. 8.

452 Vural, S. 188; Wirtz, in Götting/Nordemann, § 3, Rn. 144; Boesche, § 14, Rn. 519 (allerdings in sich unverständlich); Mankowski, in WRP 2008, 421, 424.

453 Mankowski, in WRP 2008, 421, 424.

454 Mankowski, in WRP 2008, 421, 424.

455 Ähnlich auch Mankowski, in WRP 2008, 421, 424.

456 EuGH Urt. v. 25.20.2001 – C – 112/99, in WRP 2001, 1432, 1435 Tz. 31 – „Vergleichende Werbung"; Köhler, in Köhler/Bornkamm, 29. Aufl., § 6, Rn. 60.

nonverbal erfolgen.[457] Ein Schweigen hingegen stellt keine Äußerung dar.[458] Es ist gleichwohl möglich, in der Produktaufschrift selbst eine Äußerung zu sehen, wenn diese einen werbenden Charakter aufweist.[459] Bei der hier in Rede stehenden Quengelware ist aufgrund ihrer Positionierung und ihres Erscheinungsbildes von einer Äußerung auszugehen. Die vermittelte Äußerung betrifft die Information über Existenz und Verfügbarkeit der Ware.

Allerdings ist eine weitergehende Botschaft nicht zu entnehmen.[460] Eine Überinterpretation in eine ohnehin nonverbale Botschaft findet keine Stütze in Bezug auf eine unmittelbare Aufforderung zum Kauf. Daher stellt die Quengelware als Information über das Angebot der Ware keine Fallgruppe von Nr. 28 dar.

Dieses Ergebnis stimmt auch mit der Sichtweise der Abteilung für „Consumer and marketing law“ der Europäischen Kommission überein.[461]

ee) Zwischenergebnis

Die Werbung muss nicht nur an Kinder, also Personen die das 14. Lebensjahr noch nicht vollendet haben, gerichtet sein. Eine an die Allgemeinheit gerichtete Werbung reicht jedoch nicht aus. Es muss zumindest ein Bezug zu Kindern in der Werbung hergestellt sein.

Die im Tatbestand der Nr. 28 des Anhangs zu § 3 Abs. 3 UWG geforderte Aufforderung zum Kauf ist nicht im Sinne der „Aufforderung zum Kauf“ aus Art. 2 lit. i) RL 2005/29/EG zu verstehen. Es bedarf dabei insbesondere keiner Angaben zum Preis. Andererseits wären der Schutzgedanke und der vom europäischen Gesetzgeber verfolgte Zweck unterlaufen.

Aus der soeben vorgenommenen Untersuchung lassen sich die folgenden Werbearten in ihrer bestimmten Form als unmittelbare Aufforderung zum Kauf qualifizieren. Dies kann in einer Ansprache im Imperativ, bei Kindern in der Werbung, sofern sie aktiv auftreten und selbst das beworbene Produkt kaufen, bei an Kinder gerichteten Gewinnspielen, die eine entgeltliche Eigenleistung der

---

457 Köhler, in Köhler/Bornkamm, 29. Aufl., § 6, Rn. 60; Mankowski, in WRP 2008, 421, 424.

458 Lettl, § 1, Rn. 165.

459 Boesche, § 6, Rn. 198.

460 So auch Baukelmann, in FS Ullmann 2006, S. 587, 591; Köhler, in FS Ullmann 2006, S. 685, 695; ders., in WRP 2008, 700, 702; ders., in Köhler/Bornkamm, Aufl., Anh zu § 3 Abs. 3, Rn. 28.10; Dembowski, in FS Ullmann 2006, 599, 604; Späth, in Götting/Nordemann, § 4 Nr. 2, Rn. 2.36; Stuckel, in Harte-Bavendamm/Henning-Bodewig, § 3 Abs. 3 Anhang Nr. 28, Rn. 8; Sosnitza, in Piper/Ohly/Sosnitza, Anhang zu § 3 Abs. 3, Rn. 61.

461 Anhang 2.

Kinder fordern und diese durch Ansprache oder kindertypische Reize locken und dadurch eine Gewinnchance versprechen, bei Mitmach-Sammel-Aktionen sowie bei Fällen des Gruppenzwangs liegen.

Bei „Quengelware" liegt hingegen keine unmittelbare Aufforderung zum Kauf vor.

ff) Definition einer unmittelbaren Kaufaufforderung i.S.v. § 3 Abs. 3, Anhang Nr. 28 UWG

Anhand der herausgearbeiteten Möglichkeiten, Werbemaßnahmen unter das Tatbestandsmerkmal zu subsumieren, ließe sich folgende Definition aufstellen:

Eine unmittelbare Aufforderung zum Kauf an Kinder i.S.v. § 3 Abs. 3, Anhang Nr. 28 UWG ist die Ansprache von Minderjährigen bis 14 Jahren mittels Bild, Wort oder Schrift, oder der Schaffung einer Zwangslage durch die dem Kind ein Entschluss zu einer entgeltlichen Handlung aufgedrängt wird, sei es zum Erwerb einer Ware, Inanspruchnahme einer Dienstleistung oder der Gewinnerwartung.

b) Zulässigkeit nach Nr. 28, 2. Alt. des Anhangs zu § 3 Abs. 3 UWG

Die Fremderwerbsvariante erklärt jene Geschäftspraktiken für unzulässig, in denen Kinder unmittelbar dazu aufgefordert werden, ihre Eltern oder andere Erwachsene zum Erwerb der beworbenen Waren oder der Inanspruchnahme der beworbenen Dienstleistungen zu veranlassen.

aa) Unmittelbare Aufforderung an Kinder zur Veranlassung zum Kauf

Der Unterschied zu der unmittelbaren Aufforderung der 1. Alt. ist darin zu sehen, dass nicht die Kinder selbst, sondern deren Eltern oder andere Erwachsene den Kauf oder die Inanspruchnahme tätigen sollen.

Für eine Tatbestandsverwirklichung bedarf es daher einer unmittelbaren Aufforderung des Werbenden mit dem Ziel, dass Kinder erwachsenen Personen, insbesondere die Eltern, zum Kauf oder zur Inanspruchnahme veranlassen.

aaa) Unmittelbare Aufforderung an Kinder

In welchen Formen eine unmittelbare Aufforderung an Kinder zu Tage treten kann und wie diese zu deuten ist, wurde bereits unter der Selbsterwerbsvariante diskutiert. Zu klären bleibt daher die Frage, was unter dem Tatbestandsmerkmal der Veranlassung zu verstehen ist.

bbb) Veranlassung zum Kauf oder Inanspruchnahme einer Dienstleistung

Was unter einer Veranlassung i.S.v. Nr. 28, 2. Alt. zu verstehen ist, ist in der Literatur strittig.[462]

Ein Teil der Literatur geht davon aus, dass eine Veranlassung nur möglich ist, wenn der Konsumwunsch der Eltern erst durch die Kinder hervorgerufen wird und die Eltern selbst (autonom) nicht schon vorher Interesse an dem Erwerb des Produkts hatten.[463] Dies soll insbesondere für kindertypische Konsumwünsche gelten. Daher soll eine Veranlassung mangels eines tauglichen Objekts in den Bereichen der Spiel-, Unterhaltungs-, Sport-, Nahrungs- und Genussmittelprodukten[464] sowie bei Reisen und dem Besuch von Unterhaltungs- und Sportveranstaltungen[465] nicht möglich sein. Zur Begründung dieser restriktiven Ansicht wird die Zielsetzung der RL 2005/29/EG[466] angeführt. Daraus wird abgeleitet, dass der Begriff der Veranlassung wirtschaftlich interpretiert werden müsse und daher als Weckung des Konsumwunsches und der Herbeiführung des Erwerbsentschlusses zu verstehen sei.[467]

Die andere in der Literatur vertretene Ansicht[468], sieht die Fremderwerbsvariante als kinderschützende Regelung an. Sie betrachtet es als unerheblich, ob die Eltern selbst den Konsumwunsch, also unabhängig von der Einwirkung durch die Kinder, gefasst hatten.[469] Es soll dieser Ansicht nach bereits ausreichen, dass die Kinder zur Überredung unmittelbar aufgefordert werden und zwar unabhängig von den Erfolgschancen. Auch soll es belanglos sein auf welches

462 Köhler, in Köhler/Bornkamm, 29. Aufl., Anh zu § 3 Abs. 3, Rn. 28.15; ders., in WRP 2008, 700, 704; Stuckel, in Harte-Bavendamm/Henning-Bodewig, § 3 Abs. 3 Anhang Nr. 28, Rn. 9; a.A. Scherer, in WRP 2008, 430, 434; dies., in Fezer UWG, 2. Aufl., Bd. 2, Anhang UWG Nr. 28, Rn. 25 ff.; Boesche, § 14, Rn. 523; Fuchs, in WRP 2009, 255, 265; Nauen, in ZLR 2008, 488, 498.

463 Scherer, in WRP 2008, 430, 434; dies., in Fezer UWG, 2. Aufl., Bd. 2, Anhang UWG Nr. 28, Rn. 26; Boesche, § 14, Rn. 523; zum Ergebnis dieser Ansicht zustimmend Fuchs, in WRP 2009, 255, 264.

464 Scherer, in WRP 2008, 430, 434.

465 Boesche, § 14, Rn. 523.

466 RL 2005/29/EG, ABl. L 149/23 vom 11.06.2005, Erwägungsgrund 6.

467 Scherer, in WRP 2008, 430, 434.

468 Köhler, in Köhler/Bornkamm, 29. Aufl., Anh zu § 3 Abs. 3, Rn. 28.15 f.: ders., in WRP 2008, 700, 704; Baukelmann, in FS Ullmann 2006, 587, 591; Stuckel, in Harte-Bavendamm/Henning-Bodewig, § 3 Abs. 3 Anhang Nr. 28, Rn. 9; ders., in Harte-Bavendamm/Henning-Bodewig, § 4 Nr. 2, Rn. 24.

469 Köhler, in WRP 2008, 700, 704; Baukelmann, in FS Ullmann 2006, 587, 591.

Produkt sich die Werbung bezieht.[470] Dieser Ansicht nach soll daher bereits die an die Eltern herangetragene Bitte eines Kindes oder die Äußerung eines Wunsches (hervorgerufen durch die in der Werbung einbezogene unmittelbare Aufforderung) eine Veranlassung i.S.v. Nr. 28 im Rahmen einer richtlinienkonformen Auslegung darstellen.[471]

Der restriktiven Ansicht ist zuzugestehen, dass die grundlegende Zielrichtung der RL 2005/29/EG der unmittelbare Schutz der wirtschaftlichen Interessen der Verbraucher ist.[472] Richtig ist ebenfalls, dass die Eltern über den Kauf der beworbenen Ware oder die Inanspruchnahme der Dienstleistung entscheiden. Das Verständnis der Schutzrichtung sowie der Veranlassung als Weckung des Konsumwunsches und der Entstehung des Erwerbsentschlusses, insbesondere in Hinblick auf die tauglichen Objekte, ist jedoch zweifelhaft. Zum einen ist den Erwägungsgründen der Richtlinie kein Hinweis auf diese restriktive Interpretation zu entnehmen. Zum anderen wird in Erwägungsgrund 18 auf die Notwendigkeit eines erhöhten Schutzes von Kindern vor unmittelbaren Aufforderungen hingewiesen. Daher scheint es schwer verständlich, dass das Schutzniveau in Bezug auf die 2. Tatbestandsalternative niedriger sein sollte. Die 1. Tatbestandsvariante setzt direkt bei der in der Werbung vermittelten unmittelbaren Kaufaufforderung an. Eine dahingehende Auslegung, dass bei der 2. Alternative die Unzulässigkeit der Werbemaßnahme erst bei der Hervorrufung des Erwerbsentschlusses bzw. des Konsumwunsches eintreten soll, würde die vom Richtliniengeber für notwendig befundene Regelung meines Erachtens unterlaufen. Die Richtlinie soll ihrem Zweck nach zwar insgesamt die wirtschaftlichen Interessen der Verbraucher schützen. Doch in Bezug auf an Kinder gerichtete Werbebotschaften setzt der Richtliniengeber bereits bei der Beeinflussung der Kinder durch die Werbung an. Dieses Schutzniveau muss daher für beide Tatbestandsalternativen gelten.[473]

Daher kommt es nicht darauf an, ob die Kinder bei ihren Eltern oder anderen Erwachsenen einen Erwerbsentschluss herbeiführen, sondern darauf, dass die Kinder sich durch die Werbung dazu unmittelbar aufgefordert fühlen, ihre Eltern zum Kauf oder zur Inanspruchnahme überreden zu wollen. Diese Sichtweise wird auch von dem Grundgedanken aus Erwägungsgrund 18 der RL

470 Köhler, in WRP 2008, 700, 704; ders., in Köhler/Bornkamm, 29. Aufl., Anh zu § 3 Abs. 3, Rn. 28.16; Baukelmann, in FS Ullmann 2006, 587, 591; Stuckel, in Harte-Bavendamm/Henning-Bodewig, § 3 Abs. 3 Anhang Nr. 28, Rn. 9.

471 Köhler, in Köhler/Bornkamm, 29. Aufl., Anh zu § 3 Abs. 3, Rn. 28.15; Baukelmann, in FS Ullmann 2006, 587, 591.

472 RL 2005/29/EG, ABl. L 149/23 vom 11.06.2005, Erwägungsgrund 8.

473 So auch Stuckel, in Harte-Bavendamm/Henning-Bodewig, § 3 Abs. 3 Anhang Nr. 28, Rn. 9.

2005/29/EG und § 3 Abs. 2 S. 3 UWG getragen. Unter Zugrundelegung dieser Auslegung, ist, in Übereinstimmung mit der von *Köhler*[474], *Stuckel*[475] *und Baukelmann*[476] vertretenen Auffassung, auch die Begrenzung auf bestimmte Waren oder Dienstleistungen nicht überzeugend.

Anhand dieser Erkenntnis kann nun die Zulässigkeit von Werbemaßnahmen im Bereich der 2. Tatbestandsalternative betrachtet werden.

(1) Kinder in der Werbung

Bei obiger Prüfung[477] der Zulässigkeit der einzelnen Werbemaßnahmen ist bisher die Frage offen geblieben, ob das passive Verhalten von Kindern in der Werbung in den Regelungsbereich der 2. Tatbestandsalternative fällt.

Als Beispiel diente das Szenario, dass unter Verwendung des Nachahmungseffekts, ein Kind in der Werbung gezeigt wird, dass von einem Elternteil die beworbene Ware entgegennimmt. Die vermittelte Werbebotschaft wäre in diesem Fall, dass ein bestimmtes Produkt von einem Erwachsenen erworben wurde und das Kind dieses Verhalten in der Realität von seinen Eltern erwarten solle. Darin eine unmittelbare Aufforderung an Kinder zur Überredung ihrer Eltern zu einem der Werbung entsprechenden Verhalten zu sehen, erscheint zu weitgehend. Allein das passive Verhalten des Kindes kann nicht als eine an die Kinder gerichtete unmittelbare Aufforderung interpretiert werden. Unstreitig soll in dem Kind durch eine solche Werbung der Wunsch nach der Ware geweckt werden. Das angesprochene Kind müsste in diesem Fall, in Hinblick auf die Überredung der Eltern, mehrere Gedankenschritte vollziehen, die es im Bereich der Selbsterwerbsvariante nicht bedarf. Zuerst müsste das Kind selbst das beworbene Produkt haben wollen und zum anderen den Entschluss fassen, seine Eltern zum Erwerb zu überreden. Im Gegensatz zu dem in der Werbung aktiv handelnden Kind, das seine Eltern zum Kauf überredet oder zu überreden versucht[478], würde der Nachahmungseffekt bei einer passiven Entgegennahme keine unmittelbare Aufforderung darstellen. Dies ist nur bei einer aktiven Forderung des Kindes in der Werbung möglich.

---

474 Köhler, in WRP 2008, 700, 704; ders., in Köhler/Bornkamm, 29. Aufl., Anh zu § 3 Abs. 3, Rn. 28.16.

475 Stuckel, in Harte-Bavendamm/Henning-Bodewig, § 3 Abs. 3 Anhang Nr. 28, Rn. 9.

476 Baukelmann, in FS Ullmann 2006, 587, 591.

477 C. II. 2. a) dd) bbb) (2).

478 Ähnlich auch Mankowski, in WRP 2008, 421, 425.

(2) Mitmach-Sammel-Aktionen und Zwang

Im Bereich der Mitmach-Sammel-Aktionen und der einen Zwang auslösenden Werbungen, muss ebenfalls für deren Unzulässigkeit nach der Fremderwerbsvariante eine unmittelbare Überredungsaufforderung in der Werbung enthalten sein. Diese muss die Kinder ansprechen. Auch hier ist unter Beachtung von Erwägungsgrund 18 der RL und § 3 Abs. 2 S. 2 und 3 UWG auf die Sichtweise eines durchschnittlichen Kindes abzustellen.

In einem bereits unter der Selbsterwerbsvariante angesprochenen Urteil des BGH[479], wird die Zulässigkeit einer Werbeaktion (Tony-Taler) unter rechtlicher Verortung in § 4 Nr. 1 UWG behandelt, die einen Kaufmotivatorenfall darstellt. Dabei führt der BGH aus, dass es für die Frage der wettbewerbsrechtlichen Zulässigkeit darauf ankomme, ob die Erwachsenen bei ihrer Kaufentscheidung durch den Einsatz der Kinder und Jugendlichen als Kaufmotivatoren einer unangemessenen unsachlichen Einflussnahme ausgesetzt seien.[480] Die Schwelle zur Unlauterkeit der Einflussnahme werde erst dann überschritten, wenn der auf den Erwachsenen ausgeübte Druck ein solches Ausmaß erreicht, dass er in seiner freien Willensentschließung wesentlich beeinträchtigt wird.[481]

Nach heute geltendem Recht müsste die Beurteilung der Zulässigkeit einen anderen Ansatz nehmen, und zwar mit der Prüfung von Nr. 28 des Anhangs zu § 3 Abs. 3 UWG. Nach dem hier vertretenen Verständnis der 2. Tatbestandsalternative[482] müsste die Frage aufgeworfen werden, ob sich die durch die Werbeaktion angesprochenen Kinder einer unmittelbaren Aufforderung zur Überredung ihrer Eltern zum Kauf ausgesetzt sahen. Dass eine einen Gruppenzwang auslösende Werbung als unmittelbare Aufforderung zum Kauf verstanden werden kann, wurde bereits unter der Selbsterwerbsvariante festgestellt.

In seiner Entscheidung stellt der BGH, in Hinblick auf das damals geltende UWG, richtiger Weise auf die unsachliche Einflussnahme auf die Eltern ab. Nach heutigem Recht und der hier vertretenen Auffassung würde diese Zulässigkeitsschranke erst zur Geltung kommen, wenn das per-se-Verbot nach Nr. 28 nicht greifen würde. So liegt es hier allerdings nicht. Der durch die Werbung auf die Kinder wirkende Gruppenzwang, sich an der Aktion zu beteiligen[483], stellt sich aus der Sicht der Kinder als unmittelbare Aufforderung zur Überredung der

479 BGH Urt. v. 12.07.2007 – I ZR 82/05, in WRP 2008, 214 - „Tony Taler“.

480 BGH Urt. v. 12.07.2007 – I ZR 82/05, in WRP 2008, 214, 217 - „Tony Taler“.

481 BGH Urt. v. 12.07.2007 – I ZR 82/05, in WRP 2008, 214, 217 - „Tony Taler“.

482 Vgl. unter C. II. 2. b) aa).

483 OLG Celle Urt. v. 21.07.2005 - 13 U 13/05, in GRUR-RR 2005, 387 – „Klassensparbuch“; BGH Urt. v. 12.07.2007 – I ZR 82/05, in WRP 2008, 214 - „Tony Taler“.

Eltern dar. Daher käme es nicht auf die unsachliche und unangemessene Einflussnahme auf die Eltern, sondern auf die Beeinflussung der Kinder mittels der Werbung an. Allein dieser Umstand, dass Kinder zur Überredung ihrer Eltern unmittelbar aufgefordert werden, begründet die Unzulässigkeit gem. der 2. Tatbestandsalternative.

Auch die restriktiv auslegende Gegenmeinung kommt im Ergebnis zu einer Unzulässigkeit der Werbung. Dies geschieht dort jedoch nicht über die 2. Tatbestandsalternative von Nr. 28 des Anhangs. Der Grund dafür liegt in dem beworbenen Produkt selbst. Das beworbene Produkt (Frühstückscerealien) ist von kindertypischen Konsum- und Erwerbswünschen erfasst, die die Eltern bereits haben und daher, so diese Meinung, nicht mehr dazu veranlasst werden können.[484] Letztendlich ist davon auszugehen, dass diese Meinung die rechtliche Unzulässigkeit gem. § 4 Nr. 1 UWG feststellen würde, sodass sich an dem rechtlichen Ergebnis keine Veränderung ergeben würde.

bb) Systemwidrigkeit

Vertreter der unter dem obigen Gliederungspunkt abgelehnten restriktiven Auffassung kommen aufgrund ihrer Annahme, dass die Fremderwerbsvariante nicht die Kinder, sondern deren Eltern[485] oder andere Erwachsene schützt[486], zu deren Systemwidrigkeit und einer damit einhergehenden besonders restriktiven Auslegung.[487] *Scherer* bezeichnet die Norm als eine Erziehungshilfe.

Verstünde man die 2. Tatbestandsvariante als nicht wettbewerbsorientiert, wäre eine Systemwidrigkeit tatsächlich begründet. Diese Ansicht ist aber nicht überzeugend. Aus der hier und in der Literatur[488] vertretenen Auffassung bezüglich der 2. Tatbestandsalternative ergibt sich gerade die Wettbewerbsorientiertheit. Denn das Schutzobjekt der Norm sind die Kinder.

Bei Beachtung dieser Sichtweise ist auch der Bezug zum Wettbewerb eindeutig. Es wird nicht primär das Verhältnis des Kindes zu seinen Eltern in Hin-

---

484 Scherer, in WRP 2008, 430, 434; Boesche, § 14, Rn. 523.

485 Fuchs, in WRP 2009, 255, 265.

486 Der Fall der minderjährigen Eltern kann hier außer Acht bleiben, da es sich um eine extrem seltene Konstellation handeln dürfte. Zumindest die Mutter hätte zur Zeit der Geburt erst elf Jahre alt sein dürfen, da Kinder erst ab dem 7. Lebensjahr Werbung als solche erkennen können und danach ihre Wünsche ausrichten können.

487 Scherer, in WRP 2008, 430, 435; dies., in NJW 2009, 324, 330; dies., in Fezer UWG, 2. Aufl., Bd. 2, Anhang UWG Nr. 28, Rn. 30; Fuchs, in WRP 2009, 255, 265.

488 Stuckel, in Harte-Bavendamm/Henning-Bodewig, § 3 Abs. 3 Anhang Nr. 28, Rn. 9; Böhler, in WRP 2011, 827, 832; Köhler, in WRP 2008, 700, 704; ders., Köhler/Bornkamm, 29. Aufl., Anh zu § 3 Abs. 3, Rn. 28.13 (Köhler und Böhler sehen sowohl Kinder als auch deren Eltern von der Norm als geschützt an).

blick auf „nervende" Wünsche geregelt, sondern die Art und Weise der von Werbung auf die Kinder gerichtete Einwirkung. Eine Regelung, die bestimmte Voraussetzung an die an Kinder gerichtete Werbung stellt, ist wettbewerbsorientiert und mithin nicht systemwidrig.

cc) Zwischenergebnis

Schutzobjekt sind die Kinder. Die 2. Tatbestandsalternative ist als Schutz vor Überredungsaufforderungen zu verstehen. Die 2. Tatbestandsalternative ist nicht systemwidrig.

c) Werbung in audiovisueller Form

Werbung in audiovisueller Form umfasst die Werbungen in Funk und Fernsehen. Im Gegensatz zu Nr. 28 des Anhangs in der RL 2005/29/EG, beinhaltet die Nr. 28 des Anhangs im umgesetzten UWG keinen zweiten Satz. Dieser wurde aufgrund des Grundsatzes der Spezialität in Art. 3 Abs. 4 der RL 2005/29/EG nicht umgesetzt. Nr. 28 S. 2 des Anhangs zu RL 2005/29/EG besagt, dass diese Bestimmung unbeschadet des Artikels 16 der Richtlinie 89/552/EWG über die Ausübung der Fernsehtätigkeit gelte.

Daher ist die Werbung in audiovisueller Form nicht unter dem Schutz der Nr. 28 des Anhangs zu § 3 Abs. 3 UWG zu prüfen.[489]

Vural[490] will auch Rundfunkinhalte und *Späth*[491] jede Werbung unabhängig des Mediums an Nr. 28 messen. Dies ist aus vorgenannten Gründen jedoch abzulehnen.

3. Zulässigkeit von Werbemaßnahmen gegenüber Jugendlichen

Die Zulässigkeit von Werbemaßnahmen gegenüber Jugendlichen richtet sich nicht nach Nr. 28 des Anhangs zu § 3 Abs. 3 UWG. Jugendliche sind Personen zwischen dem 14. und dem 18. Lebensjahr. Nach der hier vertretenen Auffassung ist unter dem Begriff des Kindes eine Person zu verstehen, die das 14. Lebensjahr noch nicht vollendet hat.[492] Daher beurteilt sich die Zulässigkeit von

489 Wirtz, in Götting/Nordemann, § 3, Rn. 145; a.A. Vural, Diss., S. 186; Späth, in Götting/Nordemann, § 4 Nr. 2, Rn. 2.17.

490 Vural, Diss., S. 186.

491 Späth, in Götting/Nordemann, § 4 Nr. 2, Rn. 2.17.

492 Vgl. oben unter C. II. 1. d).

gegenüber Jugendlichen vorgenommenen Werbemaßnahmen nach anderen Vorschriften des Lauterkeitsrechts.

III. Schutz nach § 7 UWG für Kinder und Jugendliche

1. § 7 UWG als selbstständiger Verbotstatbestand

Die Regelung zu unzumutbaren Belästigungen wurde auch im neuen UWG in § 7 verortet. Im Rahmen der UWG-Novelle 2008 veränderte sich § 7 UWG jedoch sowohl in systematischer Hinsicht als auch in Wortlaut und Inhalt hin zu einem Verbotstatbestand.[493]

Im Gegensatz zu der Vorgängerregelung stellt § 7 Abs. 1 UWG eine selbstständige Regelung zur Unzulässigkeit geschäftlicher Handlungen i.S.d. § 2 Abs. 1 Nr. 1 UWG dar, durch die ein Marktteilnehmer in unzumutbarer Weise belästigt wird. In der Begründung zum Gesetzesentwurf wird ausgeführt, dass insbesondere die Änderung der Formulierung von Unlauterkeit zu Unzulässigkeit klarstellen solle, dass die Bagatellklausel des § 3 Abs. 1 UWG nicht neben § 7 UWG anwendbar sein soll.[494]

Auf Grund der Selbstständigkeit von § 7 UWG, ist die im Tatbestand des § 7 Abs. 1 Satz 1 UWG enthaltene Hürde der Unzumutbarkeit, eine eigene Bagatellklausel für die Unzulässigkeit der geschäftlichen Handlung.[495] Der frühere § 7 Abs. 2 Nr. 1 UWG ist nach § 7 Abs. 1 S. 2 UWG versetzt worden.[496] Diese Umstellung war der Wertungsmöglichkeit im Einzelfall der Generalklausel in § 7 Abs. 1 S. 1 UWG geschuldet, da diese in Abs. 2 nicht besteht.[497] Die verschiedenen in § 7 Abs. 2 Nr. 1, 2 und 4 UWG geregelten Werbearten stellen „stets“ eine unzumutbare Belästigung dar und sind daher ohne Wertungsmöglichkeit unzulässig.[498]

493 Köhler, in Köhler/Bornkamm, 29. Aufl., § 7, Rn. 15; Menebröcker, in Götting/Nordemann, § 7, Rn. 10; Ubber, in Harte-Bavendamm/Henning-Bodewig, § 7, Rn. 8.

494 BT-Drucks. 16/10145, S. 28; s. auch Köhler, in Köhler/Bornkamm, 29. Aufl., § 7, Rn. 1; Menebröcker, in Götting/Nordemann, § 7, Rn. 10.

495 BT-Drucks. 16/10145, S. 28; Köhler, in Köhler/Bornkamm, 29. Aufl., § 7 Rn. 15.

496 Sosnitza, in WRP 2008, 1014, 1033; Köhler, in WRP 2009, 109, 117.

497 BT-Drucks. 16/10145, S. 29; Köhler, in WRP 2009, 109, 117; Sosnitza, in WRP 2008, 1014, 1033.

498 BT-Drucks. 16/10145, S. 28 f.

Mit der Einführung von § 7 Abs. 2 Nr. 1 UWG sollte Nr. 26 des Anhangs der RL 2005/29/EG umgesetzt werden.[499] Ausweislich des Wortlauts von Anhang Nr. 26 RL 2005/29/EG bleiben u.a. die Regelungen der RL 2002/58/EG unberührt, was in der Ausnahme der Nr. 2 und 3 im Wortlaut von Nr. 1 zur Geltung kommt. Grundsätzlich gilt diese Erweiterung der „Black-List-per-se-Verbote" auch für § 7 Abs. 2 Nr. 3 UWG. § 7 Abs. 2 Nr. 2-4, Abs. 3 UWG setzen Art. 13 RL 2002/58/EG um.[500]

Von der generellen Unzulässigkeit macht § 7 Abs. 3 UWG eine Ausnahme für elektronische Post unter den dort genannten kumulativen[501] Voraussetzungen. Die Regelung und § 7 Abs. 2 Nr. 3 UWG stehen auch trotz Fehlens der Merkmale des hartnäckigen und unerwünschten Ansprechens nicht im Widerspruch zu Anhang I Nr. 26, da bezüglich dieser Norm der gegebene Raum des Art. 13 Abs. 1 RL 2002/58/EG genutzt wurde.[502] Denn Anhang I Nr. 26 S. 2 RL 2005/29/EG stellt klar, dass das in Satz 1 formulierte Verbot unbeschadet u.a. der RL 2002/58/EG gelten solle, sodass der deutsche Gesetzgeber von Art. 13 Abs. 1 RL 2002/58/EG Gebrauch machen konnte.

Der wesentliche Schutzzweck des § 7 UWG besteht weiterhin in dem Schutz der Marktteilnehmer i.S.v. § 2 Abs. 1 Nr. 2 UWG und somit auch der Kinder und Jugendlichen als Verbraucher[503], die auch in Auslegung der RL 2002/58/EG als Teilnehmer der elektronischen Kommunikation anzusehen sind.

2. Effektivität des Schutzes

Im Bereich der unzumutbaren Belästigung durch Werbung ist insbesondere gegenüber Kindern und Jugendlichen die Werbung mittels elektronischer Post gem. § 7 Abs. 2 Nr. 3 UWG in Augenschein zu nehmen. Unter dem Begriff der elektronischen Post ist, bei Zugrundelegung des europarechtlichen Ursprungs des Begriffs gem. Art. 2 S. 2 lit. h) RL 2002/58/EG, jede über ein öffentliches Kommunikationsnetz verschickte Text-, Sprach-, Ton- oder Bildnachricht, die im Netz oder im Endgerät des Empfängers gespeichert werden kann, bis sie von diesem abgerufen wird, zu verstehen. Daher sind darunter nicht nur E-Mails,

499 BT-Drucks. 16/10145, S. 29; Menebröcker, in Götting/Nordemann, § 7, Rn. 9; Köhler, in Köhler/Bornkamm, 29. Aufl., § 7, Rn. 1; ders., in WRP 2009, 109, 117.

500 BT-Drucks. 16/10145, S. 29 f.; Köhler, in Köhler/Bornkamm, 29. Aufl., § 7, Rn. 8, 183.

501 Menebröcker, in Götting/Nordemann, § 7, Rn. 104.

502 Köhler, in Köhler/Bornkamm, 29. Aufl., § 7, Rn. 182.

503 Köhler, in WRP 2008, 700, 705 unter Bezug auf Artt. 8, 9 RL 2005/29/EG.

sondern entsprechend dem Erwägungsgrund 40[504] auch sms (short message service) und mms (multimedia messaging service) zu fassen.[505] Sofern die Werbung ohne die vorherige ausdrückliche Einwilligung des Adressaten erfolgt, ist dies stets unzulässig. Dabei müssen noch die Ausnahmegründe gem. § 7 Abs. 3 UWG berücksichtigt werden, sodass bei deren Vorliegen keine unzumutbare Belästigung mehr gegeben sein soll, da diese unter weiteren Voraussetzungen an eine im Voraus entstandene Verkaufsbeziehung zwischen dem Unternehmer und Verbraucher anknüpft.

Lebensnah betrachtet ist für die Werbung gegenüber Kindern und Jugendlichen der Bereich der E-Mail- und sms-Werbung besonders relevant, da davon auszugehen ist, dass mindestens 20 % der Kinder aufgrund regelmäßigen E-Mail-Verkehrs[506] über eine eigenes E-Mail-Konto verfügen und die Anzahl der Kontobesitzer mit zunehmenden Alter ansteigend zu betrachten sein dürfte und bereits 14 % der Sechs- bis Siebenjährigen ein Handy besitzen, ab einem Alter von 13 bereits über 90 %.[507]

Bei Jugendlichen ist eine noch stärkere Nutzung von E-Mail und Handy festzustellen. Über die Hälfte der Jugendlichen nutzt täglich das eigene E-Mail-Konto zur Kommunikation[508] wobei 98 % der Jugendlichen einen Internetanschluss im Haushalt haben.[509] Ein eigenes Handy haben bereits 97 % der Jugendlichen.[510]

Erfolgt eine Werbung an die minderjährigen Adressaten ohne die vorherige Einwilligung gem. § 7 Abs. 2 Nr. 3 UWG oder ohne Vorliegen der Ausnahmegründe gem. § 7 Abs. 3 UWG ist, im Gegensatz zu dem gleichfalls steten per-se-Verbot gem. Anhang Nr. 28, ohne Wertung des Inhalts der Werbung die Unzulässigkeit bereits bei Eintreffen der Werbung begründet.

Unter praktischen Gesichtspunkten scheint diese Regelung bei Werbung gegenüber Kindern und Jugendlichen ein äußerst stumpfes Schwert zu sein, da nicht davon auszugehen ist, dass der minderjährige Adressat die Werbung bei einem Anspruchsberechtigten i.S.v. § 8 Abs. 3 UWG melden wird.

---

504 RL 2002/58/EG, ABl. L 201/41 vom 31.07.2001.

505 Köhler, in Köhler/Bornkamm, 29. Aufl., § 7, Rn. 196; Mankowski, in Fezer UWG, 2. Aufl., Bd. 2, § 7, Rn. 186; Ubber, in Harte-Bavendamm/Henning-Bodewig, § 7, Rn. 181.

506 KIM-Studie 2010, S. 33.

507 KIM-Studie 2010, S. 52.

508 JIM-Studie 2010, S. 29.

509 JIM-Studie 2010, S. 25.

510 JIM-Studie 2010, S. 54.

IV. Schutz über die §§ 4, 5, 6 UWG i.V.m. § 3 UWG für Kinder und Jugendliche

Im Rahmen der folgenden Prüfung sollen die Erforderlichkeit des Rückbezugs der §§ 4, 5 und 6 UWG auf § 3 UWG und das Verhältnis der Absätze 1 und 2 des § 3 UWG untereinander geklärt werden. Weiter werden die §§ 4, 5 und 6 UWG kurz aufgezeigt und anschließend gemeinsam auf ihre Leistungsfähigkeit überprüft.

1. Relevanzerfordernis und Verhältnis von § 3 Abs. 1 und Abs. 2 UWG

Bevor die einzelnen Regelungen im Rahmen der §§ 4, 5 und 6 UWG hinsichtlich ihres Schutzes der Kinder und Jugendlichen überprüft werden[511] sollen, ist, wie bereits angedeutet, das Verhältnis dieser Tatbestände zu § 3 UWG in Hinblick auf die Anwendung der Absätze 1 und 2 innerhalb des § 3 UWG sehr umstritten.[512] Hier sind die Fragen zu klären, ob eine Prüfung der geschäftlichen Relevanz anhand des § 3 UWG bei einer gegenüber Kindern und Jugendlichen als Verbraucher vorgenommenen geschäftlichen Handlung überhaupt erfolgt[513] und wenn ja, welcher der ersten beiden Absätze von § 3 UWG[514] oder gar beide[515], Anwendung findet.

a) Erforderlichkeit der Relevanzprüfung i.V.m. § 3 UWG

Hierzu muss man sich den Wortlaut der Absätze 1 und 2 Satz 1 des § 3 UWG in Erinnerung rufen. Absatz 1 besagt, dass unlautere geschäftliche Handlungen unzulässig sind, wenn sie geeignet sind, die Interessen von Mitbewerbern, Verbrauchern oder sonstigen Marktteilnehmern spürbar zu beeinträchtigen. Absatz 2 Satz 1 gibt vor, dass geschäftliche Handlungen gegenüber Verbrauchern jedenfalls dann unzulässig sind, wenn sie nicht der für den Unternehmer geltenden fachlichen Sorgfalt entsprechen und dazu geeignet sind, die Fähigkeit des Ver-

511 Vgl. unten unter C. IV. 2, 3 und 4.

512 Vgl. Fezer, in WRP 2010, 677, 678; Scherer, in WRP 2010, 586; Köhler, in WRP 2010, 1293, 1296.

513 Dagegen Köhler, in WRP 2010, 1293, 1299 ff.; krit. dazu Ullmann, in Ullmann jurisPK UWG, § 5, Rn. 78.

514 Hierzu insbesondere Fezer, in WRP 2010, 677 ff.; Scherer, in WRP 2010, 586 ff.; Köhler, in WRP 2010, 1293, 1296 ff.

515 Schöttle, in GRUR 2009, 546; Kulka, in DB 2008, 1548, 1554.

brauchers, sich auf Grund von Informationen zu entscheiden, spürbar zu beeinträchtigen und ihn damit zu einer geschäftlichen Entscheidung zu veranlassen, die er andernfalls nicht getroffen hätte.

Dem Wortlaut ist zu entnehmen, dass beide die Eignung zu einer spürbaren Beeinträchtigung fordern, zum einen der Interessen des Verbrauchers (Abs. 1) und zum anderen der Entscheidungsfreiheit des Verbrauchers (Abs. 2 S. 1). Um die Frage der Erforderlichkeit des Rückgriffs auf diese spürbare Beeinträchtigung zur Begründung der Unlauterkeit zu beantworten, sind die Tatbestände der §§ 4 ff. UWG sowie deren jeweiliger Ursprung aus der RL 2005/29/EG bzw. die Auslegung nach dieser[516] zu betrachten.

Die relevanten Regelungen der RL 2005/29/EG sind in diesem Zusammenhang die Artt. 6 – 9. Diese enthalten eine eigene Relevanzklausel innerhalb ihrer Bestimmungen. Art. 6 Abs. 1[517] verlangt eine tatsächliche oder voraussichtliche Veranlassung zu einer geschäftlichen Entscheidung, die der Verbraucher ansonsten nicht getroffen hätte. Nach Art. 6 Abs. 2 muss die irreführende Geschäftspraxis zu einer geschäftlichen Entscheidung veranlassen oder zu veranlassen geeignet sein, die der Durchschnittsverbraucher ansonsten nicht getroffen hätte. Das gleiche Relevanzkriterium gilt für die Unterlassungsvariante in Art. 7.[518]

Im Bereich des Art. 8[519] muss die aggressive Geschäftspraktik in ihrer jeweiligen Ausgestaltung die Entscheidungs- und Verhaltensfreiheit des Durchschnittsverbrauchers tatsächlich oder voraussichtlich erheblich beeinträchtigen und dieser dadurch tatsächlich oder voraussichtlich dazu veranlasst werden, eine geschäftliche Entscheidung zu treffen, die er andernfalls nicht getroffen hätte. Eine diesbezüglich wort- und inhaltsgleiche Umsetzung in den Normen §§ 4 ff. UWG hat jedoch nicht in Gänze stattgefunden.[520] Dazu war der Gesetzgeber auch nicht verpflichtet[521], da er gem. Art. 288 Abs. 3 AEUV in der Umsetzung frei[522] ist und eine Richtlinie nur bezüglich des zu erreichenden Ziels verbindlich ist.[523] Entsprechend der Gesamtkonzeption des deutschen UWG im

---

516 Köhler, in Köhler/Bornkamm, 29. Aufl., § 4, Rn. 1.7, 2.3; Stuckel, in Harte-Bavendamm/Henning-Bodewig, § 4 Nr. 1, Rn. 2, § 4 Nr. 2, Rn. 1; Seichter, in Ullmann jurisPK, § 4 Nr. 1, Rn. 14, § 4 Nr. 2, Rn. 7 ff.; BT-Drucks. 16/10145, S. 18.

517 RL 2005/29/EG, ABl. L 149/28 vom 11.06.2005.

518 RL 2005/29/EG, ABl. L 149/28 vom 11.06.2005.

519 RL 2005/29/EG, ABl. L 149/29 vom 11.06.2005.

520 Vgl. Köhler, in WRP 2010, 1293, 1299.

521 BT-Drucks. 16/10145, S. 11, S. 18; Sosnitza, in WRP 2008, 1014, 1018; Köhler, in WRP 2010, 1293, 1295.

522 BT-Drucks. 16/10145, S. 11.

523 Höpfner, in Europäische Methodik, S. 80 f.

Sinne des beibehaltenen[524] Schutzzwecktrias[525], der Verbotsregelung unlauteren Handelns in § 3 UWG und der Beispiele für unlauteres Handeln[526], hat der deutsche Gesetzgeber das grundsätzliche Erfordernis der zusätzlichen Prüfung von § 3 UWG in Ansehung der Formulierungen der RL 2005/29/EG beibehalten.[527] Dies spricht für eine Verortung der Relevanzerfordernisse der Artt. 6 – 9 RL 2005/29/EG in § 3 UWG, welcher richtlinienkonform anhand der jeweiligen europarechtlichen Vorschrift auszulegen ist.[528]

Dagegen spricht auch nicht die Ansicht, dass in die Tatbestände selbst das Relevanzkriterium in richtlinienkonformer Auslegung als ungeschriebenes Tatbestandsmerkmal hineingelesen werden muss[529] und bei der Bejahung auch gleichzeitig von einer Überschreitung der Bagatellklausel ausgegangen werden kann.[530] Denn allein der Umstand, dass auch von einer gleichzeitigen Überschreitung der Bagatellklausel ausgegangen werden kann, spricht nicht zwingend für die Unanwendbarkeit der Unzulässigkeitsvoraussetzungen nach § 3 UWG.

Weiter ist unter Beachtung der Systematik des UWG eine Eignungsprüfung im Rahmen des § 3 UWG vorgesehen.[531] In der Begründung des Gesetzesentwurfs gibt der Gesetzgeber seinen Willen zu verstehen, die Relevanzerfordernisse der Art. 6 Abs. 1[532] und Art. 7 Abs. 1 RL 2005/29/EG[533] in § 3 Abs. 2 i.V.m. § 3 Abs. 1 UWG zu berücksichtigen. Dies lässt sich auch anhand eines Rückschlusses der neuen Fassung des § 7 UWG entnehmen, der aufgrund der eigenen Unzulässigkeitsfolge nicht mehr an die weitere Prüfung des § 3 UWG anknüpfen soll.[534] Demnach soll die Prüfung der Voraussetzungen im Rahmen des § 3 UWG nicht ins Leere laufen.[535]

Im Ergebnis ist jedoch übereinstimmend mit *Köhler*[536] festzuhalten, dass es lediglich erforderlich ist, dass die Vorgaben der Artt. 6 - 9 RL 2005/29/EG

---

524 BT-Drucks. 16/10145, S. 11.

525 Vgl. Fezer, in Fezer UWG, 2. Aufl., Bd. 1, § 1, Rn. 10; Schünemann, in Harte-Bavendamm/Henning-Bodewig, § 1, Rn. 3; BT-Drucks. 15/1487, S. 15.

526 BT-Drucks. 16/10145, S. 22.

527 BT-Drucks. 16/10145, S. 16, 17, 22.

528 Köhler, in WRP 2010, 1293, 1299 f.

529 BGH GRUR 2008, 186, 187 (zu § 5 a.F.); Köhler, in WRP 2010, 1293, 1301.

530 Sosnitza, in Piper/Ohly/Sosnitza, § 5, Rn. 219; Köhler, in WRP 2010, 1293, 1300.

531 Vgl. Kulka, in DB 2008, 1548, 1554; Schmidt, in GRUR 2009, 353, 355; Köhler, in WRP 2010, 1293, 1300; s. auch BT-Drucks. 16/10145, S. 16, 17.

532 BT-Drucks. 16/10145, S. 16.

533 BT-Drucks. 16/10145, S. 17.

534 BT-Drucks. 16/10145, S. 28.

535 Schöttle, in GRUR 2009, 546, 548.

536 Köhler, in WRP 2010, 1293, 1299.

durch Auslegung beachtet werden. Zumindest soll nach hier vertretener Ansicht an der Prüfung der Voraussetzungen des § 3 UWG festgehalten werden.[537]

b) Verhältnis von § 3 Abs. 1 und Abs. 2 UWG

Da eine Prüfung der Relevanzerfordernisse anhand von § 3 UWG weiterhin vorzunehmen ist, ist die Frage zu klären, wie die Regelungen der Absätze 1 und 2 S. 1 bei geschäftlichen Handlungen gegenüber Verbrauchern Anwendung finden.

In der Literatur finden sich hierzu unterschiedliche Auffassungen, die in ihrer jeweiligen Überzeugung, von einer ausschließlichen Anwendbarkeit[538] des § 3 Abs. 2 S. 1 UWG bei Fällen des harmonisierten Lauterkeitsrechts, über eine gleichzeitige Anwendung beider Absätze[539], der Funktion des § 3 Abs. 2 S. 1 UWG als Auffangtatbestand[540] bis hin zu dessen Überflüssigkeit[541], alles für vertretbar erachten.[542]

Dies hat seine Gründe zum einen in der Formulierung der beiden Absätze, da dem Wortlaut nach der persönliche Schutzbereich sowohl in § 3 Abs. 1 UWG als auch in § 3 Abs. 2 UWG den Verbraucher mit erfasst[543] und zum anderen in einem konträren Verständnis der Artt. 5 - 9 RL 2005/29/EG.

aa) Überflüssigkeit von § 3 Abs. 2 S. 1 UWG

Die in der Literatur nur vereinzelt[544] vertretene Ansicht der Überflüssigkeit und Gegenstandslosigkeit in der Rechtsanwendung von § 3 Abs. 2 S. 1 UWG begründet die vorgeschlagene Ignorierung damit, dass die Regelungsinhalte beider Vorschriften aufgrund der zwingend funktionalen Auslegung im Ergebnis keinen Unterschied aufwiesen und keine Fallkonstellation denkbar sei, aus der un-

---

537 So auch Schmidt, in GRUR 2009, 353, 355; Kulka, in DB 2008, 1548, 1554; Ullmann, in Ullmann jurisPK UWG, § 3, Rn. 95; Sosnitza, in Piper/Ohly/Sosnitza, § 3, Rn. 48; ders., in WRP 2008, 1014, 1019; Lubberger, in Gloy/Loschelder/Erdmann, § 43, Rn. 21.

538 Fezer, in WRP 2010, 677, 683; ders., in Fezer UWG, 2. Aufl., Bd. 1, § 3, Rn. 19; Ullmann, in Ullmann jurisPK UWG, § 3, Rn. 7; Wirtz, in Götting/Nordemann, § 3, Rn. 10. ähnlich Schünemann, in Harte-Bavendamm/Henning-Bodewig, § 3, Rn. 434 ff.

539 Sosnitza, in Piper/Ohly/Sosnitza, § 3, Rn. 80; ders., in WRP 2008, 1014, 1018; Kulka, in DB 2008, 1548, 1554; Lubberger, in Gloy/Loschelder/Erdmann, § 43, Rn. 24.

540 Köhler, in WRP 2010, 1293, 1299; ders., in Köhler/Bornkamm, 29. Aufl., § 3, Rn. 32; Peifer, § 1, Rn. 28.

541 Scherer, in WRP 2010, 586, 592.

542 Köhler, in WRP 2010, 1293, 1303; Kulka, in DB 2008, 1548, 1554.

543 Scherer, in WRP 2010, 586.

544 Scherer, in WRP 2010, 586.

ter Zugrundelegung beider Vorschriften ein unterschiedliches Ergebnis folgen könnte.[545] Auch seien nach dieser Ansicht die Artt. 6 - 9 unabhängig von Art. 5 Abs. 2 RL 2005/29/EG zu prüfen, woraus folge, dass das gleiche für die umsetzenden Normen gelten müsse.[546]

bb) § 3 Abs. 2 S. 1 UWG als Auffangtatbestand

Eine weitere Ansicht erachtet bei geschäftlichen Handlungen gegenüber Verbrauchern den Anwendungsbereich von § 3 Abs. 1 UWG als eröffnet und sieht in § 3 Abs. 2 S. 1 UWG einen Auffangtatbestand für geschäftliche Handlungen gegenüber Verbrauchern, die weder irreführend noch aggressiv i.S.v. Art. 5 Abs. 4, 5 RL 2005/29/EG sind[547] und eine Ausschlussfunktion, nach der auch gem. § 3 Abs. 1 UWG zulässig sein muss, was nach § 3 Abs. 2 S. 1 nicht unzulässig ist.[548] Dies entspreche sowohl der Systematik der RL 2005/29/EG als auch der des UWG, da Art. 5 Abs. 2 RL 2005/29/EG als Auffangtatbestand gegenüber Art. 5 Abs. 4 RL 2005/29/EG zu verstehen sei.[549]

cc) Parallele Anwendbarkeit von § 3 Abs. 1 und Abs. 2 S. 1 UWG

Zum Teil wird auch vertreten, dass § 3 Abs. 1 und 2 S. 1 UWG gemeinsam anwendbar sein sollen, da sie sich in Fällen von geschäftlichen Handlungen gegenüber Verbrauchern gegenseitig erfordern[550] und § 3 Abs. 2 S. 1 UWG als Auslegungsmaßstab diene.[551] Dies ergäbe sich aus dem Wortlaut. Zwar sei grundsätzlich die Relevanzprüfung einer konkretisierenden Norm i.S.v. §§ 4 ff. UWG einem Verbraucher gegenüber an § 3 Abs. 2 S. 1 UWG zu messen[552], doch da in § 3 Abs. 2 UWG das Tatbestandsmerkmal „unlauter“ nicht eingeführt wurde, bedürfe es des Rückgriffes und des „Umwegs“ über § 3 Abs. 1 UWG, denn die Konkretisierungen in den §§ 4 ff. UWG knüpfen an die Unlauterkeit an. Weiter seien bei dem Rückgriff auf das Unlauterkeitsmerk-

545 Scherer, in WRP 2010, 586, 592.

546 Scherer, in WRP 2010, 586, 589.

547 Köhler, in WRP 2010, 1293, 1297 f.; ders., in Köhler/Bornkamm, 29. Aufl., § 3, Rn. 8; daran anschließend: Böhler, in WRP 2011, 1028, 1033; im Ergebnis so auch Peifer, § 1, Rn. 28.

548 Köhler, in WRP 2010, 1293, 1298; ders., in Köhler/Bornkamm, 29. Aufl., § 3, Rn. 9.

549 Köhler, in WRP 2009, 109, 113; ders., in GRUR 2009, 626, 629.

550 Kulka, in DB 2008, 1548, 1554; Sosnitza, in Piper/Ohly/Sosnitza, § 3, Rn. 80; Lubberger, in Gloy/Loschelder/Erdmann, § 43, Rn. 24; Schöttle, in GRUR 2009, 546, 548.

551 Schöttle, in GRUR 2009, 546, 550.

552 Kulka, in DB 2008, 1548, 1554.

mal und dessen Bejahung auch der Mangel der fachlichen Sorgfalt des Unternehmers i.S.v. Abs. 2 S. 1 gegeben.[553]

Im Ergebnis gleich, wird jedoch der Weg dorthin innerhalb dieser Ansicht zum Teil damit begründet, dass die geschäftliche Handlung aufgrund des Merkmals der Unlauterkeit grundsätzlich an § 3 Abs. 1 UWG zu prüfen sei und bei Verbraucherbezug diese „verbrauchergeneralklauselkonform" am Maßstab des Abs. 2 S. 1 auszulegen ist.[554]

dd) Ausschließliche Anwendbarkeit des § 3 Abs. 2 S. 1 UWG bei Verbraucherbezug

Eine weitergehende Ansicht sieht in § 3 Abs. 2 S. 1 UWG die allein anwendbare Vorschrift für geschäftliche Handlungen gegenüber Verbrauchern, sofern diese in den Regelungsbereich der RL 2005/29/EG fallen.[555] § 3 Abs. 1 UWG gelte für den Bereich Unternehmer – Unternehmer[556] (Business to Business = b2b) und den des b2c, soweit diese nicht von RL 2005/29/EG geregelt sind.[557] Dieses Verhältnis ergebe sich aus Art. 5 RL 2005/29/EG, da der Richtlinie insgesamt ein einheitlicher Unlauterkeitsbegriff zugrunde liege und dieser in Art. 5 Abs. 2 RL 2005/29/EG definiert werde.[558]

Aus dem Zweck der RL 2005/29/EG und der Umsetzung von Art. 5 Abs. 2 der Richtlinie in § 3 Abs. 2 UWG wird daher der Anwendungsbereich bestimmt.

ee) Stellungnahme zur Thematik bei Verbraucherbezug

Nach hiesiger Auffassung ist § 3 Abs. 1 UWG der für gegenüber Verbrauchern vorgenommenen geschäftlichen Handlungen maßgebliche Anknüpfungspunkt der Unzulässigkeitsfolge. Diese Sichtweise folgt aus der Konzeption der RL 2005/29/EG, insbesondere des Art. 5 i.V.m. Artt. 6-8.[559]

Bei genauer Betrachtung der RL 2005/29/EG und deren Konzeption ist für das Verständnis der Unlauterkeitsregelungen Art. 5 in seinen verschiedenen Absätzen heranzuziehen. Art. 5 Abs. 1 stellt das generelle Verbot unlauteren Han-

553 Kulka, in DB 2008, 1548, 1554.

554 Schöttle, in GRUR 2009, 546, 550.

555 Fezer, in Fezer UWG, 2. Aufl., Bd. 1, § 3, Rn. 19; ders., in WRP 2010, 677, 683; Ullmann, in Ullmann jurisPK UWG, § 3, Rn. 7; Wirtz, in Götting/Nordemann, § 3, Rn. 10; ähnlich Schünemann, in Harte-Bavendamm/Henning-Bodewig, § 3, Rn. 434 ff.

556 Fezer, in WRP 2010, 677, 683 f.

557 Wirtz, in Götting/Nordemann, § 3, Rn. 10. Wirtz bezieht sich auf Art. 3 Artt. 8, 9, 10 RL/2005/29/EG.

558 Fezer, in Fezer UWG, 2. Aufl., Bd. 1, § 3, Rn. 25; ders., in WRP 2010, 677, 681.

559 So auch Köhler, in WRP 2010, 1293, 1295 ff.; ders., in Köhler/Bornkamm, 29. Aufl., § 3, Rn. 8.

delns auf. Eine grundsätzliche Bestimmung[560] unlauterer Geschäftspraktiken erfolgt unmittelbar anschließend in Art. 5 Abs. 2 lit. a) und b), der wiederum bezüglich des innewohnenden Relevanzkriteriums von Art. 2 lit. e) Form erhält. Doch Art. 5 Abs. 2[561] ist nicht die einzige Norm, die eine Unlauterkeit zu begründen vermag und somit auch nicht § 3 Abs. 2 S. 1 UWG.[562] Art. 5 Abs. 4 stellt spezielle[563] konkretisierende[564] Regelungen für die Unlauterkeit einer geschäftlichen Handlung auf, indem bestimmt wird, dass unlautere Geschäftspraktiken insbesondere solche sind, die a) irreführend i.S.d. Artt. 6 und 7 oder b) aggressiv i.S.d. Artt. 8 und 9 RL 2005/29/EG sind. Insofern unterliegt der Unlauterkeitsbegriff rechtstechnisch keinem einheitlichen Verständnis, da unterschiedliche Relevanzkriterien für die Art. 5 Abs. 4 i.V.m. Artt. 6-8 und Art. 5 Abs. 2 RL 2005/29/EG vom europäischen Gesetzgeber vorgesehen wurden.[565]

Art. 6 Abs. 1 der Richtlinie verlangt eine tatsächliche oder voraussichtliche Veranlassung zu einer geschäftlichen Entscheidung, die der Verbraucher ansonsten nicht getroffen hätte. Nach Art. 6 Abs. 2 muss die irreführende Geschäftspraxis zu einer geschäftlichen Entscheidung veranlassen oder zu veranlassen geeignet sein, die der Durchschnittsverbraucher ansonsten nicht getroffen hätte. Das gleiche Relevanzkriterium gilt für die Unterlassungsvariante in Art. 7.[566]

Im Bereich des Art. 8 muss die aggressive Geschäftspraktik in ihrer jeweiligen Ausgestaltung die Entscheidungs- und Verhaltensfreiheit des Durchschnittsverbrauchers tatsächlich oder voraussichtlich erheblich beeinträchtigen und dieser dadurch tatsächlich oder voraussichtlich dazu veranlasst werden, eine geschäftliche Entscheidung zu treffen, die er andernfalls nicht getroffen hätte.[567]

Im Gegensatz dazu verlangt Art. 5 Abs. 2 lit. b) RL 2005/29/EG eine wesentliche Beeinflussung des wirtschaftlichen Verhaltens i.S.v. Art. 2 lit. e) der Richtlinie, der wiederum eine spürbare Beeinträchtigung der Fähigkeit des Verbrauchers eine informierte Entscheidung zu treffen verlangt. Die unterschiedliche Wortwahl zeigt deutlich, dass sich die Relevanzkriterien auf verschiedene Umstände stützen. Artt. 6 und 7 RL 2005/29/EG verlangen nur die Eignung zur Veranlassung einer geschäftlichen Entscheidung, die der Verbraucher ansonsten

560 Fezer, in WRP 2010, 677, 681; Wirtz, in Götting/Nordemann, § 3, Rn. 9.

561 Vural sieht Art. 5 Abs. 1 und 2 als die Generalklausel der RL 2005/29/EG an – Vural, Diss., S. 182.

562 Ähnlich Lubberger, in Gloy/Loschelder/Erdmann, § 44, Rn. 42.

563 Fezer, in Fezer UWG, 2. Aufl., Bd. 1, § 3, Rn. 24; Köhler, in WRP 2010, 1293, 1297.

564 BT-Drucks. 16/10145, S. 10.

565 Köhler, in WRP 2010, 1293, 1297.

566 RL 2005/29/EG, ABl. L 149/28 vom 11.06.2005.

567 RL 2005/29/EG, ABl. L 149/29 vom 11.06.2005.

nicht getroffen hätte. Hier wird keine spürbare Beeinträchtigung verlangt, gleichwohl in Art. 7 der Richtlinie auf die informierte Entscheidung eingeht. Art. 8 der Richtlinie soll die Entscheidungs- und Verhaltensfreiheit schützen und nicht die informierte geschäftliche Handlung i.S.v. Art. 5 Abs. 2 lit. b) i.V.m. Art. 2 lit. e) der Richtlinie.[568] Sehr deutlich wird es an einem von *Köhler* ins Felds geführten Beispiel, da bei einer Drohung bzw. Nötigung i.S.v. Art. 8 der Verbraucher zwar eine informierte aber keine freie Entscheidung treffen kann.[569]

Infolge der unterschiedlichen Anforderungen an die Schwelle der Unlauterkeit bei verschiedenen Handlungen der Unternehmer gegenüber Verbrauchern, kann folglich nicht von einem rechtstechnisch einheitlichen Unlauterkeitsbegriff ausgegangen werden.[570] Auch durch Art. 5 Abs. 5 i.V.m. Anhang 1 der Richtlinie wird die hier vertretene Argumentation gestützt.[571] Dort verwirklichte Tatbestände sind aufgrund ihrer stets bestehenden Unlauterkeit generell unlauter und verboten, und zwar ohne Prüfung einer Relevanz, die jedoch den Unlauterkeitsbegriff i.S.v. Art. 5 Abs. 2 der Richtlinie mitdefiniert.

Dass es zur Begründung der Unlauterkeit i.S.v. Art. 5 Abs. 4 der Richtlinie keines Rückgriffes auf Art. 5 Abs. 2 der Richtlinie bedarf[572], wird durch die Formulierung „insbesondere" deutlich.[573] Denn diese stellt selbstständig klar, was des weiteren neben der allgemeinen[574] Unlauterkeitsdefinition in Art. 5 Abs. 2 der Richtlinie als unlautere Geschäftspraktik zu werten ist. Daher verfangen auch die von *Fezer*[575] und *Wirtz*[576] ähnlich vorgetragenen Argumente nicht, dass die „insbesondere" - Formulierung bestimme, es handele sich bei Artt. 6-9 nicht um eine abschließende Regelung[577] unlauterer Geschäftspraktiken und es daher auch für irreführende und aggressive Geschäftspraktiken eines Rückgriffs auf Art. 5 Abs. 2 der Richtlinie bedürfe, da Art. 5 Abs. 2 abschließend sei. Denn die „insbesondere" - Formulierung stellt nach hiesig vertretener Ansicht eine von Art. 5 Abs. 2 losgelöste Ausfüllung des Art. 5 Abs. 1 dar.

Es ist zwar richtig, dass die irreführenden und aggressiven Geschäftspraktiken keine abschließende Regelung für unlautere Geschäftspraktiken darstel-

568 So auch Köhler, in WRP 2010, 1293, 1299 f.; vgl. insofern Artt. 5-8, RL 2005/29/ABl. L 149/27-29 vom 11.06.2005.
569 Köhler, in WRP 2010, 1293, 1300.
570 So auch Köhler, in WRP 2010, 1293, 1297; a.A. Fezer, in WRP 2010, 677, 682.
571 So auch Köhler, in WRP 2010, 1293, 1297.
572 Köhler, in WRP 2010, 1293, 1297.
573 a.A. Fezer, in WRP 2010, 677, 681 f.
574 BT-Drucks. 16/10145, S. 10.
575 Fezer, in WRP 2010, 677, 682.
576 Wirtz, in Götting/Nordemann, § 3, Rn. 10.
577 Fezer, in Fezer UWG, 2. Aufl., Bd. 1, § 3, Rn. 24.

len.[578] Sie haben gleichwohl aber eine in sich selbst abschließende die Unlauterkeit begründende Funktion. Art. 5 Abs. 2 der Richtlinie kommt damit eine Auffangfunktion[579] zu, für solche Geschäftspraktiken, die nicht unter Art. 5 Abs. 4 und 5 subsumierbar sind. Diese Funktion hängt auch mit der definitorischen Bindung an Art. 2 lit. e) der Richtlinie zusammen.

Würde man hingegen dem Verständnis der ausschließlichen Anwendbarkeit folgen, müsste beispielsweise im Rahmen von § 4 Nr. 2 UWG oder § 5 UWG zum einen die richtlinienkonforme Auslegung der Art. 8 bzw. Art. 6 der Richtlinie und weiter die Relevanzklausel von § 3 Abs. 2 S. 1 UWG bzw. Art. 5 Abs. 2 i.V.m. Art. 2 lit. e) der Richtlinie herangezogen werden. Diese sind aber wie soeben aufgezeigt[580] unterschiedlich ausgestaltet. Im Rahmen der Berücksichtigung, der von festen Definitionen unbelasteten Generalklausel in § 3 Abs. 1 UWG bzw. Art. 5 Abs. 1 der Richtlinie, können die Relevanzklauseln der Artt. 6 - 8 i.V.m. Art. 5 Abs. 1 und 4 der Richtlinie berücksichtigt werden. Sind dagegen Art. 6 - 9 nicht einschlägig, greift Art. 5 Abs. 2. Infolge dieser Funktion des Art. 5 Abs. 2 und der Umsetzung in § 3 Abs. 2 S. 1 UWG ist auch nicht von einer Überflüssigkeit der Norm auszugehen.[581]

c) Zwischenergebnis

§ 3 Abs. 1 UWG stellt nach hier vertretener Auffassung die relevante Generalklausel im UWG dar. Danach sind unlautere Geschäftshandlungen unzulässig, wenn sie geeignet sind, die Interessen von Mitbewerben, Verbrauchern oder sonstigen Marktteilnehmern spürbar zu beeinträchtigen. Welche geschäftlichen Handlungen als unlauter angesehen werden können, wird durch die der Generalklausel nachgestellten Paragraphen konkretisiert. Dabei muss zur Tatbestandsverwirklichung der Generalklausel eine Unlauterkeit gem. §§ 4, 5 Abs. 1, 2, 4, § 5a Abs. 2 ff., oder § 6 Abs. 2 UWG und die Geeignetheit einer spürbaren Beeinträchtigung der Interessen der Marktteilnehmer vorliegen.

Folgend werden die einzelnen Schutznormen inhaltlich kurz aufgezeigt und anschließend gemeinsam auf ihre Leistungsfähigkeit überprüft.

---

578 Fezer, in Fezer UWG, 2. Aufl., Bd. 1, § 3, Rn. 24.

579 Köhler, in Köhler/Bornkamm, 29. Aufl., § 3, Rn. 32; ders., in WRP 2010, 1293, 1295; Scherer, in WRP 2010, 586, 589.

580 Vgl. ab 2. Absatz dieses Gliederungspunktes.

581 So aber Scherer, in WRP 2010, 586, 592.

2. §§ 5, 5 a UWG

Geschäftliche Handlungen, die Kindern und Jugendlichen gegenüber vorgenommen werden, können auch den Irreführungstatbestand nach § 5 UWG[582] oder den Irreführungstatbestand durch Unterlassen gem. § 5a UWG verwirklichen.

a) § 5 UWG

Wie zuvor aufgezeigt[583] lag der Ursprung der irreführenden Werbung im UWG im nationalen Recht. Die weiteren Veränderungen des Irreführungsverbots beruhten auf RL 84/450/EWG[584] und auf deren Änderung durch RL 97/55/EG[585], die am 01.09.2000 umgesetzt wurde[586] und auf RL 2006/114/EG[587] über irreführende und vergleichende Werbung, welche die mehrfach geänderte RL 84/450/EWG mit Wirkung zum 12.12.2007 ersetzt hat.[588]

Der 2008 neu gestaltete § 5 Abs. 1 und 2 UWG dient jedoch, der Regierungsbegründung zum UWG-Entwurf[589] zufolge, der Umsetzung von Art. 6 RL 2005/29/EG. Dabei setzen § 5 Abs. 1 S. 2 Nr. 1 - 7 UWG Art. 6 Abs. 1 lit. a) - g) und Abs. 2 lit. b) RL 2005/29/EG um. § 5 Abs. 2 UWG hat seinen europarechtlichen Ursprung in Art. 6 Abs. 2 lit. a) RL 2005/29/EG. Die früheren Abs. 3 und 4 des § 5 UWG sind ohne jegliche Veränderung in das neue UWG übernommen worden.

§ 5 UWG stellt in seiner heutigen Form keinen eigenen Verbotstatbestand mit unmittelbaren Rechtsfolgen dar, sondern konkretisiert die Generalklausel in § 3 Abs. 1 UWG und bedarf dieser für Rechtsfolgen.[590]

---

582 Stuckel, in Harte-Bavendamm/Henning-Bodewig, § 4 Nr. 2, Rn. 23; Köhler, in WRP 2008, 700, 705; Klees/Lange, in CR 2005, 684, 686.

583 Vgl. B. I. 2. a).

584 RL 84/450/EWG, ABl. L. 250/17 vom 19.09.1984.

585 RL 97/55/EG, ABl. L. 290/18 vom 23.10.1997.

586 BGBl. 2000 Teil I Nr. 42, vom 13.09.2000, S. 1374 f.; s.a. B. I. 1. b) aa).

587 Richtlinie 2006/114/EG des Europäischen Parlaments und des Rates vom 12. Dezember 2006 über irreführende und vergleichende Werbung (kodifizierte Fassung), ABl. L 376/21 vom 27.12.2006.

588 RL 2006/114/EG Art. 10 und 11, ABl. L 376/25 vom 27.12.2006.

589 BT-Drucks. 16/10145, S. 23.

590 BT-Drucks. 16/1014,5 S. 23; Sosnitza, in Piper/Ohly/Sosnitza, § 5, Rn. 10; Peifer, in Fezer UWG, 2. Aufl., 2. Bd., § 3, Rn. 16; Bornkamm, in Köhler/Bornkamm, 29. Aufl., § 5, Rn. 2.1; Link, in Ullmann jurisPK UWG, § 5, Rn. 13; Dreyer, in Harte-Bavendamm/Henning-Bodewig, § 5, Rn. 6.

Da es hier um die Frage der Werbung gegenüber Kinder und Jugendlichen in ihrer Eigenschaft als Verbraucher gehen soll, ist das Verhältnis der Richtlinien 2005/29/EG und 2006/114/EG für diese Frage und damit auch der europarechtliche Richtlinienbezug für Auslegungsfragen zu klären, da beide Richtlinien den § 5 UWG geprägt haben.[591]

aa) Verhältnis der RL 2006/114/EG und RL 2005/29/EG in Bezug auf die Anwendbarkeit auf Kinder und Jugendliche

Grund der nötigen Abgrenzung ist hier, dass das deutsche UWG trotz Novellierung an einem umfassenden Schutzrichtungsverständnis festhält und sowohl Mitbewerber als auch Verbraucher schützt.[592]

Die Abgrenzung für den Anwendungsbereich der verschiedenen Richtlinien ergibt sich, sofern es sich um die Anwendung für bestimmte Marktteilnehmer handelt[593], aus ihnen selbst. Art. 3 Abs. 1 RL 2005/29/EG[594] bestimmt den Anwendungsbereich dahingehend, dass diese Richtlinie für unlautere Geschäftspraktiken i.S.d. Art. 5 von Unternehmern gegenüber Verbrauchern vor, während und nach Abschluss eines auf ein Produkt bezogenen Handelsgeschäfts gilt.

Auch und insbesondere aus den Erwägungsgründen 6, 7, 8 und 10[595] ergibt sich der ausschließliche unmittelbare Schutzbereich für Verbraucher. Art. 1 RL 2006/114/EG[596] stellt dagegen klar, dass Zweck dieser Richtlinie der Schutz von konkurrierenden Gewerbetreibenden vor irreführender Werbung und deren unlauteren Auswirkungen sowie die Festlegungen der Bedingungen für zulässige vergleichende Werbung ist.

Somit ergibt sich in Anbetracht der unterschiedlichen Schutzrichtungen für bestimmte Marktteilnehmer, dass im Verhältnis von Unternehmern zu Verbrauchern ausschließlich auf RL 2005/29/EG zurückzugreifen und somit für die Auslegung von irreführenden geschäftlichen Handlungen gegenüber Kindern und Jugendlichen maßgebend ist.[597]

---

591 Nordemann, in Götting/Nordemann, § 5, Rn. 0.4; Bornkamm, in Köhler/Bornkamm, 29. Aufl., § 5, Rn. 1.12.

592 Bornkamm, in Köhler/Bornkamm, 29. Aufl., § 5, Rn. 1.8 ff; Götting, in Götting/Nordemann, Einleitung Rn. 22; Fezer, in Fezer UWG, Bd. 1, Einleitung Rn. 28.

593 Bornkamm, in Köhler/Bornkamm, 29. Aufl., § 5, Rn. 1.12.

594 RL 2005/29/EG, ABl. L 149/27 vom 11.06.2005.

595 RL 2005/29/EG, ABl. L 149/23 - 24 vom 11.06.2005.

596 RL 2006/114/EG, ABl. L 376/22 vom 27.12.2006.

597 Bornkamm, in Köhler/Bornkamm, 29. Aufl., § 5, Rn. 1.12, 1.13, 1.14; Nordemann, in Götting/Nordemann, § 5, Rn. 0.4, 0.6.

bb) Schutzgehalt

In § 5 UWG werden zur Täuschung der Marktteilnehmer geeignete Angaben für unlauter erklärt. Eine Angabe i.d.S. ist irreführend, wenn die gemachte Angabe in der Vorstellung des Adressaten nicht mit der Wirklichkeit übereinstimmt.[598]

Ob die geschäftliche Handlung des Werbenden irreführende Angaben enthält, bemisst sich am Empfängerhorizont[599] des Adressatenkreises[600], der je nach Schutzbedürftigkeit auch den sachlichen Schutzbereich des Irreführungsverbots selbst ausweiten kann[601], sodass eine Werbung, die für das allgemeine Publikum nicht irreführend wäre, sehr wohl gegenüber Kindern und/oder Jugendlichen den Irreführungstatbestand erfüllen könnte.[602]

b) § 5a UWG

aa) Umsetzung der RL 2005/29/EG

Mit dem neuen UWG wurde erstmals ein eigener Paragraph zu Irreführung durch Unterlassen eingeführt.[603] Die Einführung dieser Regelung diente der Umsetzung von Art. 7 RL 2005/29/EG.[604]

§ 5a Abs. 1 UWG ersetzt die bisherige Regelung des § 5 Abs. 2 S. 2 UWG a.F.[605] Die Regelungen in § 5a Abs. 2, 3 und 4 UWG sind ausweislich des Wortlauts ausschließlich auf den Bereich des Verhältnisses zwischen Unternehmern und Verbrauchern anwendbar. Aufgrund des Ursprungs aus RL 2005/29/EG ist lediglich für den Bereich des § 5 Abs. 1 UWG darauf zu achten, dass eine Auslegung im Unternehmer – Verbraucher – Verhältnis anhand der verbraucherschützenden RL 2005/29/EG vorgenommen wird, da § 5a Abs. 1 UWG auch im Verhältnis Unternehmer zu Unternehmer anwendbar ist.[606]

598 Sosnitza, in Piper/Ohly/Sosnitza, § 5, Rn. 107; Bornkamm, in Köhler/Bornkamm, 29. Aufl., § 5, Rn. 2.66.

599 Köhler, in WRP 2008, 700, 705.

600 Bornkamm, in Köhler/Bornkamm, 29. Aufl., § 5, Rn. 2.67; Sosnitza, in Piper/Ohly/Sosnitza, § 5, Rn. 114; Dreyer, in Harte-Bavendamm/Henning-Bodewig, § 5 B., Rn. 5; jeweils m.w.N. der st. Rspr.

601 Dreyer, in Harte-Bavendamm/Henning-Bodewig, § 5 B., Rn. 5.

602 Bornkamm, in Köhler/Bornkamm, 29. Aufl., § 5, Rn. 2.79.

603 Vgl. Peifer, in Fezer UWG, 2. Aufl., Bd. 2, § 5a, Rn. 1.

604 BT-Drucks. 16/10145, S. 25.

605 BT-Drucks. 16/10145, S. 25; krit. dazu: Bornkamm, in Köhler/Bornkamm, 29. Aufl., § 5a, Rn. 5, 6; Nordemann, in Götting/Nordemann, § 5a, Rn. 4.

606 Bornkamm, in Köhler/Bornkamm, 29. Aufl., § 5a, Rn. 6; Nordemann, in Götting/Nordemann, § 5a, Rn. 6.

bb) Schutzgehalt

§ 5a UWG schützt die Entscheidungsfreiheit der Verbraucher i.S.v. § 3 Abs. 2 UWG dadurch vor Irreführung durch Unterlassen, dass allgemein gem. § 5a Abs. 2 UWG eine Information nicht vorenthalten werden darf, die im konkreten Fall unter Berücksichtigung aller Umstände einschließlich der Beschränkung des Kommunikationsmittels wesentlich ist.[607] Die wesentlichen Informationspflichten des § 5a Abs. 2 UWG richten sich im Falle der direkten Aufforderung zum Kauf i.S.v. Art. 2 lit. i) RL 2005/29/EG, also insbesondere unter Angabe der Merkmale des Produkts und des Preises, nach § 5a Abs. 3 UWG.[608] Demnach kommen die engeren Voraussetzungen des § 5a Abs. 3 UWG erst zur Anwendung, wenn die Werbung derart gestaltet ist, dass der Verbraucher das Geschäft abschließen kann[609] und der Verbraucher gezielt beworben wird.[610]

Da § 5a Abs. 2-4 UWG der Umsetzung von Art. 7 RL 2005/29/EG dient, ist bei der Auslegung dieser heranzuziehen.[611] Daraus ergibt sich auch der eigentliche Sinn und Zweck der Norm, der in der ausreichenden Information und Transparenz[612] des Angebots, unter besonderer Beachtung der räumlichen und zeitlichen Beschränkung des verwendeten Kommunikationsmittels[613] zu sehen ist.[614]

Bei Werbung gegenüber Kindern und Jugendlichen ist weiter die Sichtweisenbestimmung gem. § 3 Abs. 2 S. 2 und 3 UWG zu beachten.[615] Für diese Verbrauchergruppe können sich aufgrund ihrer besonderen Schutzbedürftigkeit[616] besondere Informationspflichten ergeben, da hier, wegen der einfacheren Beeinflussbarkeit der Kinder und Jugendlichen[617], die Vorenthaltung wesentlicher die Entscheidungsfreiheit beeinflussender Informationen schneller zu einer Entscheidung hinsichtlich des Erwerbswunsches führen kann als bei Erwachsenen.

---

607 Vgl. § 5a Abs. 2 UWG.

608 Peifer, in Fezer UWG, 2. Aufl., Bd. 2, § 5a, Rn. 37; Bornkamm, in Köhler/Bornkamm, 29. Aufl., § 5a, Rn. 4.

609 Seichter, in Ullmann jurisPK UWG, § 5a, Rn. 49; Peifer, in Fezer UWG, 2. Aufl., Bd. 2, § 5a, Rn. 37.

610 Seichter, in Ullmann jurisPK UWG, § 5a, Rn. 64.

611 Dreyer, in Harte-Bavendamm/Henning-Bodewig, § 5a, Rn. 2.; Peifer, in Fezer UWG, 2. Aufl., Bd. 2, § 5a, Rn. 31, 36, 65.

612 Peifer, in Fezer UWG, 2. Aufl., Bd. 2, § 5a, Rn. 8, 36.

613 Peifer, in Fezer UWG, 2. Aufl., Bd. 2, § 5a, Rn. 32 – für alle Medien.

614 Peifer, in Fezer UWG, 2. Aufl., Bd. 2, § 5a, Rn. 31.

615 So auch Köhler, in WRP 2008, 700, 705.

616 Vgl. oben unter C. I. 2. a) cc).

617 Vgl. zur Beeinflussbarkeit oben unter B. I. 1. 4.

3. § 6 UWG

Die Regelung zur vergleichenden Werbung wurde im Rahmen der UWG-Novelle 2008 in § 6 UWG beibehalten. § 6 Abs. 3 UWG a.F. wurde gestrichen und der Wortlaut von § 6 Abs. 2 Nr. 3 UWG a.F. hat eine geringfügige Änderung erfahren[618], was beides der Umsetzung von Art. 14 Nr. 3 RL 2005/29/EG geschuldet war, der der Änderung der RL 84/450/EWG diente[619], die zwischenzeitlich von RL 2006/114/EG abgelöst worden ist.[620] Weiter hat das Merkmal des „Rufs" den der „Wertschätzung" in Abs. 2 Nr. 4 ersetzt.

Wie bereits im Rahmen der Entwicklung des UWG dargestellt[621], hat § 6 UWG seine Form maßgebend durch RL 97/55/EG bzw. der RL 84/450/EWG[622] erhalten und galt als in deren Sinne auszulegen.[623] Auch war ein Schutz der Verbraucher als Marktteilnehmer anerkannt.[624] Fraglich ist daher, ob durch die Umsetzung der verbraucherschützenden RL 2005/29/EG, im Gegensatz zu der gem. Art. 1 dem Schutz der Gewerbetreibenden dienenden RL 2006/114/EG, eine Änderung der Auslegungsgrundlage eingetreten ist, wenn die vergleichende Werbung an Kinder und Jugendliche gerichtet ist.

a) RL 2006/114/EG und RL 2005/29/EG

In der Literatur wird einheitlich von einer Auslegung der Regelung über vergleichende Werbung gem. § 6 UWG anhand der RL 2006/114/EG ausgegangen.[625] Der Grund dafür wird richtigerweise in den jeweiligen Erwägungsgründen[626], insbesondere 6, 8 und 9 der RL 2006/114/EG[627] sowie Erwägungsgrund 6 der RL 2005/29/EG[628] und dem sich daraus ergebenden Normzweck[629] gesehen.

---

618 Köhler, in Köhler/Bornkamm, 29. Aufl., § 6, Rn. 1.

619 BT-Drucks. 16/10145, S 28.

620 Müller-Bidinger, in Ullmann jurisPK UWG, § 6, Rn.6.

621 Vgl. oben B. I. 2. b).

622 RL 84/450/EWG, ABl. L. 250/17 vom 19.09.1984.

623 Müller-Bidinger, in Ullmann jurisPK UWG, § 6, Rn. 2; Köhler, in Köhler/Piper, § 2, Rn. 6; Koos, in Fezer UWG, Bd. 2, § 6, Rn. 12.

624 Koos, in Fezer UWG, Bd. 2, § 6, Rn. 14.

625 Koos, in Fezer UWG, 2. Aufl., Bd. 2, § 6, Rn. 14; Sack, in Harte-Bavendamm/Henning-Bodewig, § 6, Rn. 8; Müller-Bidinger, in Ullmann jurisPK UWG, § 6, Rn. 13; Köhler, in Köhler/Bornkamm, 29. Aufl., § 6, Rn. 9; ders., in GRUR 2009, 626, 630 – Fn. 26.

626 Müller-Bidinger, in Ullmann jurisPK UWG, § 6, Rn. 13; Ohly, in Piper/Ohly/Sosnitza, § 6, Rn. 10.

627 Erwägungsgründe 6, 8 und 9, in RL 2006/114/EG, ABl. L 376/21 vom 27.12.2006.

628 Erwägungsgrund 6, RL 2005/29/EG, ABl. L 149/23 vom 11.06.2005.

Dies geht insbesondere aus den Erwägungsgründen in 6 hervor.[630] Dieser bestimmt in Satz 2 die Notwendigkeit der einheitlichen Regelungen bezüglich Form und Inhalt der vergleichenden Werbung und deren Harmonisierungsbedürfnis. Die Anwendung von RL 2006/114/EG für vergleichende Werbung ergibt sich auch aus RL 2005/29/EG.[631] In Erwägungsgrund 6 Satz 4[632] legt der Gemeinschaftsgesetzgeber fest, dass diese Richtlinie nicht die Bestimmungen über vergleichende Werbung berührt.

Weiter wird in Art. 3 Abs. 1 der Anwendungsbereich der RL 2005/29/EG auf unlautere Geschäftspraktiken im Sinne des Art. 5 von Unternehmern gegenüber Verbrauchern festgelegt. Dieser führt selbst keine explizite Regelung bezüglich vergleichender Werbung auf, sodass unter Beachtung des Erwägungsgrundes 6 diese auch nicht unter Art. 5 Abs. 2 RL 2005/29/EG zu subsumieren ist.

b) Schutzintensität

Letztlich bleibt zu fragen, ob dadurch, dass nicht die verbraucherschützende RL 2005/29/EG, sondern eine die Gewerbetreibenden schützende RL 2006/114/EG als Auslegungsgrundlage für eine vergleichende Werbung gegenüber Kindern und Jugendlichen als Verbrauchergruppen herangezogen werden muss, eine zu geringe Schutzqualität besteht.

Hierzu sind erneut die Erwägungsgründe der RL 2006/114/EG zu bemühen. Aus Erwägungsgrund 8 geht die Vorstellung des Richtliniengebers hervor, dass eine vergleichende Werbung, sofern sie „wesentliche, relevante, nachprüfbare und typische Eigenschaften vergleicht und nicht irreführend ist, ein zulässiges Mittel zur Unterrichtung der Verbraucher über ihre Vorteile“[633] sein kann. Weiter führt der Richtliniengeber in den Erwägungsgründen 3 und 4 aus, dass die unzulässige vergleichende Werbung zur Verfälschung des Binnenmarkts geeignet ist und diese Werbung, unabhängig von einem Vertragsschluss, auch die wirtschaftlichen Interessen der Verbraucher berührt.[634]

---

629 Köhler, in Köhler/Bornkamm, 29. Aufl., § 6, Rn. 11; Koos, in Fezer UWG, 2. Aufl., Bd. 2, § 6, Rn. 14.

630 RL 2006/114/EG, ABl. L 376/21 vom 27.12.2006.

631 RL 2005/29/EG, ABl. L 149/22 vom 11.06.2005.

632 RL 2005/29/EG, ABl. L 149/23 vom 11.06.2005.

633 RL 2006/114/EG, ABl. L 376/21 vom 27.12.2006.

634 RL 2006/114/EG, ABl. L 376/21 vom 27.12.2006.

Folglich sieht der Richtliniengeber eine mittelbare Schutzwirkung von Regelungen über vergleichende Werbung zugunsten der Verbraucher.[635] Des Weiteren ist bei einer an einen Verbraucher gerichteten Werbung das vom EuGH[636] entwickelte Verbraucherleitbild heranzuziehen, sodass im Falle der Zielgruppe der Kinder und Jugendlichen[637] sich die vergleichende Werbung aus der Sicht dieses Verbrauchertypus beurteilen lassen muss.

Durch die Anwendung des Verbraucherleitbildes auf diese bestimmte Zielgruppe ist nicht von einer verminderten Schutzintensität für Kinder und Jugendliche vor vergleichender Werbung auszugehen, sodass diese auch durch die Regelung zur vergleichenden Werbung geschützt werden können, da auch die Verbraucher vom persönlichen Schutzbereich umfasst sind.[638]

4. § 4 UWG

§ 4 UWG gibt mehrere Beispiele für unlautere geschäftliche Handlungen. Dabei wird allerdings nicht mehr ausdrücklich auf Kinder und oder Jugendliche eingegangen.

Der Schutz dieser Gruppen kann sich jedoch aus den verschiedenen Beispielstatbeständen ergeben.[639] Anzumerken ist in Bezug auf § 4 UWG, dass er in Anwendungsfällen in die Prüfung von § 3 UWG eingebettet ist und u.a. dessen Prüfung inhaltlich ausfüllt.[640]

In Bezug auf geschäftliche Handlungen, die Kindern und Jugendlichen gegenüber vorgenommen werden, ist § 4 Nr. 2 UWG der einzige Tatbestand, der sich auf diese durch das Tatbestandsmerkmal des Alters und der geschäftlichen Unerfahrenheit bezieht.

Andere Tatbestände des § 4 UWG, die ebenfalls ein Schutz für Kinder und Jugendliche zu geben vermögen, sind insbesondere Nr. 1, 3, 4, 5, 6 und 11. Insbesondere sind bei der Anwendung und Auslegung von § 4 Nr. 1 und 2 UWG die Regelungen über aggressive Geschäftspraktiken gem. Art. 8 und 9 über Be-

---

635 Sack, in Harte-Bavendamm/Henning-Bodewig, § 6, Rn. 5; Koos, in Fezer UWG, 2. Aufl., Bd. 2, § 6, Rn. 16; Köhler, in Köhler/Bornkamm, 29. Aufl., § 6, Rn. 11.

636 EuGH Urt. v. 16.07.1998 – C-210/96, in GRUR Int 1998, 795 - „Gut Springenheide“.

637 EuGH Urt. v. 16.05.1989 – Rs. 382/87, in Slg. 1989, 1235 „Buet“; Köhler, in Köhler/Bornkamm, 29. Aufl., Einl. UWG, Rn. 3.29, § 1, Rn. 25.

638 Sack, in Harte-Bavendamm/Henning-Bodewig, § 6, Rn. 5; Koos, in Fezer UWG, 2. Aufl., Bd. 2, § 6, Rn. 16; Köhler, in Köhler/Bornkamm, 29. Aufl., § 6, Rn. 11.

639 Köhler, in Köhler/Bornkamm, 29. Aufl., § 4, Rn. 0.3; Götting, in Götting/Nordemann, § 4, Rn. 0.4; Böhler, in WRP 2011, 1028.

640 Boesche, § 9, Rn. 318; Lettl, § 4, Rn. 4.

lästigung, Nötigung und unzulässige Beeinflussung gem. Art. 9 RL 2005/29/EG[641] zu berücksichtigen.[642]

a) § 4 Nr. 2 UWG

Der bisherige § 4 Nr. 2 UWG erfuhr im Rahmen der UWG-Novellierung 2008 eine Änderung bezüglich des Wortlauts, jedoch solle dies keine inhaltliche Änderung bedeuten.[643] Die Bezugnahme auf Kinder und Jugendliche wurde gestrichen, um Auslegungsproblemen des Begriffs „Kind" aus dem Weg zu gehen.[644] Der Begriff des Kindes in Nr. 28 des Anhangs sei gemeinschaftsrechtlicher Natur[645] und durch die Streichung der Begriffe „Kind" und „Jugendlicher" sollte verhindert werden, dass die Begriffe an beiden Stellen nach deutschem Recht bzw. unterschiedlich ausgelegt werden.[646] Wie das Verständnis i.S.d. Gemeinschaftsrechts für den Begriff des Kindes unter Berücksichtigung der funktionalen Auslegung ergründet werden kann, wurde bereits diskutiert.[647] Gem. § 4 Nr. 2 UWG handelt unlauter, wer geschäftliche Handlungen vornimmt, die geeignet sind, geistige oder körperliche Gebrechen, das Alter, die geschäftliche Unerfahrenheit, die Leichtgläubigkeit, die Angst oder die Zwangslage von Verbrauchern auszunutzen.

Statt der Bezugnahme auf Kinder und Jugendliche bildet in § 4 Nr. 2 UWG das Alter als Tatbestandsmerkmal eine Alternative zu den genannten Begriffen. Das Alter ist hier allerdings auf alle Altersgruppen anzuwenden, die vom Typus

---

641 RL 2005/29/EG, ABl. L 149/29 vom 11.06.2005.

642 BT-Drucks. 16/10145, S. 18; Böhler, in WRP 2011, 1028, 1029; Köhler, in Köhler/Bornkamm, 29. Aufl., § 4, Rn. 2. 3.

643 BT-Drucks. 16/10145, S. 22, 43; Späth, in Götting/Nordemann, § 4 Nr. 2, Rn. 2.2; Boesche, § 9, Rn. 326; Köhler, in Köhler/Bornkamm, 29. Aufl., § 4, Rn. 2.1; Fuchs, in WRP 2009, 255, 256; Stuckel, in Harte-Bavendamm/Henning-Bodewig, § 4 Nr. 2, Rn. 14; Sosnitza, in Piper/Ohly/Sosnitza, § 4.2, Rn. 2/3.

644 BT-Drucks. 16/10145, S. 22; Köhler, in WRP 2009, 109, 113; Boesche, § 9, Rn. 326; Sosnitza, in Piper/Ohly/Sosnitza, § 4 Nr. 2, Rn. 2/3; Seichter, in Ullmann jurisPK UWG, § 4 Nr. 2, Rn. 3.

645 BT-Drucks. 16/10145, S. 34; zustimmend Wirtz, in Götting/Nordemann, § 3, Rn. 144; Köhler, in Köhler/Bornkamm, 29. Aufl., Anh zu § 3 Abs. 3, Rn. 28.5; Sosnitza, in Piper/Ohly/Sosnitza, § 4 Nr. 2, Rn. 2/3.

646 BT-Drucks. 16/10145, S. 22; Mankowski, in WRP 2007, 1398, 1399; Boesche, § 9, Rn. 326; Scherer, in WRP 2008, 430, 432; Köhler, in Köhler/Bornkamm, 29. Aufl., § 4, Rn. 2.1; ders., in WRP 2008, 700, 701; Stuckel, in Harte-Bavendamm/Henning-Bodewig, § 4 Nr. 2, Rn. 14; BT-Drucks. 16/10145, 43; Fuchs, in WRP 2009, 255, 256.

647 Vgl. dazu oben C. II. 1.

des Durchschnittsverbrauchers abweichen, so auch Kinder und Jugendliche.[648] Das Alter als Tatbestandsmerkmal ist mit dem Tatbestandsmerkmal der geschäftlichen Unerfahrenheit zu lesen.[649]

Diese liegt vor, wenn „eine Person nicht die Erfahrung im Geschäftsleben hat, die bei einem durchschnittlich informierten, aufmerksamen und verständigen Verbraucher zu erwarten ist und die es ihm ermöglichen würde, die rechtliche und wirtschaftliche Bedeutung einer Handlung zu erfassen und kritisch zu bewerten".[650] Dass eine geschäftliche Unerfahrenheit bei Kindern und Jugendlichen anzunehmen ist, wird allgemein bejaht.[651] Aufgrund des individualistischen Ansatzes der Norm, die auf die konkreten Betroffenen abstellt[652], ist die geschäftliche Unerfahrenheit dennoch im Einzelfall zu prüfen, da insbesondere bei Jugendlichen ein altersbedingter, unterschiedlicher Grad der Unerfahrenheit bzw. Erfahrenheit vorliegen kann.[653] Daher lautet die Frage, die maßgeblich für die Entscheidung bezüglich der Unerfahrenheit ist, ob der Durchschnittsminderjährige i.S.v. § 3 Abs. 2 S. 2 UWG, abhängig von der Zielrichtung der Werbung ggf. Abs. 2 S. 3, der jeweiligen im Einzelfall zu prüfenden Altersgruppe, in der Lage ist, die angebotene Ware bezüglich ihrer wirtschaftlichen Bedeutung, Preiswürdigkeit und finanziellen Belastung hinreichend zu überblicken.[654] Die Beantwortung dieser Frage ist im Hinblick auf jeden Einzelfall und dessen Sachverhalt zu beurteilen.

Auch das Tatbestandsmerkmal der Leichtgläubigkeit ist auf Kinder und Jugendliche anzuwenden, wird jedoch häufig mit dem der geschäftlichen Unerfahrenheit zusammenfallen.[655] Leichtgläubigkeit liegt vor, wenn der Verbraucher aufgrund mangelndem Urteilsvermögens nicht in der Lage ist, die Vor- und

---

648 Köhler, in Köhler/Bornkamm, 29. Aufl., § 4, Rn. 2.22; Stuckel, in Harte-Bavendamm/Henning-Bodewig, § 4 Nr. 2, Rn. 16 f.; Boesche, § 9, Rn. 326.

649 Späth, in Götting/Nordemann, § 4, Rn. 2.53; ähnlich Köhler, in Köhler/Bornkamm, 29. Aufl., § 4, Rn. 2.22.

650 Köhler, in Köhler/Bornkamm, 29. Aufl., § 4, Rn. 2.23; ders., in FS Ullmann 2006, 685, 687; Heermann, in MüKo-UWG, Bd. 1, § 4 Nr. 2, Rn. 3; Späth, in Götting/Nordemann, § 4 Nr. 2, Rn. 2.28.

651 OLG Nürnberg Urt. v. 22.07.2003 – 3 U 1036/03, in GRUR-RR 2003, 315, 316 – „Sparkassenwerbung"; OLG München Urt. v. 13.07.2000 – 6 U 1791/00, in WRP 2000, 1321, 1323 – „Gewinnspiel Spielwarengeschäft"; Köhler, in Köhler/Bornkamm, 29. Aufl., § 4, Rn. 2.24.

652 Köhler, in Köhler/Bornkamm, 29. Aufl., § 4, Rn. 2.15, 2.23.

653 Späth, in Götting/Nordemann, § 4, Rn. 2.38; Köhler, in FS Ullmann 2006, 685, 691; Böhler, in WRP 1028, 1030; Sosnitza, in Piper/Ohly/Sosnitza, § 4 Nr. 2, Rn. 2/8.

654 Späth, in Götting/Nordemann, § 4, Rn. 2.41.

655 Köhler, in Hefermehl/Köhler/Bornkamm, 27. Aufl., § 4, Rn. 2.14; ähnlich Späth, in Götting/Nordemann, § 4 Nr. 2, Rn. 2.51.

Nachteile eines Geschäfts richtig einzuschätzen und gegeneinander abzuwägen oder die Eigenschaften eines Produkts zu beurteilen und aus diesem Grund geneigt ist, den Behauptungen des Werbenden ungeprüft Glauben zu schenken[656] (s. auch Rspr. Beispiele unter B.I.).

Obwohl keine inhaltliche Änderung von § 4 Nr. 2 UWG beabsichtigt war, könnte nicht ohne weiteres in Bezug auf dessen generelle Auslegung und Wirkung auf die bisherige ausführliche Literatur und Rechtsprechung zu verweisen sein, da § 4 Nr. 2 UWG im Lichte der RL 2005/29/EG zu sehen ist.[657]

aa) Systematische Stellung und Normierungsberechtigung

Fraglich ist jedoch, ob in Hinblick auf die anvisierte Vollharmonisierung des Lauterkeitsrechts[658] der europäischen Mitgliedsstaaten, diese Norm eine Berechtigung in der deutschen Umsetzung hat und wie diese Norm in das Gefüge der Vollharmonisierung einzuordnen ist.

Grund dafür ist, dass die die Vollharmonisierung verfolgende RL 2005/29/EG[659] bis auf Anhang Nr. 28 keine spezielle Regelung für geschäftliche Handlungen gegenüber Kindern und Jugendlichen als besondere Verbrauchergruppen vorsieht. Andere Mitgliedsstaaten haben im Gegensatz zur deutschen Umsetzung keinen solchen Tatbestand in ihre Umsetzungen aufgenommen.[660]

Die Gesetzesbegründung zum neuen UWG erkennt zwar an, dass die RL 2005/29/EG keinen besonderen Tatbestand für besonders schutzbedürftige Verbraucher normiert, begründet aber die Beibehaltung dieser Norm mit der ausdrücklichen Erwähnung von besonders schutzbedürftigen Verbrauchergruppen in der RL 2005/29/EG und des daraus abgeleiteten besonderem Anliegen des Richtliniengebers.[661]

In der Literatur wird zum Teil die Ansicht vertreten, dass es dieser Norm nicht mehr bedürfe[662] oder sie im Wege einer, prinzipiell zulässigen[663], richtli-

656 Köhler, in Köhler/Bornkamm, 29. Aufl., § 4, Rn. 2.48, ähnlich Späth, in Götting/Nordemann, § 4, Rn. 2.51.

657 Köhler, in Köhler/Bornkamm, 29. Aufl., § 4, Rn. 1.7.

658 RL 2005/29/EG, ABl. L 149/23 vom 11.06.2005, Erwägungsgründe 6, 7; Köhler, in WRP 2010, 1293, 1294; Fezer, in WRP 2010, 677, 680.

659 Artt. 1, 3 RL 2005/29/EG, ABl. L 149/26 f. vom 11.06.2005, Erwägungsgrund 6; Köhler, in Köhler/Bornkamm, 29. Aufl., Einl. 3.56.

660 Späth, in Götting/Nordemann, § 4 Nr. 2, Rn. 2.9 zählt hier z.B. Großbritannien, Malta und Österreich auf.

661 BT-Drucks. 16/10145, S. 22.

662 Böhler, in WRP 2011, 1028, 1030; Späth, in Götting/Nordemann, § 4 Nr. 2, Rn. 2.10 ff.

nienkonformen Reduktion einschränkend anzuwenden ist und zwar nur auf Fälle der Ausnutzung von Angst und der Zwangslage anwendbar sei.[664] Zur Begründung wird zum einen angeführt, dass die vor einigen Jahren vom BGH in diesem Zusammenhang entschiedenen Fälle[665] nach dem neuen UWG entweder über § 5a Abs. 2 i.V.m § 3 Abs. 2 UWG oder nach § 4 Nr. 1 UWG[666] zu lösen wären. Und zum anderen werde die dogmatische Stringenz verwässert, da auch die bisherige Funktion der Herabsetzung der Sichtweise bestimmter Verbrauchergruppen nicht mehr dieser Norm bedürfe. Diese Funktion erfülle nun § 3 Abs. 2 UWG[667] und oder § 4 Nr. 1 UWG.[668] Die von *Köhler* vorgeschlagene richtlinienkonforme Reduktion geht darauf zurück, dass seiner Auffassung nach § 4 Nr. 2 UWG mit den Tatbestandsmerkmalen der Ausnutzung der geschäftlichen Unerfahrenheit hinter den Regelungen der Artt. 5 Abs. 3 S. 1, 8 RL 2005/29/EG zurückbliebe, da diese nur die Beeinflussung des wirtschaftlichen Verhaltens als Maßstab setzen und das Tatbestandsmerkmal der geschäftlichen Unerfahrenheit nicht enthalten ist.[669]

Meines Erachtens fügt sich die Norm an sich in das Gebilde der Vollharmonisierung in Übereinstimmung mit der Gesetzesbegründung ein. Aus den Erwägungsgründen 3 – 6 geht insbesondere das Ziel der Vollharmonisierung im Bereich des Verbraucherschutzes hervor, das ein einheitliches Schutzniveau im Binnenmarkt herstellen soll.[670] Durch die Aufnahme bzw. Beibehaltung von § 4 Nr. 2 UWG ist keine Erhöhung des Schutzniveaus zu befürchten, die eine Vollharmonisierung vereiteln könnte. § 4 Nr. 2 UWG stellt lediglich die von dem Richtliniengeber als besonders schutzbedürftig erachteten Verbrauchergruppen ausdrücklich heraus und verlangt eine Ausnutzung der die Schutzbedürftigkeit begründenden persönlichen Umstände. Trotz nicht ausdrücklicher Normierung in der RL 2005/29/EG findet sich der Schutzzweck von § 4 Nr. 2 UWG, unter Beachtung von Art. 5 Abs. 3, u.a. in Art. 6 Abs. 1 und Art. 8 der RL 2005/29/EG wieder. Daher schließt § 4 Nr. 2 UWG die sprachli-

---

663 BGH Urt. v. 26.11.2008 – VIII ZR 200/05, in NJW 2009, 427, 428 f.; Roth, in Riesenhuber, § 14, Rn. 30.

664 Köhler, in Köhler/Bornkamm, 29. Aufl., § 4, Rn. 2.5.

665 BGH Urt. v. 06.04.2006 – I ZR 125/03, in WRP 2006, 885 – „Handy-Klingeltöne; BGH Urt. v. 12.07.2007 – I ZR 82/05, in WRP 2008, 214 – „Tony Taler"; BGH Urt. v. 17.07.2008 – I ZR 160/05, in GRUR 2009, 71 – „Schoko-Riegel"; BGH Urt. v. 22.09.2005 – I ZR 28/03, in GRUR 2006, 161 – „Zeitschrift mit Sonnenbrille".

666 Späth, in Götting/Nordemann, § 4 Nr. 2, Rn. 2.10.

667 Späth, in Götting/Nordemann, § 4 Nr. 2, Rn. 2.12.

668 Böhler, in WRP 2011, 1028, 1030.

669 Köhler, in Köhler/Bornkamm, 29. Aufl., § 4, Rn. 2.5; ders., in GRUR 2010, 767, 772 f.

670 RL 2005/29/EG, ABl. L 149/22 f. vom 11.06.2005.

che Lücke zwischen die an den Durchschnittsverbraucher ausgerichteten Tatbeständen zu den besonders Schutzbedürftigen, ohne das Schutzniveau mit Blickrichtung auf die Vollharmonisierung zu erhöhen.

Gleichwohl könnte es sein, dass eine Streichung des § 4 Nr. 2 UWG keine Schutzlücke für besonders schutzbedürftige Verbrauchergruppen hinterlassen würde, da diese gleich effektiv unter Beibehaltung der entwickelten Grundsätze der Rechtsprechung und insbesondere unter Anwendung von § 4 Nr. 1 i.V.m. § 3 Abs. 2 S. 3, Abs. 1 UWG Schutz fänden[671], da diese dem § 4 Nr. 2 gleich richtlinienkonform auszulegen sind.

Um diese These überprüfen zu können, bedarf es jedoch einer Untersuchung der maßgeblichen Tatbestände der RL 2005/29/EG, welche für die Umsetzung von § 4 Nr. 1 und 2 UWG verantwortlich zeichnen.

bb) Richtlinienkonforme Auslegung

Bei der Anwendung des § 4 Nr. 2 UWG ist aufgrund der fehlenden Parallele[672] in der RL 2005/29/EG die Auslegung[673] im Sinne der Artt. 5 Abs. 3, 8, 9 RL 2005/29/EG zu beachten. Insbesondere Artt. 8, 9 dienten auch der Umsetzung von § 4 Nr. 1 UWG.[674]

aaa) Art. 8 RL 2005/29/EG

Art. 8 RL 2005/29/EG[675] zufolge gilt eine Geschäftspraxis als aggressiv, wenn sie im konkreten Fall unter Berücksichtigung aller tatsächlichen Umstände die Entscheidungs- oder Verhaltensfreiheit des Durchschnittsverbrauchers in Bezug auf das Produkt durch Belästigung, Nötigung, einschließlich der Anwendung von körperliche Gewalt, oder durch unzulässige Beeinflussung tatsächlich oder voraussichtlich erheblich beeinträchtigt und dieser dadurch tatsächlich oder voraussichtlich dazu veranlasst wird, eine geschäftliche Entscheidung zu treffen, die er andernfalls nicht getroffen hätte.

Bei der Auslegung des § 4 Nr. 2 UWG ist insbesondere auf das Tatbestandsmerkmal der unzulässigen Beeinflussung des Art. 8 RL 2005/29/EG zu achten, da die Ausnutzung der Merkmale des Alters und der geschäftlichen Unerfahrenheit als Unterfall der unzulässigen Beeinflussung angesehen werden

671 Übereinstimmend mit Böhler, in WRP 2011, 1028, 1030; Späth, in Götting/Nordemann, § 4 Nr. 2, Rn. 2.10; Köhler, in Köhler/Bornkamm, 29. Aufl., § 4, Rn. 2.5.

672 BT-Drucks. 16/10145, S. 22.

673 Köhler, in Köhler/Bornkamm, 29. Aufl., § 4, Rn. 2.3; ders., in WRP 2009, 109, 113; Böhler, in WRP 2011, 1028, 1030.

674 BT-Drucks. 16/10145, S. 18.

675 RL 2005/29/EG, ABl. L 149/29 vom 11.06.2005.

kann.[676] Die unzulässige Beeinflussung ist in Art. 2 lit. j)[677] definiert, und zwar als Ausnutzung einer Machtposition gegenüber dem Verbraucher zur Ausübung von Druck, auch ohne die Anwendung oder Androhung von körperlicher Gewalt, in einer Weise, die die Fähigkeit des Verbrauchers zu einer informierten Entscheidung wesentlich einschränkt. Mangels näherer Erläuterung des Begriffes der Machtposition ist die Bedeutung durch Auslegung zu ermitteln.

Dem Wortlaut nach könnte ein enges Verständnis der Machtposition vorliegen, da eine Machtposition in Beherrschungs- und bereits bestehenden Verhältnissen im Sinne einer autoritären[678] Über-Unterordnung[679] vorgefunden werden kann.

Ein Beherrschungsverhältnis kann meines Erachtens im Markt den Verbrauchern gegenüber lediglich in Bezug auf den Wissensvorsprung um die beworbene Ware oder Dienstleistung bestehen und wäre demnach nicht mit einem originären Beherrschungsverhältnis gleichzusetzen. Weiter setzt die Ansprache durch Werbung kein bereits bestehendes ökonomisches Verhältnis zwischen Werbenden und Beworbenen voraus, sodass diese Ansätze nicht zur Auslegung dienen können. Eine enge Auslegung würde demnach den Anwendungsbereich zu sehr einschränken.[680]

Auch die Fassungen der RL 2005/29/EG auf englischer und französischer Sprache gehen von einer „position of power"[681], bzw. von „position de force"[682] aus, sodass daraus auch keine weiteren Rückschlüsse gezogen werden können, da die Formulierung gleichbedeutend der deutschen Formulierung ist.

Eine teleologische Auslegung könnte dagegen erfolgversprechend sein. Dabei sind insbesondere die Schutzrichtung der Art. 5 Abs. 2 und 3 sowie die Erwägungsgründe 16-19 der RL 2005/29/EG[683] zu beachten. Diese sehen einen sehr weitgreifenden Schutz der Verbraucher im Allgemeinen und insbesondere der besonders schutzbedürftigen Verbraucher vor. Dieser Schutzgedanke hat auch seinen Niederschlag in Art. 5 Abs. 2 und 3 sowie im Anhang zu Art. 5 Abs. 5 gefunden. Es wäre in Anbetracht dessen nicht nachvollziehbar, eine aggressive Geschäftspraktik gem. Art. 8 unter Rückgriff auf Art. 2 lit. j) gegenüber besonders schutzbedürftigen Verbrauchern eng auszulegen, zumal

---

676 Köhler, in Köhler/Bornkamm, 29. Aufl., § 4, Rn. 2.3 und 2.5; Böhler, in WRP 2011, 1028, 1030.

677 RL 2005/29/EG, ABl. L 149/26 vom 11.06.2005.

678 Vgl. Steinbeck, in WRP 2008, 865, 866.

679 Hecker, in WRP 2006, 640, 643.

680 So auch Glöckner/Henning-Bodewig, in WRP 2005, 1311, 1333.

681 RL 2005/29/EG, ABl. L 149/26 [EN] vom 11.06.2005.

682 RL 2005/29/EG, ABl. L 149/25 [FR] vom 11.06.2005.

683 RL 2005/29/EG, ABl. L. 149/25 vom 11.06.2005.

andere aggressive Geschäftspraktiken des Anhangs zu Art. 5 Abs. 5 bereits ohne Wertungsvorbehalt unzulässig sind. Demnach ist die Machtposition weit auszulegen[684], sodass darunter die Absicht des Werbenden zu verstehen sein sollte, den Verbraucher mit Überlegenheit gegenüber zu treten.[685]

bbb) Art. 5 Abs. 3 RL 2005/29/EG

Weiter ist neben und im Zusammenhang mit Art. 8 auch Art. 5 Abs. 3 RL 2005/29/EG bei der richtlinienkonformen Auslegung heranzuziehen.[686] Unter Anwendung der Sichtweisenbestimmung gem. Art. 5 Abs. 3 ist auch das Verständnis bezüglich der Tatbestandsmerkmale des Art. 8 aus Sicht eines durchschnittlichen Mitglieds der angesprochenen Verbrauchergruppe zu betrachten[687], hier eines Kindes und oder eines Jugendlichen. Auch ist Art. 5 Abs. 3 S. 1 heranzuziehen, an dem sich das Merkmal des Ausnutzens richtlinienkonform orientieren muss.[688]

ccc) Schlussfolgerung

Aus dem Zusammenspiel von Art. 5 Abs. 3 und Art. 8 der RL 2005/29/EG ergibt sich das weite Verständnis des Anwendungsbereichs der unzulässigen Beeinflussung gegenüber Kindern und Jugendlichen. Insbesondere die Machtposition kann in jeder Art der Überlegenheit bestehen, sei es der Autorität aus einer Vertrauensstellung, dem Wissensvorsprung bezüglich des Produkts und einer eventuellen finanziellen Belastung.[689] Als Beispiel für eine Kombination aus Wissensvorsprung bezüglich des Produkts und der eventuellen finanziellen Belastung ist der Fall denkbar, dass ein Spielzeug, welches dazu bestimmt ist mit Zusatzequipment ausgestattet zu werden, in der „Grundausstattung" im Vergleich zu der separat zu erwerbenden Ausstattung günstig und die spätere Ausstattung vergleichsweise teuer ist.

Demnach lässt sich für die Auslegung von § 4 Nr. 1 und 2 UWG anhand der Artt. 5 Abs. 3, 8, 9, 2 lit. j) RL 2005/29/EG sagen, dass eine aggressive Geschäftspraktik vorliegt, wenn sie unter Gesamtwürdigung aller Umstände, durch

684 Steinbeck, in WRP 2008, 865, 866; Hecker, in WRP 2006, 640, 642; Köhler, in WRP 2008, 700, 706.

685 Ähnlich Hecker, in WRP 2006, 640, 642; Köhler, in Köhler/Bornkamm, 29. Aufl., § 4, Rn. 2.3.

686 BT-Drucks. 16/10145, S. 22; Köhler, in Köhler/Bornkamm, 29. Aufl., § 4, Rn. 2.3.

687 Köhler, in WRP 2008, 700, 705.

688 So auch Böhler, in WRP 2011, 1028, 1029.

689 Steinbeck, in WRP 2008, 865, 866; Köhler, in WRP 2008, 700, 706; Böhler, in WRP 2011, 1028, 1030.

Ausnutzung einer Überlegenheit zur Ausübung von Druck, die Fähigkeit des Minderjährigen zu einer informierten Entscheidung wesentlich einschränkt und zumindest voraussichtlich die Entscheidungsfreiheit des Minderjährigen erheblich beeinträchtigt und der Minderjährige dadurch zumindest voraussichtlich dazu veranlasst wird, eine geschäftliche Entscheidung zu treffen, die er andernfalls nicht getroffen hätte.

Da sich sowohl § 4 Nr. 2 UWG und § 4 Nr. 1 UWG an den gleichen europarechtlichen Vorgaben messen lassen müssen, kann es für die Rechtsanwendung dahinstehen, nach welcher UWG-Norm der Minderjährigenschutz erfolgt.[690]

Meiner Auffassung nach, sollte jedoch § 4 Nr. 2 UWG wegen der ausdrücklichen Nennung der aufgrund des Alters besonders schutzbedürftigen Verbraucher[691] nicht auf die Ausnutzung der Angst oder Zwangslage reduziert werden, sondern weiterhin unter Beachtung der oben aufgezeigten Auslegung Anwendung auf Sachverhalte finden, bei denen sich aggressive Geschäftspraktiken bewusst[692] an Minderjährige richten. Dabei könnte auch in Anbetracht der auslegungstechnischen Identität und der Bezugnahme auf besonders schutzbedürftige Verbraucher von einer Konkurrenz zugunsten des § 4 Nr. 2 UWG ausgegangen werden.

cc) Rechtsprechungskriterien zu § 4 Nr. 2 UWG und richtlinienkonforme Auslegung

Im Rahmen der Prüfung von § 3 Abs. 3, Anhang Nr. 28 UWG wurde die Feststellung getroffen, dass die Rechtsprechung die Zulässigkeit von „Mitmach-Sammel-Aktionen“ anhand von § 4 Nr. 2 UWG überprüfen müsste, sofern sie darin keine unmittelbare Aufforderung zum Kauf sieht.

Unter Beibehaltung der vom BGH[693] herausgearbeiteten Kriterien für ähnliche Aktionen, wie die von Ferrero zu der FIFA-Weltmeisterschaft 2010[694], könnte eine Ausnutzung der geschäftlichen Unerfahrenheit von Kindern und Jugendlichen vorliegen. Das Kriterium der finanziellen Belastung[695], das in dem Urteil nicht zur Unzulässigkeit führte, könnte die Rechtsprechung in diesem Fall zu einem anderen Urteil kommen lassen. Denn eine Packung „Kinder Country“ mit neun Schokoriegeln, sowie eine Packung „Kinder Bueno“ mit sechs Riegeln

---

690 So auch Köhler, in Köhler/Bornkamm, 29. Aufl., § 4, Rn. 2.7.

691 § 4 Nr. 2 als lex specialis gegenüber § 4 Nr. 1: Stuckel, in Harte-Bavendamm/Henning-Bodewig, § 4 Nr. 2, Rn. 1; Steinbeck, in Fezer UWG, 2. Aufl., Bd. 1, § 4-1, Rn. 7; Götting, in Götting/Nordemann, § 4 Nr. 2, Rn. 2.14.

692 Peifer, § 3, Rn. 73.

693 BGH Urt. v. 17.07.2008 – I ZR 160/05, in GRUR 2009, 71, – “Schoko-Riegel”.

694 Anhang 1 Abbildung Nr. 2 und 3.

695 BGH Urt. v. 17.07.2008 – I ZR 160/05, in GRUR 2009, 71, 73 [18] – “Schoko-Riegel”.

kosten durchschnittlich zwischen ca. 1,50 € und 1,98 €. Auf diesen waren jeweils zwei Sammelpunkte abgebildet. Demnach wurden 23 Packungen für das „DFB-Fan-Cap“ (die Prämie, für die die geringste Anzahl von Sammelpunkten erforderlich ist) benötigt.

Daraus folgt, dass für diese Prämie zwischen 34,50 € und 45,54 € aufgewendet werden mussten. Dafür erhielt der Käufer 207 „Kinder Country“-Riegel bzw. 138 „Kinder Bueno“. In dem dem Urteil des BGH zugrundeliegenden Sachverhalt bedurfte es 25 Schokoriegel im Wert von 10 € für einen 5 €-Gutschein von amazon.de.[696]

Ob dieser deutlich höhere Betrag sich nach Ansicht des BGH noch innerhalb des finanziellen Bewegungsspielraums von Kindern hält, kann hier nicht abschließend beurteilt werden. Dies darf aber bezweifelt werden, zumal hier im Vergleich zu den 10 € eine Steigerung von ca. 300% vorliegt. Des Weiteren war der Aktionszeitraum knapp zwei Monate kürzer als der des vom BGH zu entscheidenden Falls.

Daher läge meines Erachtens auch im Falle der Nichtanerkennung der unmittelbaren Aufforderung zum Kauf eine Ausnutzung der geschäftlichen Unerfahrenheit gem. § 4 Nr. 2 UWG und mithin eine Unzulässigkeit der Aktion vor.

Das Ergebnis der Unzulässigkeit wird auch von der weiten richtlinienkonformen Auslegung[697] gem. Artt. 8, 2 lit. j), 5 Abs. 3 RL 2005/29/EG getragen. Durch die Werbung wird das Verlangen des Minderjährigen nach den Prämien hervorgerufen. Der Werbende tritt dem Minderjährigen in Kenntnis der finanziell nötigen Aufwendungen für die Prämien im geschäftlichen Verkehr gegenüber, die ein Kind oder junger Jugendlicher bei dem Erwerb der Sammelpackung häufig noch nicht abschließend überblicken können wird. Unter Beachtung der Unerfahrenheit von Minderjährigen im geschäftlichen Verkehr, der Sammelleidenschaft[698] und dem Verlangen nach den Prämien, ist die geschäftliche Handlung des Werbenden auch geeignet die Entscheidungsfreiheit der besonders schutzbedürftigen Verbrauchergruppe erheblich zu beeinträchtigen. Dieses Ergebnis ist auch in Anbetracht der erhöhten Schutzbedürftigkeit dieser Verbrauchergruppe gerechtfertigt.

---

696 BGH Urt. v. 17.07.2008 – I ZR 160/05, in GRUR 2009, 71, 73 – “Schoko-Riegel”.

697 Vgl. vorherigen Gliederungspunkt.

698 Köhler, in Köhler/Bornkamm, 29. Aufl., § 4, Rn. 2.34; Scherer, in Fezer UWG, 2. Aufl., Bd. 1, § 4 Nr. 2, Rn. 181.

b) § 4 Nr. 1 UWG

Der Tatbestand des § 4 Nr. 1 UWG erklärt geschäftliche Handlungen für unlauter, die geeignet sind, die Entscheidungsfreiheit der Verbraucher oder sonstiger Marktteilnehmer durch Ausübung von Druck in menschenverachtender Weise oder durch sonstigen unangemessenen unsachlichen Einfluss zu beeinträchtigen.

§ 4 Nr. 1 UWG dient dem Schutz des Entscheidungsprozesses der Verbraucher, also der Art und Weise eine Entscheidung zu treffen[699], und somit auch den Entscheidungsprozess der Kinder und Jugendlichen.

Dabei ist, ebenfalls wie bei § 4 Nr. 2 UWG, die richtlinienkonforme Auslegung gem. Artt. 8, 9 RL 2005/29/EG[700] zu beachten, deren Umsetzung auch § 4 Nr. 1 UWG dient.[701] Für deren Auslegung kann auf die Ausführungen zu der richtlinienkonformen Auslegung im Rahmen des § 4 Nr. 2 UWG verwiesen werden.[702]

In den Bereich, in dem Kinder und Jugendliche von der Werbung angesprochen werden und § 4 Nr. 1 UWG einschlägig ist, fallen auch Situationen, in denen die Kinder und Jugendlichen als Kaufmotivatoren agieren.[703] Der Grund für die Anwendbarkeit von § 4 Nr. 1 UWG liegt darin, dass, obwohl die Werbung an Kinder und Jugendliche gerichtet ist, die Eltern die Kaufentscheidung treffen und durch die Kinder unangemessen und unsachlich beeinflusst werden sollen. Es geht demnach um die Willensentschließung der Eltern und nicht um die der Kinder und Jugendlichen.[704] Diese Thematik wurde in jüngster Vergangenheit (wie bereits innerhalb der Untersuchung von Anhang Nr. 28 angesprochen) vom BGH[705] entschieden.

Der BGH sieht, in Übereinstimmung mit der Literatur, die Schwelle zur unangemessen unsachlichen Beeinflussung als überschritten an, wenn der auf die

---

699 Dembowski, in FS Ullmann 2006, 599, 605; Götting, in Götting/Nordemann, § 4 Nr. 1, Rn. 1.2.

700 RL 2005/29/EG, ABl. L 149/29 f. vom 11.06.2005.

701 BT-Drucks. 16/10145, S. 18.

702 Vgl. oben unter C. IV. 4. a) bb).

703 Köhler, in Köhler/Bornkamm, 29. Aufl., § 4, Rn. 2.38; Götting, in Götting/Nordemann, § 4 Nr. 1, Rn. 1.63; Stuckel, in Harte-Bavendamm/Henning-Bodewig, § 4 Nr. 2, Rn. 22; Sosnitza, in Piper/Ohly/Sosnitza, § 4 Nr. 2, Rn. 2/9.

704 BGH Urt. v. 12.07.2007 – I ZR 82/05, in WRP 2008, 214, 218 – „Tony-Taler“; Götting, in Götting/Nordemann, § 4 Nr. 1, Rn. 1.63; Köhler, in Köhler/Bornkamm, 29. Aufl., § 4, Rn. 2.38.

705 BGH Urt. v. 12.07.2007 – I ZR 82/05, in WRP 2008, 214 – „Tony-Taler”.

Erwachsenen ausgeübte Druck ein solches Ausmaß erreicht, dass der Erwachsene in seiner freien Willensentschließung wesentlich beeinträchtigt wird.[706]

Meines Erachtens ist das Kriterium des BGH überzeugend. Nicht jeder durch eine an Kinder und Jugendliche mit dem Ziel des Einsatzes als Kaufmotivatoren gerichtete Werbung sollte den Tatbestand der unangemessenen unsachlichen Beeinflussung verwirklichen. Hierzu bedarf es einer besonderen Drucksituation, der sich die Eltern in ihrer Kaufentscheidung ausgesetzt sehen müssen. Wie in der Literatur des Öfteren angesprochen, muss ein vernünftiger Erziehungsberechtigter in der Lage sein, Wünschen der Kinder ablehnend zu begegnen.[707] Die Orientierung an einem vernünftigen Erziehungsberechtigten hält auch in Hinblick auf den Maßstab des § 3 Abs. 2 UWG etwaiger Kritik stand. Denn für den Kaufmotivatoren-Fall ist es unerheblich, wie die Werbung aus Sicht des Minderjährigen wirkt, solange die Entscheidung über den Erwerb bei den Eltern verbleibt.

c) § 4 Nr. 3, 4, 5, 6 UWG

Weitere Tatbestände des § 4 UWG, die sich ausschließlich auf Wettbewerbsverhalten des Werbenden beziehen und für die Werbung gegenüber Kinder und Jugendlichen relevant sein können, sind § 4 Nr. 3, 4, 5 und 6 UWG.

Auch bei der Anwendung der § 4 Nr. 3-6 UWG[708] ist eine altersgruppenspezifische Auslegung der geschäftlichen Handlung i.S.v. § 3 Abs. 2 S. 2, 3 UWG, hier der Werbung, vorzunehmen, sofern die Werbung sich erkennbar nur an Kinder und Jugendliche richtet.

§ 4 Nr. 3 UWG regelt die Verschleierung des Werbecharakters von geschäftlichen Handlungen, § 4 Nr. 4 UWG die nicht deutliche Angabe von Bedingungen bei Verkaufsförderungsmaßnahmen, § 4 Nr. 5 UWG die nicht eindeutige und klare Angabe von Teilnahmebedingungen bei Preisausschreiben oder Gewinnspielen und § 4 Nr. 6 UWG die Abhängigmachung der Teilnahme

---

706 BGH Urt. v. 12.07.2007 – I ZR 82/05, in WRP 2008, 214, 217 – „Tony-Taler"; Götting, in Götting/Nordemann, § 4 Nr. 1, Rn. 1.63; Köhler, in Köhler/Bornkamm, 29. Aufl., § 4, Rn. 2.38.

707 BGH Urt. v. 12.07.2007 – I ZR 82/05, in WRP 2008, 214, 218 – „Tony-Taler"; Götting, in Götting/Nordemann, § 4 Nr. 1, Rn. 1.63; Scherer, in WRP 2008, 430, 436; dies., in Fezer UWG, Bd. 1, § 4 Nr. 2, Rn. 121; dies., in Fezer UWG, 2. Aufl., Bd. 1, § 4 Nr. 2, Rn. 167; Dembowski, in FS Ullmann, 2006, 599, 601; ähnlich Heermann, in MüKo-UWG, Bd. 1, § 4 Nr. 2, Rn. 45; Sosnitza, in Piper/Ohly/Sosnitza, § 4 Nr. 2, Rn. 2/10.

708 Köhler, in Köhler/Bornkamm, 29. Aufl., § 3, Rn. 12; Schünemann, in Harte-Bavendamm/Henning-Bodewig, § 3, Rn. 447 ff.; Fezer, in Fezer UWG, 2. Aufl., Bd. 1, § 3, Rn. 117.

der Verbraucher bei Preisausschreiben oder Gewinnspielen von dem Erwerb einer Ware oder der Inanspruchnahme einer Dienstleistung, sofern der Erwerb oder die Inanspruchnahme nicht naturgemäß mit dem Preisausschreiben oder Gewinnspiel verbunden sind.

d) § 4 Nr. 11 UWG

Der Tatbestand von § 4 Nr. 11 UWG verlangt zur Tatbestandsverwirklichung, dass einer gesetzlichen Vorschrift zuwider gehandelt wurde, die auch dazu bestimmt ist, im Interesse der Marktteilnehmer das Marktverhalten zu regeln.

Die Unlauterkeit nach § 4 Nr. 11 UWG, der den Verstoß einer i.S.d. UWG qualifizierten Norm verlangt, steht bezüglich des Kinder- und Jugendschutzes insbesondere mit § 6 JMStV in Verbindung. So wurde z.B. die Werbung für Alcopops-Pulver, die einem Hinweis nach an Volljährige – ihrer Aufmachung nach aber an Minderjährige – gerichtet war, als unlauter i.S.v. §§ 3, 4 Nr. 11 UWG i.V.m. § 6 Abs. 5 JMStV angesehen.[709]

Die gesetzlichen Vorschriften, denen zuwidergehandelt werden muss, sind innerstaatliche Rechtsnormen, die auch eine wettbewerbsbezogene Schutzfunktion aufweisen.[710]

aa) Gesetzliche Vorschrift

Eine gesetzliche Vorschrift ist grundsätzlich jede deutsche Rechtsnorm, die in Deutschland Geltung besitzt und auch Normen des primären und sekundären europäischen Rechts.[711] Ob die jeweilige Vorschrift auch dazu bestimmt ist, im Interesse der Marktteilnehmer das Marktverhalten zu regeln, ist jeweils durch Auslegung des Normzwecks bzw. des Schutzzwecks zu ermitteln.[712] Für den hier relevanten Bereich des Kinder und Jugendschutzes muss die jeweilig verletzte Norm auch dem Verbraucherschutz zu dienen bestimmt sein.

Dem BGH[713] und der h.M. der Literatur[714] zufolge, soll jede Norm zum Schutz der Jugend eine Markverhaltensregelung zum Schutz der Kinder und Ju-

---

709 OLG Hamm Urt. v. 19.10.2006 – 4 U 83/06, LMRR 2006, 70 – „Alcopops-Pulver".

710 Ohly, in Piper/Ohly/Sosnitza, § 4 Nr. 1, Rn. 11/14; Köhler, in Köhler/Bornkamm, 29. Aufl., § 4, Rn. 11.33 ff.; Böhler, in WRP 2011, 1028, 1032.

711 Köhler, in Köhler/Bornkamm, 29. Aufl., § 4, Rn. 11.24; Ebert/Weidenfeller, in Götting/Nordemann, § 4 Nr. 11, Rn. 11.34 f.

712 Beater, § 30, Rn. 2472; Ebert/Weidenfeller, in Götting/Nordemann, § 4 Nr. 11, Rn. 11.39; Köhler, in Köhler/Bornkamm, 29. Aufl., § 4, Rn. 11.33.

713 BGH Urt. v. 12.07.2007 – I ZR 18/04, in GRUR 2007, 890, 893 - „ Jugendgefährdende Medien bei eBay"; BGH Urt. v. 22.04.2009 – I ZR 216/06, in GRUR 2009, 845, 849 - „Internet-Videorecorder".

gendlichen im Sinne eines Verbrauchers darstellen. Begründet wird dies u.a. mit den Jugendschutznormen, wie dem Jugendschutzgesetztes, des Gesetzes zum Schutz der Jugend in der Öffentlichkeit und des Jugendmedienstaatsvertrags, da diesen ein Marktbezug innewohne, weil durch die Schutzvorschriften auch die Nachfrageentscheidung mitreguliert werde.[715]

Zum gleichen Ergebnis kommt, wer annimmt, dass eine Norm, die ein Werbeverbot zum Inhalt hat, immer auch das Marktverhalten im Sinne von § 4 Nr. 11 UWG regelt.[716]

Ein weiterer Teil der Literatur geht dagegen davon aus, dass nicht alle Vorschriften, die zum Schutz der Jugend erlassen sind und gelten, auch eine gesetzliche Vorschrift im Sinne von § 4 Nr. 11 UWG darstellen.[717] Begründet wird dies mit dem Argument, dass insbesondere die Regelungen des Jugendschutzes nicht die Nachfrageentscheidung der Minderjährigen als Verbraucher betreffen, sondern eine ungestörte Entwicklung ermöglichen sollen.[718]

Meines Erachtens sind insbesondere die hier relevanten Regelungen in Bezug auf Werbung gegenüber Kindern und Jugendlichen solche, die auch eine Marktregelung enthalten.

Entgegen der ablehnenden Auffassung haben Werbeverbote in Jugendschutznormen, und so muss man *Scherer*[719] und *Ohly*[720] verstehen, da sie u.a. Bezug auf den JMStV nehmen, auch die Aufgabe den Minderjährigen als Verbraucher zu schützen. Dies ergibt sich aus dem Sinn und Zweck, dass die Minderjährigen vor bestimmten Angeboten und Werbungen geschützt werden sollen. § 4 Nr. 11 UWG verlangt, im Kontext der Werbung gegenüber Kindern und Jugendlichen, dass die gesetzliche Regelung auch im Interesse der Minderjährigen als Verbraucher die Verhaltensweise der Werbenden bestimmt. Denn Marktverhalten bedeutet jede Tätigkeit eines Unternehmers auf dem Markt, durch die auf die übrigen Marktbeteiligten eingewirkt werden soll.[721] Zu dem

714 Köhler, in Köhler/Bornkamm, 29. Aufl., § 4, Rn. 11.180; Ebert/Weidenfeller, in Götting/Nordemann, § 4 Nr. 11, Rn. 11.86; Hasselblatt, in Gloy/Loschelder/Erdmann, § 58, Rn. 95; Schaffert, in MüKo-UWG, § 4 Nr. 11, Rn. 182; Engels, in WRP 1997, 6, 8; Ladeur, in Beck-Komm RStV, § 6 JMStV, Rn 30.

715 Vgl. Ebert/Weidenfeller, in Götting/Nordemann, § 4 Nr. 11, Rn. 11.86.

716 Ohly, in WRP 2008, 177, 183.

717 Scherer, in WRP 2006, 401, 405; Ohly, in Piper/Ohly/Sosnitza § 4, Rn. 11/25.

718 Scherer, in WRP 2006, 401, 406; Ohly, in Piper/Ohly/Sosnitza § 4, Rn. 11/25.

719 Scherer, in WRP 2006, 401, 405 f.

720 Ohly, in Piper/Ohly/Sosnitza § 4, Rn. 11/25.

721 Köhler, in Köhler/Bornkamm, 29. Aufl., § 4, Rn. 11.34; Ohly, in Piper/Ohly/Sosnitza, § 4.11, Rn. 11/15.

Markverhalten gehört demnach auch die Werbung.[722] Unstreitig sollen die Werbeverbote, beispielsweise die des § 6 JMStV, auch die ungestörte Entwicklung der Minderjährigen schützen. Sie legen den werbenden Unternehmen aber gleichzeitig Bestimmungen auf, was beworben werden und wie die Werbung gestaltet sein darf. Dadurch wird das Marktverhalten des Werbenden geregelt und zwar auch im Interesse des Minderjährigen als Verbraucher.

Folglich kann nicht einfach davon ausgegangen werden, dass die Jugendschutzvorschriften keine marktregelnde Bedeutung hätten. Es muss vielmehr die einzelne Norm auf ihren Schutzzweck hin untersucht werden. Diese ist insbesondere gegeben, wenn die jeweilige Norm Werbeverbote beinhaltet. Denn auch nach der Begründung zum Gesetzesentwurf reicht bereits eine sekundäre Schutzrichtung der jeweiligen Norm aus.[723]

bb) Richtlinienkonforme Auslegung nach RL 2005/29/EG

§ 4 Nr. 11 UWG als verbraucherschützende Norm hat selbst kein Gegenpart in der RL 2005/29/EG.[724] Inwiefern die RL 2005/29/EG überhaupt zur Auslegung des § 4 Nr. 11 UWG i.V.m. einer Jugendschutznorm herangezogen werden kann, ist umstritten.[725]

Steinbeck geht generell davon aus, dass eine richtlinienkonforme Auslegung zu erfolgen habe, sofern eine verbraucherschützende Norm betroffen ist.[726]

Köhler[727] geht aufgrund des Erwägungsgrundes 7 S. 4[728] und Art. 3 Abs. 3 RL 2005/29/EG[729] von der Nichtanwendbarkeit aus, da zum einen Vorschriften des Jugendschutzes, soweit sie die Beeinflussung geschäftlicher Entscheidungen des Jugendlichen regeln, von den Mitgliedsstaaten selbst geregelt werden können und zum anderen Vorschriften in Bezug auf Gesundheits- und Sicherheitsaspekte von Produkten unberührt blieben.

Nach hier vertretener Ansicht ist im Ergebnis keine richtlinienkonforme Auslegung des § 4 Nr. 11 UWG i.V.m. einer Jugendschutznorm, z.B. § 6 Abs. 2 JMStV geboten, da der Schutzgehalt aus dem JMStV stammt und

---

722 Köhler, in Köhler/Bornkamm, 29. Aufl., § 4, Rn. 11.34; Ohly, in Piper/Ohly/Sosnitza, § 4.11, Rn. 11/15; Link, in Ullmann jurisPK UWG, § 4 Nr. 11, Rn. 69 f.

723 BT-Drucks. 15/1487, S. 19.

724 RL 2005/29/EG, ABl. L. 149/22 vom 11.06.2005; Molle, in K&R 2010, 545.

725 Dafür Steinbeck, in GRUR 2008, 848, 852; dagegen Köhler, in Köhler/Bornkamm, 29. Aufl., § 4, Rn. 11.180 (bestimmt sich nach der gesetzlichen Vorschrift).

726 Steinbeck, in GRUR 2008, 848, 852.

727 Köhler, in Köhler/Bornkamm, 29. Aufl., § 4, Rn. 11.180.

728 RL 2005/29/EG, ABl. L. 149/23 vom 11.06.2005.

729 RL 2005/29/EG, ABl. L. 149/27 vom 11.06.2005.

dieser eine Umsetzung europäischen Rechts darstellt[730]. Da § 6 Abs. 2 JMStV als Umsetzung[731] von Art. 9 Abs. 1 lit. g) RL 2010/13/EU besondere Aspekte unlauteren Verhaltens regelt, stellt sie eine vorrangige Kollisionsnorm i.S.v. Art. 3 Abs. 4 RL 2005/29/EG dar.

Somit liegt in dem gemeinschaftsrechtlichen Hintergrund des § 6 Abs. 2 JMStV[732] ein Umstand begründet, der gegen die Anwendbarkeit der richtlinienkonformen Auslegung anhand der RL 2005/29/EG spricht. Denn für die Anwendung von § 4 Nr. 11 UWG i.V.m. einer das Markverhalten regelnden Norm, kommt es nur darauf an, dass die das Markverhalten regelnde Norm ihre Grundlage im Gemeinschaftsrecht hat.[733]

Sollte dagegen § 4 Nr. 11 UWG i.V.m. mit einer qualifizierten Norm, die ihren Ursprung im nationalen und keine Entsprechung im europäischen Recht hat, zu prüfen sein, wäre aufgrund der fehlenden Kollision und des Harmonisierungswillen des Gemeinschaftsrechtsgebers im Bereich zwischen Unternehmern und Verbrauchern eine richtlinienkonforme Auslegung anhand der RL 2005/29/EG geboten.

730 Ladeur, in Beck-Komm RStV, § 6 JMStV, Rn. 7; Scholz/Liesching, § 6 JMStV, Rn. 5; Ukrow, S. 239, Rn. 464.

731 Vgl. die Entwicklung der Norm unter B. II. 1. und 2.

732 Vgl. oben B. II. 2.

733 BGH Urt. v. 10.12.2009 – I ZR 149/07, in K&R 2010, 510, 511 - „Sondernewsletter"; Beater, § 30, Rn. 2508.

D. Schutz der Kinder und Jugendlichen im Medienrecht

Auch das Medienrecht kann, wie soeben angedeutet, Auswirkungen auf Werbung gegenüber Kindern und Jugendlichen haben und durch die Unterstützung des Wettbewerbsrechts[734] zu einer Unlauter- und Unzulässigkeit führen. Unabhängig davon, dass insbesondere der nachfolgende § 6 Abs. 2 JMStV eine qualifizierte Norm i.S.d. § 4 Nr. 11 UWG darstellt, soll der Schutzbereich des § 6 JMStV eigenständig dargestellt werden.

In Bezug auf die europarechtliche Entstehung und nationale Umsetzung des Kinder und Jugendschutzes kann auf obige Ausführungen[735] verwiesen werden.

I. Schutz nach § 6 JMStV

Auch außerhalb des UWG gibt es Normen, die sich mit dem Schutz von Kindern und Jugendlichen im Bereich der Werbung befassen. Hierbei ist für die zu untersuchende Thematik insbesondere der Jugendmedienschutz-Staatsvertrag zu beachten. In § 6 JMStV befasst sich dieser mit der Werbung in audiovisueller Form, die sich an Kinder und Jugendliche richtet. § 6 JMStV stellt nach zutreffender h.M. eine gesetzliche Vorschrift i.S.v. § 4 Nr. 11 UWG dar und kann so die Unlauterkeit einer geschäftlichen Handlung begründen.[736]

§ 6 (2) Werbung darf Kindern und Jugendlichen weder körperlichen noch seelischen Schaden zufügen, darüber hinaus darf sie nicht

1. direkte Kaufappelle an Kinder oder Jugendliche enthalten, die deren Unerfahrenheit und Leichtgläubigkeit ausnutzen,

2. Kinder und Jugendliche unmittelbar auffordern, ihre Eltern oder Dritte zum Kauf der beworbenen Waren oder Dienstleistungen zu bewegen,

3. das besondere Vertrauen ausnutzen, dass Kinder oder Jugendliche zu Eltern, Lehrern und anderen Vertrauenspersonen haben, oder

4. Kinder oder Minderjährige ohne berechtigten Grund in gefährlichen Situationen zeigen.

[Abs. 3]

---

734 Ladeur, in Beck-Komm RStV, § 6 JMStV, Rn. 30.

735 Vgl. oben B. II. 2.

736 Ladeur, in Beck-Komm RStV, § 6 JMStV, Rn. 30; Köhler, in Köhler/Bornkamm, 29. Aufl., § 4, Rn. 11.180; v. Jagow, in Fezer UWG, 2. Aufl., Bd. 1, § 4-11, Rn. 165.

(4) Werbung, die sich auch an Kinder oder Jugendliche richtet oder bei der Kinder oder Jugendliche als Darsteller eingesetzt werden, darf nicht den Interessen von Kindern oder Jugendlichen schaden oder deren Unerfahrenheit ausnutzen.

[Abs.5]

(6) Die Absätze 1 bis 5 gelten auch für Teleshopping und Sponsoring entsprechend. Teleshopping darf darüber hinaus Kinder oder Jugendliche nicht dazu anhalten, Kauf- oder Miet- bzw. Pachtverträge für Waren oder Dienstleistungen zu schließen.

1. Anwendungsbereich

Der Anwendungsbereich des JMStV beschränkt sich gem. §§ 1, 2 Abs. 1, 3 JMStV auf an Kinder und Jugendliche gerichtete Werbung im Rundfunk und Telemedien.[737] Im Gegensatz zu Anhang Nr. 28 UWG bezieht sich der persönliche Schutzbereich des JMStV demnach auf alle Minderjährigen, nicht nur auf Minderjährige bis 14 Jahre (Kinder). Dies wird aufgrund § 3 Abs. 1 JMStV deutlich, in dem Kind als Person unter 14 Jahren und Jugendlicher als Person unter 18 Jahren legal definiert werden.[738]

2. Begriff der Werbung im Rundfunkrecht

Der Begriff der Werbung wird in dem JMStV nicht definiert. Aufgrund der medienspezifischen Regelung liegt auch dem JMStV der rundfunkrechtliche Werbebegriff zugrunde.[739] Dieser ist in § 2 Abs. 2 Nr. 7 RStV[740] legal definiert als jede Äußerung bei der Ausübung eines Handels, Gewerbes, Handwerks oder freien Berufs, die im Rundfunk oder als Telemedium entweder gegen Entgelt oder eine ähnliche Gegenleistung oder als Eigenwerbung gesendet wird mit dem Ziel, den Absatz von Waren oder die Erbringung von Dienstleistungen, einschließlich unbeweglicher Sachen, Recht und Verpflichtungen, gegen Entgelt zu fördern.

---

737 Ladeur, in Beck-Komm RStV, § 6 JMStV, Rn. 2.

738 Vgl. ferner die Altersgrenze unter C. II. 1. d).

739 Ukrow, S. 237, Rn. 461; Ladeur, in Beck-Komm RStV, § 6 JMStV, Rn. 12; Liesching/Schuster, § 6 JMStV, Rn. 3; Erdemir, in Spindler/Schuster, § 6 JMStV, Rn. 2.

740 Vgl. RStV vom 31.08.1991, zuletzt geändert durch Art. 1 des Dreizehnten Rundfunkänderungsstaatsvertrages vom 30.10.2009; s. z.B. Ratifizierung und Bek. v. 09.02.2010, GV. NRW. S. 114.

3. Tatbestände § 6 Abs. 2 Nr. 1 und 2 JMStV

Bei genauer Betrachtung fällt ins Auge, dass die bereits besprochenen Tatbestände von Anhang Nr. 28 und § 4 Nr. 2 UWG starke Ähnlichkeiten zu § 6 Abs. 2 Nr. 1 und 2 JMStV aufweisen.

Die Tatbestände nach § 6 Abs. 2 Nr. 1 und 2 JMStV haben gemein, dass sie neben einem weiteren Tatbestandsmerkmal eine unmittelbare Aufforderung bzw. direkte Kaufappelle an Kinder und Jugendliche verlangen.

Zusätzlich zu einem direkten Kaufappell fordert der Tatbestand nach Nr. 1, dass der Kaufappell die Unerfahrenheit und Leichtgläubigkeit der Kinder und Jugendlichen ausnutzt. § 6 Abs. 2 Nr. 2 JMStV stellt hingegen die aus Anhang Nr. 28 bekannte Fremderwerbsvariante dar.

a) Verständnis von § 6 Abs. 2 Nr. 1 – 4 JMStV

Dem Wortlaut von § 6 Abs. 2 JMStV nach darf Werbung Kindern und Jugendlichen weder körperlichen noch seelischen Schaden zufügen. Darüber hinaus dürfen, dem Wortlaut nach, nicht die Nr. 1 - 4 des zweiten Absatzes verwirklicht sein.

Bei diesem sprachlichen Ausdruck stellt sich die Frage, ob diese Tatbestandsmerkmale kumulativ vorliegen müssen, oder ob die Nr. 1 - 4 des § 6 Abs. 2 JMStV Beispiele für körperliche oder seelische Schäden darstellen. Ferner ist die Frage zu beantworten, ob sich das Verbot nur auf die Wirkung der Werbung oder auch auf das in der Werbung dargestellte Produkt bezieht.

aa) Beispiele für körperlich oder seelisch schädigende Werbung oder zusätzliche Kriterien

In der Literatur werden zu dieser Thematik unterschiedliche Auffassungen vertreten.

Zum Teil werden Nr. 1 - 4 des § 6 Abs. 2 JMStV als eigenständige Konstellationen angesehen, die unabhängig vom Vorliegen einer körperlichen oder seelischen Schädigung zu prüfen sind.[741] Demnach müsste zusätzlich zu der Verwirklichung von jeweils Nr. 1 - 4 eine körperliche oder seelische Schädigung

741 Liesching, in HH-Komm., Absch. 82, Rn. 18; Erdemir, in Spindler/Schuster, JMStV § 6, Rn. 8; Nikles/Roll/Spürck/Umbach, § 6 JMStV, Rn. 11; Hartstein/Ring/Kreile/Dörr/Stettner, JMStV, § 6, Rn. 7.

geprüft werden. Begründet wird dieses Verständnis mit dem Wortlaut von Abs. 2, der die Formulierung „darüber hinaus“ verwendet.[742]

Die ebenfalls in der Literatur vertretene Gegenansicht versteht Nr. 1 - 4 des § 6 Abs. 2 JMStV als Regelbeispiele für eine körperliche oder seelische Schädigung.[743] Dieser Ansicht zufolge füllt die Verwirklichung eines Regelbeispiels die Begriffe der körperlichen und seelischen Schädigung aus.

Meines Erachtens verdient die zuletzt genannte Auffassung den Vorzug. Der ersten Meinung mag zuzugestehen sein, dass die Verwendung von „darüber hinaus“, bei einem reinen Wortlautverständnis der Norm als einzige Auslegungsmethode, für eine eigenständige und unabhängige Prüfung spräche.

Dabei übersehen die Vertreter dieser Ansicht jedoch, dass Normen des JMStV als Umsetzung europarechtlicher Vorschriften richtlinienkonform auszulegen sind.[744] Art. 3e Abs. 1 lit. g) der RL 2007/65/EG[745] bzw. Art. 9 Abs. 1 lit. g) RL 2010/13/EU[746] ist die für § 6 Abs. 2 JMStV maßgebende europarechtliche Vorschrift. Art. 9 Abs. 1 lit. g) RL2010/13/EU lautet wie folgt:

Audiovisuelle Kommunikation darf nicht zur körperlichen oder seelischen Beeinträchtigung Minderjähriger führen. Daher darf sie keine direkten Aufrufe zum Kaufen oder Mieten von Waren oder Dienstleistungen an Minderjährige richten, die deren Unerfahrenheit und Leichtgläubigkeit ausnutzen, Minderjährige nicht unmittelbar dazu auffordern, ihre Eltern oder Dritte zum Kauf der beworbenen Ware oder Dienstleistung zu bewegen, nicht das besondere Vertrauen ausnutzen, das Minderjährige zu Eltern, Lehrern und anderen Vertrauenspersonen haben, und Minderjährige nicht ohne berechtigten Grund in gefährlichen Situationen zeigen.

Satz 1 von Art. 9 Abs. 1 lit. g) stellt dabei die Grundregel auf, dass audiovisuelle Kommunikation nicht zu körperlichen oder seelischen Beeinträchtigungen Minderjähriger führen darf. Entscheidend für die Auslegung von § 6 Abs. 2 JMStV ist dabei das erste Wort des zweiten Satzes von Art. 9 Abs. 1 lit. g) - „Daher“.[747] Dieses Wort impliziert im Sinne einer Schlussfolgerung, dass die daran anschließende Aufzählung von Tatbeständen eine derartige Beeinträchtigung darstellen kann. In der RL wird demnach kein kumulatives Zusammenspiels von körperlicher oder seelischer Beeinträchtigung und eines weiteren Tatbestandes gefordert. Vielmehr wird die körperliche und seeli-

742 Hartstein/Ring/Kreile/Dörr/Stettner, JMStV, § 6, Rn. 7; Ukrow, S. 238, Rn. 463; Nikles/Roll/Spürck/Umbach, § 6 JMStV, Rn. 11.

743 Kappenberg, Diss., S. 145; Fechner/Schipanski, in ZUM 2006, 898, 901; Bornemann, in NJW 2003, 787, 790.

744 Fechner/Schipanski, in ZUM 2006, 898, 901.

745 RL 2007/65/EG, ABl. L. 332/27 vom 18.12.2007.

746 RL 2010/13/EU, ABl. L 95/16 vom 15.04.2010.

747 So auch Kappenberg, Diss., S. 145.

sche Beeinträchtigung als Oberbegriff für die verschiedenen Tatbestände vorangestellt. Hätte der Gemeinschaftsrechtsgeber die Intention verfolgt, die Regelbeispiele als eigenständige Tatbestände zu qualifizieren, wäre der zweite Satz in lit. g) eher mit „Des Weiteren“ oder dergleichen angefangen worden.

Ein weiteres Argument der erstgenannten Ansicht ist, dass mit den Verboten nach Nr. 1 - 4 keine tatsächliche Schädigung entsprechend dem Wortlaut von § 6 Abs. 2 JMStV, einhergehen könne.[748]

Allerdings ist auch dieses Argument bei einem Blick auf Art. 3e Abs. 1 lit g) RL 2007/65/EG nicht überzeugend. Denn in der RL wird kein körperlicher oder seelischer Schaden des Minderjährigen verlangt, sondern eine körperliche oder seelische Beeinträchtigung. Dies muss bei der Deutung des Begriffs des Schadens beachtet werden. Zum einen hat eine Beeinträchtigung sprachlich eine geringere Qualität als ein Schaden. Zum anderen ist § 6 Abs. 2 S. 1 JMStV im Sinne einer Generalklausel zu verstehen, die weitere unvorhergesehene Fälle, die den Nr. 1 - 4 nahe kommen, abdecken soll.[749] Des Weiteren entspricht es dem Willen des Gemeinschaftsrechtsgebers, dass eine Beeinträchtigung bereits vorliegen soll, wenn einer der Tatbestände gem. Art. 9 Abs. 1 lit. g) RL 2010/13/EU verwirklicht ist.

Bei Beachtung der richtlinienkonformen Auslegung kommt folglich zu Tage, dass eine andere als die hier vertretene Auslegungsmethode dem Willen des europäischen Gesetzgeber zuwider laufen würde.[750]

bb) Reichweite des Verbots

Zu klären ist weiterhin, ob von § 6 Abs. 2 JMStV nur Werbeinhalte oder auch das beworbene Produkt selbst bzw. dessen Konsum erfasst sind.

Die wohl herrschende Meinung geht davon aus, dass sich diese Norm nur auf den Inhalt und die Form der Werbung bezieht.[751] Vereinzelt wird auch die Ansicht vertreten, dass das Verbot nach Abs. 2 sowohl für die Werbeinhalte als auch für den Konsum des beworbenen Produkts gelten soll.[752]

Der von der herrschenden Ansicht abweichenden Meinung ist nicht zu folgen. Sie findet weder im Wortlaut der Norm noch in historischer Hinsicht eine

---

748 Liesching, in HH-Komm., Absch. 82, Rn. 18.

749 So auch Fechner/Schipanski, in ZUM 2006, 898, 901; Hartstein/Ring/Kreile/Dörr/Stettner, JMStV, § 6, Rn. 7.

750 So auch Fechner/Schipanski, in ZUM 2006, 898, 901; Kappenberg, Diss., 145.

751 Ladeur, in Beck-Komm RStV, § 6 JMStV, Rn. 18; Scholz/Liesching, § 6 JMStV, Rn. 6; Liesching, in HH-Komm., Absch. 82, Rn. 17; Kappenberg, Diss., S. 144.

752 Hofmann-Riem/Engels, in Charlton/Neumann-Braun/Aufenanger/Hofmann-Riem-, Bd. 2, S. 374.

Stütze. Denn auch in Bezug auf die Reichweite der Norm ist eine richtlinienkonforme Auslegung geboten.

Gem. Art. 9 Abs. 1 lit. g) RL 2010/13/EU dürfen die direkten Kauf/Mietaufrufe nicht die Unerfahrenheit und Leichtgläubigkeit von Kindern und Jugendlichen ausnutzen. Ein Produkt selbst ist hierzu nicht in der Lage. Daher kann auch nicht das Produkt bei Verwirklichung eines Regelbeispiels nach § 6 Abs. 2 Nr. 1 - 4 JMStV zur Begründung eines körperlichen oder seelischen Schadens als Anknüpfungspunkt dienen.

Vollständigkeitshalber soll hier noch eine Ansicht erwähnt werden, die allerdings auf der Annahme aufbaut, dass § 6 Abs. 2 Nr. 1 - 4 JMStV selbstständige Fallgruppen darstellen. Da bei diesem Verständnis der Norm der Schaden des Kindes oder des Jugendlichen nicht durch die Nr. 1 - 4 begründet wird, fordert diese Ansicht, dass der Schaden mit an Sicherheit grenzender Wahrscheinlichkeit eintreten wird.[753] Als Beispiel nennt diese Ansicht Nervenüberreizungen aufgrund von schockartig wirkenden visuellen Effekten (schnell wechselnder hell-dunkel-Kontrast) und traumatisch wirkende Werbeinhalte, die von der jeweiligen Altersgruppe emotional (noch) nicht bewältigt werden können.[754] In Bezug auf das eigene Verständnis von § 6 Abs. 2 JMStV der Vertreter dieser Ansicht ist dieses Erfordernis konsequent.

Meiner Ansicht nach wird dadurch jedoch das vom Gemeinschaftsgesetzgeber ins Auge gefasste Ziel, nach einem hohen Schutzniveau für Minderjährige[755] in audiovisuellen Medien[756], dem Sinn und Zweck der RL entsprechend nicht gefördert. Werbetreibende könnten dieser Auffassung entsprechend unmittelbare Kaufaufforderung vermitteln, solange keine schockartigen Methoden verwendet oder Traumata bei den Minderjährigen hervorgerufen würden. Denn bei Vermeidung dieser würden direkte Kaufappelle auch bei Ausnutzung der Unerfahrenheit und Leichtgläubigkeit keinen Schaden körperlicher oder seelischer Art zur Folge haben. Eine derart einfach zu umgehende Schranke ist nicht mit dem von der RL 2007/65/EG verfolgtem hohen Schutzniveau zu erreichen und muss daher abgelehnt werden. Dies gilt insbesondere in Hinblick auf das Schutzniveau der RL 2005/29/EG. Denn in z.B. Printmedien, die unter den Regelungsbereich der UGP-RL fallen, erfüllen bereits unmittelbare Kaufaufforderungen den Unzulässigkeitstatbestand nach Anhang Nr. 28.

---

753 Erdemir, in Spindler/Schuster, § 6 JMStV, Rn. 7.

754 Liesching/Schuster, § 6 JMStV, Rn. 13; Scholz/Liesching, § 6 JMStV, Rn. 6; Liesching, in HH-Komm., Absch. 82, Rn. 17; Erdemir, Spindler/Schuster, § 6 JMStV, Rn. 7.

755 RL 2007/65/EG, ABl. L 332/35 vom 18.12.2007, Erwägungsgrund 67.

756 RL 2007/65/EG, ABl. L 332/32 vom 18.12.2007, Erwägungsgrund 44.

b) Direkte Kaufappelle i.S.v. § 6 Abs. 2 Nr. 1 JMStV

Was unter einem direkten Kaufappell zu verstehen ist, wurde in der Literatur zu § 6 Abs. 2 Nr. 1 JMStV definiert. Danach sollen direkte Kaufappelle alle unmittelbaren Kaufaufforderungen zum entgeltlichen Erwerb von Waren oder Dienstleistungen sein, welche durch Worte, Gesten oder sonstige Darstellungen dem Verbraucher übermittelt werden. Dabei bedarf es keines ausdrücklichen Kaufaufrufs.[757]

Bei genauer Betrachtung der Definition fällt auf, dass sie den Begriff der unmittelbaren Kaufaufforderung verwendet, um das Tatbestandsmerkmal des direkten Kaufappells zu definieren. Die Sinnlosigkeit einer solchen selbstreferentiellen Definition bedarf keiner weiteren Vertiefung.

Die Auseinandersetzung in Bezug auf das Verständnis dieses Begriffspaares (C. II. 2. a) dd)) zeigt auf welche Werbearten darunter gefasst werden können. Des Weiteren darf der direkte Kaufappell nicht die Unerfahrenheit und Leichtgläubigkeit der Kinder und Jugendlichen ausnutzen.

c) Ausnutzung der Unerfahrenheit und Leichtgläubigkeit

An die Ausnutzung der Unerfahrenheit und Leichtgläubigkeit werden in der Literatur unterschiedliche Voraussetzungen geknüpft.

Zum Teil wird davon ausgegangen, dass eine Ausnutzung der Unerfahrenheit und Leichtgläubigkeit nur vorliegen soll, wenn eine Vertrauenserschleichung oder Täuschung durch den Werbeinhalt gegeben ist.[758]

Eine andere Ansicht setzt bei der Ausnutzung an und verlangt ein zusätzliches Element in der Werbung, das sich die natürliche Leichtgläubigkeit und Unerfahrenheit von Minderjährigen zu Nutze macht.[759]

Auch wird vertreten, dass die Ausnutzung der Unerfahrenheit nur bei an Jugendliche gerichteten Kaufappellen Bedeutung erlangen kann.[760] Bei Kindern besitzt das tatbestandseinschränkende Tatbestandsmerkmal dieser Ansicht zufolge keine Relevanz, da diese ohnehin unerfahren und leichtgläubig seien.[761]

Wiederum sehen andere gänzlich von einem zusätzlichen Element ab und gehen in ihrer Sichtweise davon aus, dass es weder einer besonderen Vertrau-

---

757 Liesching/Schuster, § 6 JMStV, Rn. 14; Scholz/Liesching, § 6 JMStV, Rn. 7;Liesching, in HH-Komm., Absch. 82, Rn. 19; Fechner/Schipanski, in ZUM 2006, 898, 901; ähnlich Ukrow, S. 238, Rn. 463; Ladeur, in Beck-Komm RStV, § 6 JMStV, Rn. 19.

758 Fechner/Schipanski, in ZUM 2006, 898, 901.

759 Hartstein/Ring/Kreile/Dörr/Stettner, JMStV, § 6, Rn. 7.

760 Erdemir, in Spindler/Schuster, § 6 JMStV, Rn. 8.

761 Erdemir, in Spindler/Schuster, § 6 JMStV, Rn. 8.

enserschleichung oder Täuschung bedürfe, noch einer Irreführung i.S.d. § 7 Abs. 1, S. 1 RStV bzw. § 1 UWG (a.F.).[762] Begründet wird diese Ansicht mit dem von Natur aus vorliegendem Unvermögen der Kinder und Jugendlichen Werbeangebote kritisch zu beurteilen[763] und der daraus resultierenden leichteren Beeinflussbarkeit.[764] Dieser Ansicht zu Folge liegt in dem direkten Kaufappell bereits regelmäßig die Ausnutzung der Unerfahrenheit und Leichtgläubigkeit vor.

Meiner Ansicht nach bedarf es ebenfalls keines die Unerfahrenheit und Leichtgläubigkeit einschränkenden Elements. Diese stellen bereits eine Einschränkung in Hinsicht auf die direkten Kaufappelle dar. Daher stimme ich mit der zuletzt genannten Auffassung überein. Wie bereits innerhalb der Ausführungen zu § 3 Abs. 3, Anhang Nr. 28 UWG erläutert, können auch Gewinnspiele, Mitmach-Aktionen etc. unmittelbare bzw. direkte Kaufaufforderungen darstellen. Bei im Imperativ gehaltenen Aufforderungen wird dem Minderjährigen bereits gesagt, was er tun soll. Die insbesondere bei Kindern und Jugendlichen vorliegende Unerfahrenheit und Leichtgläubigkeit[765] wird demnach schon allein durch die direkten Kaufappelle ausgenutzt.

Allerdings ist auch der von *Erdemir*[766] angemerkten Einschränkung insofern zuzustimmen, dass Jugendliche eine von Kindern zu unterscheidende Erfahrenheit und Gläubigkeit bei geschäftlichen Handlungen an den Tag legen können.[767] Daher sind, meiner Meinung nach, die Tatbestandsmerkmale der Unerfahrenheit und Leichtgläubigkeit in Hinblick auf an Jugendliche gerichtete Werbung tatsächlich zu prüfen. Eine schlichte Vermutung der Unerfahrenheit und Leicht-

---

762 Scholz/Liesching, § 6 JMStV, Rn. 7; Liesching, in HH-Komm., Absch. 82, Rn. 19; ähnlich vgl. Ladeur, in Beck-Komm RStV, § 6 JMStV, Rn. 19.

763 So auch BGH Urt. v.06.04.2006 – I ZR 125/03, in WRP 2006, 885, 887 – „Handy-Klingeltöne"; OLG Frankfurt a.M. GRUR 1994, 522, 523 – „Lego-Hotline"; OLG Frankfurt a.M. Urt. v. 12.05.2005 – 6 U 24/05, in GRUR 2005, 782, 783 – „Milchtaler Sammelaktion".

764 Scholz/Liesching, § 6 JMStV, Rn. 7; Beucher/Leyendecker/v. Rosenberg, § 7 RStV, Rn. 21.

765 BGH Urt. v.06.04.2006 – I ZR 125/03, in WRP 2006, 885, 887 – „Handy-Klingelton"; OLG Frankfurt a.M. Beschl. v. 24.03.1994 – 6 W 213/93, in GRUR 1994, 522, 523 – „Lego-Hotline"; OLG Frankfurt a.M. Urt. v. 12.05.2005 – 6 U 24/05, in GRUR 2005, 782, 783 – „Milchtaler Sammelaktion".

766 Erdemir, in Spindler/Schuster, § 6 JMStV, Rn. 8.

767 So auch Köhler, in FS Ullmann 2006, 685, 690; allerdings im Kontext der geschäftlichen Unerfahrenheit nach § 4 Nr. 2 UWG.

gläubigkeit der Altersgruppe zwischen 14 und 17 Jahren ist heute nicht mehr überzeugend.[768]

d) Fremderwerbsvariante gem. § 6 Abs. 2 Nr. 2 JMStV

Die Fremderwerbsvariante in Bezug auf unmittelbare Aufforderungen in einer Werbung an Kinder entspricht der Fremderwerbsvariante gem. § 3 Abs. 3, Anhang Nr. 28 UWG. Daher kann auf die dortigen Ausführungen verwiesen werden.[769]

4. Zielgruppenorientierte Auslegung nach den UWG

Letztlich bleibt im Rahmen des JMStV die Frage offen, wie der Verständnishorizont von Kindern und Jugendlichen auszulegen ist. Hierbei ist meiner Ansicht nach, da § 6 Abs. 2 JMStV über § 4 Nr. 11 UWG Geltung erlangt, auf § 3 Abs. 2 S. 3 UWG abzustellen.

Dieser Sichtweise steht auch Art. 3 Abs. 4 RL 2005/29/EG nicht entgegen. Dem dort normierten Kollisionsvorrang wird bereits durch die Anwendung von § 6 Abs. 2 JMStV respektive RL 2007/65/EG und die Verdrängung von § 3 Abs. 3, Anhang Nr. 28 UWG bzw. Anhang Nr. 28 RL 2005/29/EG Rechnung getragen. Des Weiteren ist keine Bestimmung einer anderen Rechtsvorschrift der Gemeinschaft ersichtlich, die mit Art. 5 Abs. 3 S. 1 RL 2005/29/EG kollidiert. Auf die Anwendung von § 3 Abs. 2 S. 3 UWG hat Art. 3 Abs. 4 RL 2005/29/EG daher keine Auswirkung.

5. Konkurrenz zu § 3 Abs. 3, Anhang Nr. 28 UWG

In RL 2005/29/EG ist in Anhang Nr. 28 S. 2 der Lex Speciales Vorrang von Art. 16 RL 89/552/EWG niedergeschrieben. § 6 JMStV entspricht der Umsetzung von Art. 16 RL 89/552/EWG[770].[771] In der deutschen Umsetzung der RL 2005/29/EG ist der 2. Satz von Nr. 28 des Anhangs zu § 3 Abs. 3 UWG nicht enthalten. Die Gesetzesbegründung des Gesetzesentwurfs der Bundesre-

---

768 So auch Köhler, in WRP 2008, 700, 705; Späth, in Götting/Nordemann, § 4, Rn. 2.38.

769 Vgl. dazu oben C. II. 2. b).

770 Zu der Aufhebung von RL 89/552/EWG und deren Weiterentwicklung siehe B. I. 2.

771 Ladeur, in Beck-Komm RStV, § 6 JMStV, Rn. 7; Scholz/Liesching, § 6 JMStV, Rn. 5; Ukrow, S. 239, Rn. 464.

gierung zum neuen UWG[772] führt zur Nichtumsetzung aus, dass Nr. 28 S. 2 dem Art. 3 Abs. 4 RL 2005/29/EG Rechnung trage und daher nicht umgesetzt werden müsse. Art. 3 Abs. 4 bestimmt den Lex Speciales Vorrang gemeinschaftsrechtlicher Bestimmungen, die besondere Aspekte unlauterer Geschäftspraktiken regeln. Art. 16 RL 89/552/EWG stellt eine solche gemeinschaftsrechtliche Regelung dar. Aufgrund von Art. 3 Abs. 4 RL 2005/29/EG sah der Gesetzesentwurf richtigerweise von einer Umsetzung ab.[773]

Vereinzelt wird in der Literatur vertreten, dass für ein Zusammenwirken von § 4 Nr. 11 UWG i.V.m. § 6 Abs. 2 Nr. 1 JMStV kein Anwendungsbereich verblieben sei.[774] Begründet wird diese nicht überzeugende Ansicht mit Nr. 28 des Anhangs zu § 3 Abs. 3 UWG. *Späth* geht davon aus, dass Nr. 28 unabhängig vom Werbemedium gelte und folglich auch audiovisuelle Werbung erfasse. Dieser Ansicht kann schon allein aufgrund der Existenz von Art. 3 Abs. 4 RL 2005/29/EG nicht gefolgt werden.[775]

Daher gilt für audiovisuelle Werbung in Rundfunk und Telemedien § 6 Abs. 2 JMStV (als Umsetzung von Art. 16 der RL 89/552/EWG) und nicht Nr. 28 des Anhangs zu § 3 Abs. 3 UWG im Bereich einer unmittelbaren Aufforderung zum Kauf an Kinder.

6. Konkurrenz zum übrigen UWG

Neben der soeben festgestellten verdrängenden Konkurrenz zu § 3 Abs. 3, Anhang Nr. 28 UWG ist die Frage zu klären, ob insbesondere § 6 Abs. 2 JMStV, als Umsetzung des früheren Art. 16 RL 89/552/EWG, und eventuell § 6 Abs. 4 JMStV eine abschließende und konkurrierende Regelung im Verhältnis zum übrigen UWG darstellt.

Ausgangspunkt dieser Überlegung ist, aufgrund der richtlinienkonformen Auslegung des UWG, Art. 3 Abs. 4 RL 2005/29/EG.[776] Dieser bestimmt, dass mit den Regelungen der RL 2005/29/EG kollidierende Bestimmungen anderer Rechtsvorschriften der Gemeinschaft, die besondere Aspekte unlauterer Geschäftspraktiken regeln, den Bestimmungen der RL 2005/29/EG vorgehen. RL 89/552/EWG stellt für den Bereich der audiovisuellen Medien, deren An-

---

772 BT-Drucks 16/10145, S. 34.

773 So auch Köhler, in Köhler/Bornkamm, 29. Aufl., Anh zu § 3 Abs. 3, Rn. 28.18; Wirtz, in Götting/Nordemann, § 3, Rn. 145.

774 Späth, in Götting/Nordemann, § 4 Nr. 2, Rn. 2.17.

775 So auch Wirtz, in Götting/Nordemann, § 3, Rn. 145; Köhler, in WRP 2008, 700, 704; ders., in Köhler/Bornkamm, 29. Aufl., Anhang zu § 3 Abs. 3, Rn. 28.18.

776 RL 2005/29/EG, ABl. L 149/27 vom 11.06.2005.

wendungsbereich mittlerweile aus Art. 1 Abs. 1 lit. a) RL 2010/13/EU zu entnehmen ist, eine Richtlinie dar, die spezielle Aspekte unlauterer geschäftlicher Handlungen regelt.[777] Demnach könnte davon auszugehen sein, dass die Regelungen der RL 2010/13/EU im Bereich der audiovisuellen Medien den Regelungen der RL 2005/29/EG und somit denen des UWG vorgehen.

Da § 6 Abs. 4 JMStV Kinder und Jugendliche vor der Ausnutzung der Unerfahrenheit schützt, könnte dies eine Konkurrenz zu § 4 Nr. 2 UWG zur Folge haben.[778]

Abhilfe und Klärung bringt insofern Erwägungsgrund 82 RL 2010/13/EU.[779] Erwägungsgrund 82 lässt den Willen des europäischen Gesetzgebers dahingehend erkennen, dass die Regelungen der RL 2005/29/EG, abgesehen der Regelungen der RL 2010/13/EU, auch im Bereich der audiovisuellen Mediendienste gelten. Demnach gehen lediglich die unter Art. 9 Abs. 1 lit. g) RL 2010/13/EU, deren Umsetzung § 6 Abs. 2 JMStV darstellt, subsumierbaren Sachverhalte dem UWG vor.

Im Verhältnis von § 6 Abs. 4 JMStV zum UWG besteht dagegen kein Vorrang, da Abs. 4 des § 6 JMStV keine Grundlage im Gemeinschaftsrecht[780] hat[781] und demnach nicht über § 4 Nr. 11 UWG Anwendung finden kann im Bereich der Vollharmonisierung. Folglich findet im Übrigen das UWG Anwendung.

II. Ergebnis zu § 6 Abs. 2 Nr. 1 und 2 JMStV

§ 6 Abs. 2 JMStV schützt alle Minderjährigen. In seiner Anwendung geht er im Falle von einer unmittelbaren Kaufaufforderung gegenüber Kindern in audiovisueller Werbung § 3 Abs. 3, Anhang Nr. 28 UWG vor. § 6 Abs. 2 Nr. 1 - 4 JMStV sind als Beispiele für einen körperlichen oder seelischen Schaden zu verstehen. Das dementsprechende Werbeverbot bezieht sich auf den Werbeinhalt und nicht auf einen durch den Konsum des beworbenen Produkts verursachten Schaden.

Die Begriffe der direkten Kaufappelle in § 6 Abs. 2 Nr. 1 JMStV und der unmittelbaren Kaufaufforderung in Nr. 2 sind genauso wie der Begriff der unmittelbaren Kaufaufforderung in § 3 Abs. 3, Anhang Nr. 28 UWG zu verstehen.

777 BT-Drucks. 16/10145, S. 13.

778 So Peifer, § 3, Rn. 74.

779 RL 2010/13/EU, ABl. L 95/9 vom 15.04.2010.

780 BGH Urt. v. 10.12.2009 – I ZR 149/07, in K&R 2010, 510, 511 – „Sondernewsletter".

781 a.A. Ladeur, in Beck-Komm RStV, § 6 JMStV, Rn. 27. Ladeur sieht Abs. 4 als von Art. 16 RL 89/552/EWG gedeckt.

An die dadurch verwirklichte Ausnutzung der Unerfahrenheit und Leichtgläubigkeit sind nur bei Werbungen gegenüber Jugendlichen weitere Voraussetzungen zu stellen.

E. Leistungsfähigkeit des Schutzes und Konkurrenzverhältnis

Es bleibt abschließend die Frage zu klären, ob die hier untersuchten und angesprochenen Regelungen einen leistungsfähigen Schutz der Kinder und Jugendlichen vor unlauterer Werbung bieten und in welchem Verhältnis die einzelnen Normen zu einander stehen.

I. Fallgestaltungen anhand häufiger Produktwerbung

Dass Werbung gegenüber Kindern und Jugendlichen in vielen Arten und Weisen erfolgen kann, ist eine unbestreitbare Tatsache und wurde bereits anhand der Prüfung zur unmittelbaren Aufforderung an Kinder im Sinne des § 3 Abs. 3, Anhang Nr. 28 UWG deutlich, für die insofern kein abschließender Anspruch auf Vollständigkeit erhoben werden kann.

Im Weiteren sollen drei der häufigsten Werbearten untersucht werden. Dabei werden Werbungen, die eine unmittelbare Aufforderung zum Kauf i.S.v. § 3 Abs. 3, Anhang Nr. 28 UWG enthalten, nicht erneut berücksichtigt, da diese bereits untersucht worden sind.[782] Diese Vorschrift ist, wie dargestellt[783], eine leistungsfähige Schutznorm, die derartige die Kinder beeinflussende Werbung untersagt. Bezüglich dessen wird allerdings abzuwarten sein, ob die hier festgestellten Ergebnisse Anklang in der Rechtsprechung finden werden.

1. Werbung für Klingeltöne

Die Werbung für Klingeltöne ist in der Literatur[784] bereits häufig diskutiert und auch höchstrichterlich[785] entschieden worden, wobei hier in erster Linie nur die Bewerbung interessieren soll.[786]

---

782 Vgl. C. II. 2.

783 Vgl. C. II. 2. a).aa) bis ee).

784 Vural, Diss., S. 127 ff.; Fechner/Schipanski, in ZUM 2006, 898 ff.; Mankowski, in GRUR 2007, 1013 ff.; Derleder/Thielbar, in NJW 2006, 3233 ff.; Klees, in CR 2005, 626 ff.; Klees/Lange, in CR 2005, 684 ff.; Goerth, in VuR 2004, 277 ff.; Zagouras, in GRUR 2006, 731 ff.

785 BGH Urt. v. 06.04.2006 – I ZR 125/03, in WRP 2006, 885 ff. – „Handy-Klingeltöne“.

Übereinstimmend wurde in der Literatur[787] angenommen, dass die in der Rechtsprechung erörterten Fälle der Klingelton-Werbung gem. § 4 Nr. 2 UWG unlauter waren. Begründet wurde dies mit der Intransparenz von Klingeltonwerbungen in Bezug auf die tatsächlich anfallenden Kosten für den Nutzer des Angebots. Diese seien für den Nutzer anhand der Werbung nicht erkennbar gewesen und im Gegensatz zu normalen Telefongesprächen auch nicht beherrschbar.

Fraglich ist jedoch, ob, neben der damals richtigerweise festgestellten Ausnutzung der geschäftlichen Unerfahrenheit im Sinne von § 4 Nr. 2 UWG, auch andere Normen die Unlauterkeit zu begründen vermögen. Denn es wird abzuwarten sein, ob die Rechtsprechung die Werbung in richtlinienkonformer Auslegung nach § 4 Nr. 2 UWG beurteilt („durch Ausnutzung einer Überlegenheit zur Ausübung von Druck, die die Fähigkeit des Minderjährigen zu einer informierten Entscheidung wesentlich einschränkt, und...“).

In diesem Zusammenhang könnten auch eine Irreführung bzw. eine Irreführung durch Unterlassen gem. §§ 5, 5a UWG und der Rechtsbruch gem. § 4 Nr. 11 UWG einschlägig sein.

a) Irreführung

Wie bereits festgestellt[788], schützen die Irreführungsverbote nach §§ 5, 5a UWG einen Verbraucher vor Angaben eines Werbenden, wenn die gemachte Angabe in der Vorstellung des Adressaten nicht mit der Wirklichkeit übereinstimmt[789] und davor, dass für die Entscheidung wesentliche Angaben vorenthalten werden und dadurch irregeführt wird. Insbesondere die Vorenthaltung der für den Verbraucher wesentlichen Preisgestaltung, kann hier eine Unlauterkeit gem. § 5a UWG begründen, da im Bereich der Werbung gegenüber Kindern und Jugendlichen gem. § 3 Abs. 2 S. 3 UWG deren Empfängerhorizont in Bezug auf die Vorstellung von den gemachten Angaben anzulegen ist. Wird in der Werbung lediglich auf weitere Kosten zuzüglich der eigentlichen Kosten des Klingeltons verwiesen, oder lediglich ein Minutenpreis angegeben, ist (neben der Ausnutzung der geschäftlichen Unerfahrenheit[790]) meines Erachtens nach, von

---

786 Bezüglich der entstehenden Vertragsverhältnisse s. Vural, Diss., 121 ff.; Klees, in CR 2005, 626, 628 f.

787 Fechner/Schipanski, in ZUM 2006, 898 ff.; Mankowski, in GRUR 2007, 1013 ff.; Derleder/Thielbar, in NJW 2006, 3233 ff.; Klees, in CR 2005, 626 ff.; Klees/Lange, in CR 2005, 684 ff.; Goerth, in VuR 2004, 277 ff.; Zagouras, in GRUR 2006, 731 ff.

788 Siehe C. IV. 2. bzgl. Auslegung und Verständnis von §§ 5, 5a UWG.

789 Sosnitza, in Piper/Ohly/Sosnitza, § 5, Rn. 107; Bornkamm, in Köhler/Bornkamm, 29. Aufl., § 5, Rn. 2.66.

790 BGH Urt. v. 06.04.2006 – I ZR 125/03, in WRP 2006, 885 ff. - „Handy-Klingeltöne“.

einer Irreführung durch Unterlassen gem. § 5a Abs. 2 UWG auszugehen, da nicht alle für die Entscheidung erheblichen Angaben angegeben sind, da sich der Endpreis nicht eindeutig feststellen lässt.

b) Rechtsbruch

Die Preisangabeverordnung (PangV) gibt in § 1 Abs. 1 und 2 und das TKG in § 66 a vor, wie gegenüber Verbrauchern der Preis dargestellt werden muss. Wird der Preis nicht den § 1 Abs. 1 und 2 PangV[791] entsprechend kenntlich gemacht, liegt in Verbindung mit § 4 Nr. 11 UWG ein weiterer die Unlauterkeit begründender Tatbestand vor. Wie im Bereich des § 4 Nr. 11 UWG ausgeführt, bedarf die in Verbindung genommene Norm selbst eine Grundlage im Gemeinschaftsrecht.[792] Grundlage für die Bestimmung der PAngV ist hier Artt. 1, 2 lit. a), 3 Abs. 1 und Art. 4 Abs. 1 RL 98/6/EG[793].[794]

Auch gem. § 6 Abs. 2 JMStV i.V.m. § 4 Nr. 11 UWG kann eine Unlauterkeit vorliegen, wenn die Werbung für den Klingelton eine unmittelbare Aufforderung enthält.

c) Schlussfolgerung

Die Klingelton-Werbung kann, wie soeben aufgezeigt[795], unter mehreren Gesichtspunkten mit verschiedenen Anknüpfungspunkten eine unzulässige Unlauterkeit begründen, sodass grundsätzlich von einem ausreichenden Schutz vor derartigen Werbungen auszugehen ist.

Meines Erachtens bedarf es weiter im Zusammenhang mit Klingelton-Werbung nicht der Unterscheidung, ob der beworbene Klingelton im Rahmen einer Premium-sms oder eines anderen Content-Vertrages[796] versendet wird. Denn bei einer lebensnahen Betrachtung ist aus der Sichtweise eines minderjährigen Endverbrauchers gem. § 3 Abs. 2 S. 3 UWG kein Unterschied feststellbar, ob der Preis aufgrund einer Premium-sms oder eines anderen Vertragsverhältnisses erhoben wird. Gerade in Bezug auf die für Minderjährige festgestellte Maßgabe, dass diese die finanzielle Belastung einer rechtsgeschäftlichen Hand-

---

791 BGH Urt. v. 10.12.2009 – I ZR 149/07, in K&R 2010, 510, 511 f. - „Sondernewsletter“.

792 BGH Urt. v. 10.12.2009 – I ZR 149/07, in K&R 2010, 510, 511 f. - „Sondernewsletter“.

793 RL 98/6/EG, ABl. L 80/28 f. vom 18.03.1998.

794 BGH Urt. v. 10.12.2009 – I ZR 149/07, in K&R 2010, 510, 511 - „Sondernewsletter“.

795 Vgl. E. I. 1. a) b).

796 Klees, in CR 2005, 626, 627 ff.; Zagouras, in GRUR 2006, 731, 733; Vural, Diss., S. 122 ff.; s. auch Spindler/Anton, in Spindler/Schuster, Vorb. §§ 104 ff. BGB.

lung überblicken können müssen[797], sollte gerade von einer festen Preisangabe[798] auszugehen sein. Alle anderen Arten von Angaben sollten eine unlautere Bewerbung darstellen. Gegebenenfalls müssten die Anbieter Übertragungswege finden, denen ein fester Preis zugrunde gelegt werden kann, unabhängig der Übertragungszeit.

Verständlich ist insofern nicht, warum im Falle eines direkten Kaufaufrufs in den dem JMStV unterfallenden Medien (Art. 16 der RL 89/552/EWG i.V.m. Art. 3 Abs. 4 RL 2005/29/EG), durch die Verbindung mit §§ 3 Abs. 1, 4 Nr. 11 UWG die Relevanzprüfung erfolgen soll, aber bei einer unmittelbaren Kaufaufforderung in einer Zeitschrift das per-se-Verbot nach Anhang Nr. 28 greift. Dies wäre jedoch eine Frage an den europäischen Gesetzgeber.

2. Werbung für Online-Spiele

Im Internet gibt es seit einiger Zeit verschiedene Online-Spiele, die in allen Arten von Medien beworben werden. Diese Online-Spiele werden als „kostenlos" bzw. „gratis" beworben und dass die „Anmeldung kostenlos"[799] ist. In einem Internetartikel des ZDF-Magazins „WISO" befand sich diesbezüglich folgende Passage:

> "Free-to-Play-Spiele sind für Kinder attraktiv, da man kostenlos spielen kann. Irgendwann kommt man im Spiel aber an eine Grenze, in der man ohne Zusatzgegenstände und -fähigkeiten nur schwer weiter kommt. Dann wird man verlockt via Micropayment sich die fehlenden Dinge zu kaufen", sagt Torben Kohring vom Computerprojekt Köln[800].

Hier soll das Online-Spiele „howrse.de"[801] untersucht werden.[802]Dieses ist ein Online-Pferdezucht-Spiel, das auch von Ludger Beerbaum, einem prominenten deutschen Turnierreiter und Olympiasieger, beworben wird. Die Anmeldung durch den Autor erfolgte unter den Namen „Max" mit einem Geburtsdatum, aus dem sich für Max ein Alter von 13 Jahren ergab. Das Spiel kann kostenlos ge-

797 BGH Urt. v. 06.04.2006 – I ZR 125/03, in WRP 2006, 885, 887 - „Handy-Klingeltöne"; BGH Urt. v. 22.09.2005 – I ZR 28/03, in GRUR 2006, 161 - „Zeitschrift mit Sonnenbrille".

798 BGH Urt. v. 10.12.2009 – I ZR 149/07, in K&R 2010, 510, 512 - „Sondernewsletter".

799 Beispielhaft http://www.howrse.de/; http://s4.freeaquazoo.de/.

800 http://wiso.zdf.de/ZDFde/inhalt/16/0,1872,8232880,00.html?dr=1 (zuletzt besucht am 29.08.2011).

801 http://www.howrse.de/.

802 http://www.pcgames.de/Online-Spiele-Thema-121940/News/Kostenlose-Online-Games-Ein-Segen-fuer-Hersteller-eine-Kostenfalle-fuer-Familien-697394/.

spielt werden, sodass eine Irreführung nicht vorliegt. Finanziellen Einsatz bedarf es, wenn entweder das Pferd gestorben ist und es mittels „Pferdepasses" für 1,20 € bis 2 € wiederbelebt werden soll[803] oder wenn das Spiel verbessert werden soll.[804] Der Spielbetreiber formuliert dazu „Das Pegasuskonto ist ein Produkt, das Dir Zugriff auf die neuen Funktionen gibt, damit Du Deine Spielweise optimieren kannst."

Der Versuch einen Pass zu erwerben, scheiterte im Selbstversuch an dem angegeben Alter. Zuvor wurde „Max" aufgefordert, die E-mail-Adresse seiner Eltern anzugeben, damit diese einer Erlaubnis zum Erwerb von entgeltlichen Pässen durch „Max" zustimmen.[805] Unterbleibt die Erlaubnis der Eltern des Kindes, kann „Max" normal weiterspielen.

Bei derartigen technischen Hindernissen wird auch nicht der Spieltrieb des Kindes unlauter gem. § 4 Nr. 2 UWG ausgenutzt. Die Ausnutzung des Spieltriebes könnte grundsätzlich darin zu sehen sein, dass das Kind sich in das Online-Spiel hineinfindet, es dem kindlichen Naturell entsprechend gern spielt und zum Weiterspielen eine finanzielle Leistung erbringen muss.

Dies ließ sich auch unter die bereits besprochenen Maßstäbe der richtlinienkonformen Auslegung subsumieren. Denn der Spielbetreiber steht als Anbieter des Spiels in einer überlegenen Machtposition dem Kind gegenüber, durch deren Ausnutzung er Druck in dem Sinne der Ermöglichung des Weiterspielens zur Beeinflussung der Entscheidungsfreiheit ausüben könnte.

Dies liegt meines Erachtens nach nicht vor, wenn der minderjährige Spieler kostenlos spielen darf, ohne in dem Spiel seitens des Spielbetreibers mit den Vorzügen des entgeltlichen Upgrades konfrontiert zu werden. Denn sobald der Spielbetreiber aufgrund des Alters des Spielenutzers die technische Möglichkeit setzt, eine Einwilligung der Eltern für den Erwerb vorauszusetzen, muss er bei unterbliebener Einwilligung der Eltern die technischen Voraussetzung für ein Spiel des Kindes ohne Konfrontation mit den Vorzügen eines entgeltlichen Upgrades setzen.

Ungeklärt bleibt an diesem konkreten Beispiel, wie das Spiel im Falle des digitalen Todes des Pferdes weitergeht, da das Pferd von „Max" im Selbstversuch nicht sterben wollte.

Hierzu gibt es zwei hypothetische Varianten. Der kindliche Nutzer kann sich kein neues Pferd aussuchen und muss bis zu 2 € für die Wiederbelebung des

---

803 http://www.pcgames.de/Online-Spiele-Thema-121940/News/Kostenlose-Online-Games-Ein-Segen-fuer-Hersteller-eine-Kostenfalle-fuer-Familien-697394/ (zuletzt besucht am 30.08.2011).

804 http://www.howrse.de/joueur/pass.

805 Anhang Nr. 4.

verstorbenen Pferdes zahlen.[806] In einem solchen Fall könnte unter Ausnutzung des Spieltriebes eine Unlauterkeit unter obiger Argumentation vertreten werden. Ist es dem Nutzer möglich, kostenlos mit einem „neuen und untrainierten" Pferd weiter zu spielen, das wie das verstorbene neu „aufgebaut" werden muss, wäre eine Unlauterkeit nicht zu begründen.

Andere Spiele, die vom Betreiber kostenlos zur Verfügung gestellt werden, ihre Konzeption aber so angelegt ist, dass in bestimmten Spielsituation ein Weiterkommen ohne entgeltlich zu erwerbende Features kaum oder nur sehr erschwert möglich ist, sog. „Flaschenhälse"[807], können dagegen unter obiger Argumentation eine Ausnutzung des Spieltriebes darstellen.

3. Datensammlung durch Werbung

Personenbezogene Daten stellen in der heutigen Wirtschaft ein Handelsgut dar[808] und sind begehrt.[809] Häufig dienen Werbemaßnahmen, beispielsweise Geschenke, Teilnahme an Gewinnspielen oder ähnliche[810] dem eigentlichen Zweck der Erhebung personenbezogener Daten.[811]

In der Literatur wird einheitlich davon ausgegangen, dass eine Datenerhebung bei Kindern und Jugendlichen eine unlautere geschäftliche Handlungen gem. § 4 Nr. 2 UWG darstellt.[812] Begründet wird diese Ansicht damit, dass Kinder und Jugendliche nicht in der Lage sein dürften, die mit der Preisgabe der Daten verbundenen Nachteile und den Zusammenhang zwischen Datenerhebung und Werbemaßnahme zu verstehen sowie den Wert der Daten einzuschätzen.[813]

---

806 http://wiso.zdf.de/ZDFde/inhalt/16/0,1872,8232880,00.html?dr=1 (zuletzt besucht am 29.08.2011).

807 http://wiso.zdf.de/ZDFde/inhalt/16/0,1872,8232880,00.html?dr=1 (zuletzt besucht am 29.08.2011).

808 www.bfdi.bund.de/cln_030/nn_531474/DE/Themen/WirtschaftUndFinanzen/VerbrSchutzAuskunfteien/Artikel/Werbung.html__nnn=true, (zuletzt besucht am 03.09.2011).

809 Böhler, in WRP 2011, 1028, 1031; Scherer, in Fezer UWG, 2. Aufl., Bd. 1, § 4-2, Rn. 200; Späth, in Götting/Nordemann, § 4 Nr. 2, Rn. 2.45.

810 OLG Frankfurt a.M. Urt. v. 30.06.2005 – 6 U 168/04, in GRUR 2005, 785 - „Skoda Kinderclub".

811 Simits, in Simits, § 4a BDSG, Rn. 5.

812 Köhler, in Köhler/Bornkamm, 29. Aufl., § 4, Rn. 2.41, 2.2; Scherer, in Fezer UWG, 2. Aufl., Bd. 1, § 4-2, Rn. 200; Sosnitza, in Piper/Ohly/Sosnitza, § 4.2, Rn. 2/20; Böhler, in WRP 2011, 1028, 1031; Stuckel, in Harte-Bavendamm/Henning-Bodewig, § 4 Nr. 2, Rn. 36; Späth, in Götting/Nordemann, § 4 Nr. 2, Rn. 2.44 ff.

813 Scherer, in Fezer UWG, 2. Aufl., Bd. 1, § 4-2, Rn. 200; Späth, in Götting/Nordemann, § 4 Nr. 2, Rn. 2.45; Sosnitza, in Ohly/Piper/Sosnitza, § 4.2, Rn. 2.20.

Dabei stelle die Ermöglichung der Teilnahme an dem Gewinnspiel oder die Herausgabe von Geschenken eine geschäftliche Handlung gem. § 2 Abs. 1 Nr. 1 UWG dar, die darauf gerichtet ist, eine geschäftlichen Entscheidung der Kinder und Jugendlichen herbeizuführen bzw. zu beeinflussen.[814] Denn die Entscheidung personenbezogene persönliche Daten an einen Werbenden zu Werbezwecken herauszugeben, soll eine geschäftliche Entscheidung darstellen.[815]

Um überprüfen zu können, ob dem so ist, sind die für § 4 Nr. 2 UWG zur richtlinienkonformen Auslegung maßgeblichen Regelungen zu bemühen. Gemäß den dafür entscheidenden Artt. 5 Abs. 3, 8, 9, 2 lit. j) RL 2005/29/EG ist festzuhalten, dass eine aggressive Geschäftspraktik vorliegt, wenn sie unter Gesamtwürdigung aller Umstände, durch Ausnutzung einer Überlegenheit zur Ausübung von Druck, die Fähigkeit des Minderjährigen zu einer informierten Entscheidung wesentlich einschränkt und zumindest voraussichtlich die Entscheidungsfreiheit des Minderjährigen erheblich beeinträchtigt und der Minderjährige dadurch zumindest voraussichtlich dazu veranlasst wird, eine geschäftliche Entscheidung zu treffen, die er andernfalls nicht getroffen hätte.[816]

Meines Erachtens ist davon auszugehen, dass der Werbende in seiner Position durch das Angebot der Teilnahme an einem Gewinnspiel oder dem Anbieten eines Geschenks gegenüber dem Minderjährigen in einer überlegenen Rolle („Machtposition") auftritt. Aus der Sicht eines Kindes ist in Hinblick auf § 3 Abs. 2 S. 3 UWG ein „kostenloses" Geschenk oder eine Gewinnchance ein reizvolles Angebot, sodass die Machtposition auch der Ausübung von einem gewissen Druck dient, nämlich der des „Habens" oder „Nicht-Habens" der angebotenen Leistung des Werbenden.

Entscheidend ist in diesem Zusammenhang die Frage, ob die Herausgabe von Daten als Gegenleistung eine geschäftliche Entscheidung im Sinne von Art. 2 lit. k) RL 2005/29/EG darstellt, die beeinflusst werden soll. Die geschäftliche Entscheidung ist definiert[817] als jede Entscheidung eines Verbrauchers darüber, ob, wie und unter welchen Bedingungen er einen Kauf tätigen, eine Zahlung insgesamt oder teilweise leisten, ein Produkt behalten oder abgeben oder ein vertragliches Recht im Zusammenhang mit dem Produkt ausüben will, unabhängig davon, ob der Verbraucher beschließt, tätig zu werden oder ein Tätigwerden zu unterlassen.

---

814 Köhler, in Köhler/Bornkamm, 29. Aufl., § 4, Rn. 2.2.

815 Köhler, in Köhler/Bornkamm, 29. Aufl., § 4, Rn. 1.19.

816 Vgl. oben unter C. IV. 4. a) bb).

817 RL 2005/29/EG, ABl. L 149/26 vom 11.06.2005.

Eine finanzielle Leistung wird von den beworbenen Kindern und Jugendlichen in diesem Zusammenhang nicht verlangt, sondern die Einwilligung zur Nutzung der personenbezogenen Daten zu weiteren Werbezwecken. Die Einwilligung darüber, stellt bei dem heutigen Wert[818] von personenbezogenen Daten, selbst eine vertragliche Gegenleistung dar, weil dadurch ein Tauschverhältnis begründet wird[819], was den Kindern und Jugendlichen aber nicht klar sein dürfte. Unter Zugrundelegung eines effektiven verbraucherschützenden Verständnisses ist der Begriff der geschäftlichen Entscheidung weit auszulegen[820], sodass die Entscheidung darüber, die Einwilligung zur Verarbeitung der Daten zu erteilen, eine geschäftliche Handlung im Sinne der Richtlinie darstellt, die der Werbende durch seine geschäftliche Handlung zu beeinflussen versucht. Folglich wäre eine solche Datenerhebung unlauter gem. § 4 Nr. 2 UWG.[821]

Bei diesem Ergebnis ist nach meiner Auffassung aber eine Einschränkung vorzunehmen, da ansonsten alle Gewinnspiele gegenüber Kindern und Jugendlichen, bei denen personenbezogene Daten zur „Gewinnbenachrichtigung“ anzugeben sind, unlauter wären.

Für die Einwilligung zur Erhebung von Daten der Kinder, soll die Einwilligung der Erziehungsberechtigten maßgeblich sein.[822] Grund dafür ist die Einsichtsfähigkeit in die Tragweite[823] der Einwilligung gem. § 4a Abs. 1 BDSG. Diese stellt, geht man wie nach hier vertretener Ansicht von einem vertragsähnlichen Verhältnis in Bezug auf die Daten als Handelsware[824] aus, eine rechtsgeschäftliche Erklärung[825] dar. Da die Fähigkeit, eine rechtsgeschäftliche Erklärung abzugeben[826], gem. § 104 Nr. 1 BGB ab der Vollendung des siebten Lebensjahres beginnt, wäre theoretisch ab diesem Zeitpunkt die beschränkte Geschäftsfähigkeit von Minderjährigen maßgebend. Doch Kinder insgesamt kön-

---

818 Böhler, in WRP 2011, 1028, 1031; Scherer, in Fezer UWG, 2. Aufl., Bd. 1, § 4-2, Rn. 200; Späth, in Götting/Nordemann, § 4 Nr. 2, Rn. 2.45; http://www.bfdi.bund.de/cln_030/nn_531474/DE/Themen/WirtschaftUndFinanzen/VerbrSchutzAuskunfteien/Artikel/Werbung.html__nnn=true (zuletzt besucht am 03.09.2011).

819 Buchner, in DuD 2010, 39.

820 Köhler, in Köhler/Bornkamm, 29. Aufl., § 4, Rn. 1.19.

821 So auch Scherer, in Fezer UWG, 2. Aufl., Bd. 1, § 4-2, Rn. 200; Böhler, in WRP 2011, 1028, 1031; Köhler, in Köhler/Bornkamm, § 4, Rn. 2.41; Späth, in Götting/Nordemann, § 4 Nr. 2, Rn. 2.44 ff.

822 So auch Köhler, in Köhler/Bornkamm, 29. Aufl., § 4, Rn. 2.41.

823 Gola/Schomerus, § 4a BDSG, Rn. 10.

824 Buchner, in DuD 2010, 39; Köhler, in Köhler/Bornkamm, 29. Aufl., § 4, Rn. 2.2.

825 Simits, in Simits, § 4a BDSG, Rn. 20.

826 Ellenberger, in Palandt, 70. Aufl., Einf v § 104, Rn. 1 ff.; Schmitt, in MüKo-BGB, Bd. 1, § 104, Rn. 1.

nen aufgrund ihrer altersbedingten Unfähigkeit die Bedeutung der Preisgabe ihrer Daten nicht überblicken[827], sodass die Einwilligung der Erziehungsberechtigten entscheidend ist. Demnach ergibt sich das Einwilligungserfordernis der Erziehungsberechtigten aus § 107 BGB, da die Willenserklärung des Kindes zur Herausgabe der personenbezogenen Daten als Gegenleistung in diesen Fällen nicht lediglich rechtlich vorteilhaft ist.

Bei Jugendlichen sollte nach meiner Auffassung ein anderer Maßstab anzulegen sein[828], da nicht schlicht von einem vergleichbaren Verständnishorizont unter Minderjährigen ausgegangen werden kann. Bei der Teilnahme von Jugendlichen an derartigen geschäftlichen Handlungen sollte meines Erachtens zumindest die Erhebung des Namens und der E-Mail-Adresse zulässig sein. Diese Ansicht lässt sich damit begründen, dass im Falle einer, aus Sicht der Jugendlichen, belästigenden Bewerbung via E-Mail die empfangenen Mails gelöscht werden können oder mittels Antwort an den Werbenden die Einwilligung in die Nutzung der E-Mail-Adresse widerrufen werden kann. Weiter besteht im Rahmen der zur Verfügung stehenden E-Mail-Dienste die Möglichkeit, bestimmte Absender zu „blocken“, sodass deren E-Mails die eigene Adresse nicht mehr erreichen. Die darüber hinausgehenden personenbezogenen Daten sollten aufgrund der Schutzbedürftigkeit weiterhin von der Einwilligung der Erziehungsberechtigten abhängig sein.

Im Ergebnis bleibt daher festzuhalten, dass Kinder und Jugendliche auch vor dieser Werbemaßnahme unter dem UWG geschützt sind.

II. Konkurrenzen

Nachdem die verschiedenen Regelungen, die zum Teil nur, zum Teil auch, dem Schutz von Kindern und Jugendlichen dienen, aufgezeigt wurden, ist deren Anwendungsverhältnis zu klären. Wie dargelegt kommen für den Schutz der Kinder und Jugendlichen § 3 Abs. 3, Anhang Nr. 28 UWG, § 7 UWG und §§ 6, 5, 5a, 4 i.V.m. § 3 Abs. 1 UWG und als Auffangtatbestand[829] § 3 Abs. 2 S. 1 UWG in Betracht.

---

827 Scherer, in Fezer UWG, 2. Aufl., Bd. 1, § 4-2, Rn. 200; Böhler, in WRP 2011, 1028, 1031.

828 Simitis, in Simitis, § 4a BDSG, Rn. 21; a.A. Scherer, in Fezer UWG, 2. Aufl., Bd. 1, § 4-2, Rn. 200; Böhler, in WRP 2011, 1028, 1031.

829 Vgl. C. IV. 1. b) ee); so auch Köhler, in Köhler/Bornkamm, 29. Aufl., § 3, Rn. 32; ders., in WRP 2010, 1293, 1295; Scherer, in WRP 2010, 586, 589.

1. Anwendung von § 3 Abs. 3 UWG-Anhang

Der unterschiedliche Anwendungsbereich von § 3 Abs. 1 und Abs. 2, §§ 7, 6, 5, 5a und 4 UWG zu § 3 Abs. 3, Anhang Nr. 28 UWG ist darin zu sehen, dass Nr. 28 für dessen Anwendbarkeit als Regelung ohne Wertungsvorbehalt (per-se-Verbot) nur der Verwirklichung des Tatbestandes bedarf[830] und demnach nicht an den weiteren Tatbestandsvoraussetzungen der Erheblichkeit und Eignung des § 3 Abs. 1 und Abs. 2 UWG zu messen ist.[831] Da § 3 Abs. 3, Anhang Nr. 28 UWG in Bezug auf die inhaltliche Ausgestaltung der Werbung gegenüber Kindern die speziellere Norm ist[832] und aufgrund des engeren Tatbestandes im Sinne des „per-se-Verbots" die Rechtsfolge der Unzulässigkeit der geschäftlichen Handlung unmittelbar folgen lässt[833], geht § 3 Abs. 3 UWG in der Anwendungs- und Prüfungsreihenfolge allen anderen Tatbeständen[834], mit nach hier vertretenen Einschränkungen bei Werbungen, die in den Schutzbereich des Art. 9 Abs. 1 lit. g) RL 2010/13/EU fallen, vor.

2. Anwendung von § 7 UWG

Wie bereits oben angeführt[835], stellt § 7 Abs. 2 UWG auch eine Teilumsetzung des Anhangs I der RL 2005/29/EG dar. Insofern ist, unter Beachtung der richtlinienkonformen Auslegung, dieser aufgrund der steten Unzulässigkeit der unzumutbaren Belästigung neben[836] § 3 Abs. 3 i.V.m. Anhang UWG vorrangig vor anderen Normen des UWG zu prüfen, unabhängig davon, dass es auch materiell-rechtlich zu Überschneidungen mit anderen Tatbeständen kommen kann.[837]

830 Köhler, in Köhler/Bornkamm, 29. Aufl., Anh zu § 3 Abs. 3, Rn. 28.2 f.; Boesche, § 14, Rn. 483; Wirtz, in Götting/Nordemann, § 3, Rn. 10.

831 Schünemann, in Harte-Bavendamm/Henning-Bodewig, § 3, Rn. 457; Sosnitza, in Piper/Ohly/Sosnitza, § 3, Rn. 86; Köhler, in Köhler/Bornkamm, 29. Aufl., Anh zu § 3 Abs. 3, Rn. 28.2; Schöttle, in WRP 2009, 673.

832 Vgl. Späth, in Götting/Nordemann, § 4 Nr. 2, Rn. 2.18 f.

833 Köhler, in Köhler/Bornkamm, 29. Aufl., § 3, Rn. 25, Anh zu § 3 Abs. 3, Rn. 28.2.

834 Wirtz, in Götting/Nordemann, § 3, Rn. 8; Köhler, in WRP 2010, 1293, 1295; Köhler/Bornkamm, in Köhler/Bornkamm, 29. Aufl., Einf Anh zu § 3 Abs. 3, Rn. 0.5; Ullmann, in Ullmann jurisPK UWG, § 3, Rn. 94.

835 Siehe C.III.1.

836 Mankowski, in Fezer UWG, 2. Aufl., Bd. 2, § 7, Rn. 417; Wirtz, in Götting/Nordemann, § 3, Rn. 11.

837 Koch, in Ullmann jurisPK UWG, § 7, Rn. 11; Köhler, in Köhler/Bornkamm, 29. Aufl., § 7, Rn. 10 ff.; Ohly, in Piper/Ohly/Sosnitza, § 7, Rn. 15; Ubber, in Harte-Bavendamm/Henning-Bodewig, § 7, Rn. 227.

Im Verhältnis zu § 3 Abs. 3, Anhang Nr. 28 UWG kommt meines Erachtens ein Vorrang von § 7 Abs. 2 UWG in Betracht, da in diesen Fällen bereits die Handlung ohne lauterkeitsrechtliche Bewertung des Inhalts der Werbung zu einer stets unzumutbaren Belästigung führt.

Daran schließt sich in der Prüfungsreihenfolge, auf Grund der Generalklauselfunktion in § 7 Abs. 1 UWG, die Prüfung der unzumutbaren Belästigung mit dem dortigen Relevanzerfordernis an.

3. Anwendung der §§ 4 ff. UWG i.V.m. § 3 UWG

Sind § 3 Abs. 3, Anhang Nr. 28 UWG und § 7 UWG nicht verwirklicht, ist die Prüfung der Frage eröffnet, ob es sich bei der geschäftlichen Handlung um eine handelt, die die Tatbestände der §§ 4 ff. UWG verwirklicht. Im Rahmen der Prüfung der §§ 4 ff. UWG ist nach hier vertretener Auffassung auf Grund der vom Gesetzgeber gewollten Schutznormierung für besonders schutzbedürftige Verbraucher[838], von einer Konkurrenz zugunsten des § 4 Nr. 2 UWG auszugehen. Die weiteren Normen können nebeneinander zur Anwendung kommen, da es bei den mannigfaltigen Werbemaßnahmen zu Überschneidungen der Tatbestände kommen kann.

838 Vgl. oben unter C. IV. 4. a).

F. Rechtsfolgenvorschlag

Im Bereich der Rechtsfolgen sind die grundsätzlichen Ansprüche auf Beseitigung und Unterlassung (§ 8 Abs. 1 UWG) sowie auf Schadensersatz der in § 8 Abs. 3 UWG aufgeführten Anspruchsberechtigten klar geregelt.

Interessieren soll hier der Gewinnabschöpfungsanspruch zugunsten des Bundeshaushalts gem. § 10 UWG. Dieser bestimmt in Abs. 1, wer vorsätzlich eine nach § 3 oder § 7 unzulässige geschäftliche Handlung vornimmt und hierdurch zu Lasten einer Vielzahl von Abnehmern einen Gewinn erzielt, kann von den gemäß § 8 Abs. 3 Nr. 2 bis 4 zur Geltendmachung eines Unterlassungsanspruchs Berechtigten auf Herausgabe dieses Gewinns an den Bundeshaushalt in Anspruch genommen werden.

Dem deutschen Gesetzgeber stand auch ein derartiger Gestaltungsspielraum zum Erlass bzw. zur Beibehaltung dieser Regelung zu.[839] Art. 13 RL 2005/29/EG[840] zu Folge legen die Mitgliedsstaaten die Sanktionen fest, die bei Verstößen gegen die nationalen Vorschriften zur Umsetzung dieser Richtlinie anzuwenden sind und treffen geeignete Maßnahmen, um ihre Durchsetzung sicherzustellen. Diese Sanktionen müssen wirksam, verhältnismäßig und abschreckend sein. Demnach hatte der deutsche Gesetzgeber auch im Rahmen der Umsetzung der RL 2005/29/EG eine Grundlage für den Gewinnabschöpfungsanspruch als abschreckende Sanktion gegen Verstöße des UWG.

Soll insbesondere der Kinderschutz, dem der europäische Gesetzgeber einen hohen Stellenwert einräumt[841], effektiv geschützt werden, könnte meines Erachtens nach eine Ergänzung des § 10 Abs. 1 UWG um einen zweiten Satz förderlich sein, der das Tatbestandsmerkmal des vorsätzlichen Handelns betrifft und für bestimmte Fälle dieses widerleglich vermutet, sodass in solchen Fällen eine Exkulpationsmöglichkeit des Verletzers bestehen würde.

Bei Einführung des Gewinnabschöpfungsanspruch gem. § 10 Abs. 1 UWG mit dem UWG 2004, verfolgte der Gesetzgeber den Zweck der besseren Durchsetzbarkeit des Lauterkeitsrechts bei Streuschäden.[842] Darunter sind Sachverhalte zu verstehen, bei denen eine hohe Anzahl von Verbrauchern durch lauterkeitsrechtlich unzulässiges Verhalten in einer finanziell geringfügigen Höhe Schaden erlitten haben und daher von einer Rechtsverfolgung absehen.[843] Auch wurde

839 Wündisch, in Götting/Nordemann, § 10, Rn. 4; ähnlich Glöckner/Henning-Bodewig, in WRP 2005, 1311, 1333.

840 RL 2005/29/EG, ABl. L 149/31 vom 11.06.2005.

841 Vgl. insbesondere Erwägungsgrund 18, RL 2005/29, ABl. L 149/25 vom 11.06.2005.

842 BT-Drucks. 15/1487, S. 23.

843 BT-Drucks. 15/1487, S. 23.

sich eine abschreckende Wirkung versprochen.[844] Insbesondere die Ausführungen zu dem Tatbestandsmerkmal des Vorsatzes sind in Bezug auf den hier angedachten Vorschlag interessant. Denn die Entscheidung, dass Vorsatz und nicht auch Fahrlässigkeit, also ein Verschulden, in den Tatbestand aufgenommen worden ist, wird damit begründet, dass Fahrlässigkeit schon bei Verkennung der erforderlichen Sorgfalt vorläge und ein darauf aufbauender Gewinnabschöpfungsanspruch nicht gerechtfertigt wäre.[845] Als weiterer Ablehnungsgrund wurde der Umstand angeführt, dass sich Unternehmer häufig in Grenzbereichen wettbewerbsrechtlicher Zulässigkeit bzw. Unzulässigkeit bewegten und daher nicht damit rechnen sollten, den Gewinn bei derartigen Vorgehensweisen wieder zu verlieren.[846] Der Vorsatz würde vorliegen, wenn der Verletzer weiß, dass er unzulässig i.S.v. § 3 UWG handelt und dies auch will, oder mit Eventualvorsatz handelt.[847]

In Anbetracht des Anhang Nr. 28 zu § 3 Abs. 3 UWG könnte zwar auch angeführt werden, dass hier ein Grenzbereich in Hinblick auf das Vorliegen oder Nichtvorliegen der Tatbestandsvoraussetzungen gegeben sein könnte. Doch bei genauer Betrachtung des zur Zeit der Einführung von § 10 UWG neu gestalteten UWG, ist der von der Bundesregierung beschriebene Grenzbereich[848] in der damaligen Generalklausel mit ihrer Bagatellklausel zu sehen, die darüber entschied, ob ein unzulässiges Verhalten vorlag. Im heutigen UWG sind aber nicht alle Tatbestände an diese Bagatellklausel gebunden, sodass gewisse geschäftliche Handlungen, also klar umrissene Sachverhalte[849], direkt die Unzulässigkeit und damit eine Verletzung des Lauterkeitsrechts nach sich ziehen. Im Bereich der Werbung gegenüber Kindern wäre dieser klar umrissene Fall, der einer unmittelbaren Aufforderung zum Kauf an Kinder.

Eine derartige Regelung könnte insbesondere im Bereich der Werbemaßnahmen für eine bisher nicht gekannte Effektivität und Durchsetzbarkeit[850] des Schutzes der besonders schutzbedürftigen Kinder sorgen.

---

844 BT-Drucks. 15/1487, S. 24; Köhler, in Hefermehl/Köhler/Bornkamm, 24. Aufl., § 10, Rn. 2.

845 BT-Drucks. 15/1487, S. 23.

846 BT-Drucks. 15/1487, S. 24; v. Braunmühl, in Fezer UWG, Bd. 2, § 10, Rn. 156.

847 Köhler, in Hefermehl/Köhler/Bornkamm, 24. Aufl., § 10, Rn. 6; v. Braunmühl, in Fezer UWG, Bd. 2, § 10, Rn. 160.

848 BT-Drucks. 15/1487, S. 24.

849 Köhler/Bornkamm/Henning-Bodewig, in WRP 2002, 1317, 1327.

850 BT-Drucks. 15/1487, S. 23.

Dieser könnte Bezug auf die Werbemaßnahmen nehmen, die bereits ohne Wertungsvorbehalt nach § 3 Abs. 3, Anhang Nr. 28 UWG unzulässig ist und grob skizziert folgenden Wortlaut haben:

(§ 10 Abs. 1 Satz 2 UWG) *Im Falle einer unzulässigen geschäftlichen Handlungen im Sinne des Anhangs Nr. 28 zu § 3 Abs. 3 dieses Gesetzes wird der Vorsatz widerleglich vermutet.*

G. Gesamtergebnis

Der Kinder und Jugendschutz im Lauterkeitsrecht hat durch die Umsetzung der RL 2005/29/EG eine praxisrelevante Erweiterung erfahren. Insbesondere stellt Anhang Nr. 28 zu § 3 Abs. 3 UWG eine begrüßenswerte Erweiterung des Schutzes der Kinder vor aggressiven Geschäftspraktiken dar. Das oberste Gebot bei der Anwendung des heutigen UWG ist die richtlinienkonforme Auslegung anhand der maßgeblichen Richtlinie unter Heranziehung verschiedener Sprachfassungen.

I. Im Rahmen des mit der Zeit immer konkreter gewordenen UWG haben die privaten Verhaltens- und Wettbewerbsregeln in Bezug auf ihre inhaltliche Ausgestaltung an Bedeutung verloren. Eine Unlauterkeit kann heute lediglich über die Bezugnahme i.S.d. § 5 Abs. 1 Nr. 6 UWG erfolgen.[851]

II. Bei der Zulässigkeitsprüfung von Werbemaßnahmen gegenüber Kindern und Jugendlichen ist die Sichtweisenbestimmung gem. § 3 Abs. 2 S. 2, 3 UWG richtlinienkonform i.S.v. Art. 5 Abs. 3 S. 1 RL 2005/29/EG auszulegen. Insbesondere im Rahmen des § 3 Abs. 2 S. 3 UWG wird darauf zu achten sein, diesen nicht eng am Wortlaut auszulegen, da die vom deutschen Gesetzgeber gewählte Formulierung nicht mit dem Sinn der umzusetzenden gemeinschaftsrechtlichen Vorgabe übereinstimmt.[852] Dies sollte den Schutz der Kinder und Jugendlichen stärken. Es darf daher mit Spannung verfolgt werden, welche Maßstäbe die Rechtsprechung an die Vorhersehbarkeit setzen wird.

III. Die Untersuchung der anfangs aufgeworfenen These hat ergeben, dass § 3 Abs. 3, Anhang Nr. 28 UWG Kinder schützt, für die eine Altersgrenze bis 14 Jahre gilt.[853] Letztendlich kann jedoch nur der EuGH eine Klärung der umstrittenen Altersgrenze herbeiführen.

IV. Eine Werbung, die in den sachlichen Schutzbereich von Nr. 28 des Anhangs zu § 3 Abs. 3 UWG fällt, muss nicht nur Kinder ansprechen. Es bedarf dafür nur die Einbeziehung der unmittelbaren Aufforderung zum Kauf an Kinder in dieser Werbung. Entscheidend ist, ob sich das Kind angesprochen fühlt.[854]

851 Vgl. dazu unter B. II. 3.
852 Vgl. dazu unter C. I. 2. a) cc).
853 Vgl. dazu unter C. II. 1. d).
854 Vgl. dazu unter C. II. 2. a) bb).

V. Die in Nr. 28 des Anhangs zu § 3 Abs. 3 UWG geforderte Aufforderung zum Kauf ist nicht im Sinne der „Aufforderung zum Kauf“ aus Art. 2 lit. i) RL 2005/29/EG zu verstehen. Es bedarf daher keiner Angaben zum Preis. Eine derartige Auslegung würde dem Willen des Richtliniengebers in Bezug auf einen effektiven Kinderschutz unterlaufen.[855]

VI. Das entscheidende Tatbestandsmerkmal in Nr. 28, 1. Alt. des Anhangs zu § 3 Abs. 3 UWG um das sich in gerichtlichen Verfahren vermutlich gestritten werden wird, ist die „Unmittelbarkeit“ der Aufforderung zum Kauf. Anhand der hier erfolgten Untersuchung von der Ansprache von Kindern, der Verwendung von Kindern in der Werbung, von Gewinnspielen, Mitmach-und-Sammelaktionen sowie Werbungen, die einen Gruppenzwang erzeugen, hat sich gezeigt, wo die Abgrenzungsschwierigkeiten liegen und in welchen Fällen eine unmittelbare Aufforderung zum Kauf vorliegen kann.[856] Das Tatbestandsmerkmal des „Kaufs“ ist im Sinne einer entgeltlichen Handlung zu verstehen. Es bedarf keines Kaufs im engen Sinne.[857]

Eine unmittelbare Aufforderung zum Kauf an Kinder gem. § 3 Abs. 3, Anhang Nr. 28 UWG könnte daher wie folgt definiert werden:

> Eine unmittelbare Aufforderung zum Kauf an Kinder i.S.v. § 3 Abs. 3, Anhang Nr. 28 UWG ist die Ansprache von Minderjährigen bis 14 Jahren mittels Bild, Wort oder Schrift oder der Schaffung einer Zwangslage, durch die dem Kind ein Entschluss zu einer entgeltlichen Handlung aufgedrängt wird, sei es zum Erwerb einer Ware, Inanspruchnahme einer Dienstleistung oder der Gewinnerwartung.[858]

VII. Auch die Fremderwerbsvariante gem. § 3 Abs. 3, Anhang Nr. 28, 2. Alt. UWG hat die Kinder als Schutzobjekt und ist nicht systemwidrig.[859] Dabei besteht keine Begrenzung in Hinsicht auf das beworbene Produkt.[860]

VIII. Der Schutz vor unzumutbaren Belästigungen in der Ausformung der „stets unzulässigen“ geschäftlichen Handlung gem. § 7 Abs. 2 UWG ist grundsätzlich begrüßenswert, wird jedoch nach der hier vertretenen Auffassung wenig

---

855 Vgl. dazu unter C. II. 2. a) cc).
856 Vgl. dazu unter C. II. 2. a) dd) bbb).
857 Vgl. dazu unter C. II. 2. a) dd) bbb) (3) (c).
858 Vgl. dazu unter C. II. 2. a) ee) und ff).
859 Vgl. dazu unter C. II. 2. b) bb).
860 Vgl. dazu unter C. II. 2. b) aa) bbb).

Bedeutung in der lauterkeitsrechtlichen Bewertung von Werbung gegenüber Kindern und Jugendlichen einnehmen.[861]

IX. Die Irreführungstatbestände gem. §§ 5, 5a UWG werden im Rahmen der Kinder- und Jugendwerbung einen wirksamen Schutz vor insbesondere Intransparenz und unwahren Angaben geben können.[862]

X. Sollte die vergleichende Werbung gem. § 6 UWG aufgrund eines einschlägigen Sachverhalts Geltung in Bezug zu der Werbung gegenüber Kindern und Jugendlichen erlangen, ist § 6 UWG anhand der RL 2006/114/EG auszulegen und nicht anhand der RL 2005/29/EG.[863]

XI. Die Beibehaltung des § 4 Nr. 2 UWG verändert nicht das mit der Vollharmonisierung verfolgte einheitliche Schutzniveau.[864] Bei der Anwendung der § 4 Nr. 1 und 2 UWG ist eine richtlinienkonforme Auslegung anhand der Artt. 5, 8 RL 2005/29/EG unabdingbar.[865]

XII. Im Bereich des Rundfunks und des Fernsehens werden Kinder und Jugendliche vor unmittelbaren Aufforderungen zum Kauf effektiv über die Regelungen der §§ 3 Abs. 1, 4 Nr. 11 UWG i.V.m. § 6 Abs. 2 Nr.1und 2 JMStV geschützt.[866] An die Tatbestandsmerkmale der Ausnutzung der Unerfahrenheit und Leichtgläubigkeit sind nur bei Werbungen gegenüber Jugendlichen weitere Voraussetzungen zu stellen.[867] Der Ausschluss dieser Werbung für den sachlichen Schutzbereich des § 3 Abs. 3, Anhang Nr. 28 UWG ergibt sich aus Art. 5 Abs. 5 Anhang I Nr. 28 S. 2 i.V.m. Art. 3 Abs. 4 RL 2005/29/EG, der zu Recht nicht in deutsches Recht umgesetzt wurde.[868]

XIII. Die Anwendung der hier angesprochenen Unlauterkeitstatbestände auf häufige Fälle der Werbung gegenüber Kindern und Jugendlichen zeigt, dass das UWG insgesamt zu einem effektiven Schutz in der Lage ist. Insbesondere die Fälle der Datensammlungen können eine unzulässige geschäftliche Handlung darstellen.[869]

861 Vgl. dazu unter C. III. 2.
862 Vgl. dazu unter C. IV. 2.
863 Vgl. dazu unter C. IV. 3. a).
864 Vgl. dazu unter C. IV. 4. a) aa).
865 Vgl. dazu unter C. IV. 4. a) bb) und b).
866 Vgl. dazu unter D. I. 3.
867 Vgl. dazu unter D. I. 3. c).
868 Vgl. dazu unter C. II. 2. c).
869 Vgl. dazu unter E. I.

XIV. Festzuhalten bleibt, dass die Kinder und Jugendlichen vor unlauteren Werbemaßnahmen umfassend geschützt werden. Um die Unternehmen diesen Schutz auch spüren zu lassen, bedarf es einer finanziellen Abschreckung. Daher auch der Vorschlag, dass der Vorsatz des Werbenden im Falle des § 3 Abs. 3, Anhang Nr. 28 UWG widerleglich vermutet werden soll.[870]

Dies würde meines Erachtens eine wirksame Schranke vor unzulässigen unmittelbaren Kaufaufforderungen gegenüber Kindern setzen und den Gewinnabschöpfungsanspruch zu neuem Leben erwecken.

870 Vgl. dazu unter F.

Anhang 1

Voting

SMS-VOTING

Dieses Mal kannst du mit deinem Voting eine edle Swarovski-Uhr, exklusive „Alice im Wunderland"-Accessoires oder extragroße „Airwaves"-Pakete mit je einem „iPod Shuffle Special Edition" absahnen! Also, tipp uns deine Meinung!

Gewinn mich!

A Wähle VIER Seiten aus, die dir im vorliegenden Heft besonders gut gefallen haben!

A1	Inhalt	S. 3
A2	IN & OUT	S. 4
A3	Liebe: Tipps fürs erste Date	S. 7
A4	Mode: Neuer Style – neue Wirkung	S. 8
A5	Topmodels: Ihre Villa in Hollywood	S. 16
A6	Nick: Worüber reden Jungs?	S. 18
A7	Uuups, wie peinlich!	S. 19
A8	Jungs: Flirten in der Schule!	S. 20
A9	Test: Wie gut erkennst du Lügen?	S. 23
A10	Beauty: Die 6 schlimmsten Sünden	S. 24
A11	EXTRA 1: Pailletten-Haarband	S. 26
A12	Spaß: Eltern-Witze	S. 28
A13	Schminkschule: 1 Produkt 2x anders	S. 29
A14	Kathas Beauty-Beratung	S. 31
A15	Beauty: Körpersignale erkennen	S. 32
A16	EXTRA 2: 25 Beauty-Haarkarten	S. 34
A17	EXTRA 3: 50 Ideen gegen Langeweile	S. 37
A18	Allein, allein	S. 41
A19	Figur: Essstörungen	S. 42
A20	Serie: Werde zur Super-Fotografin	S. 46
A21	GiRL's World	S. 47
A22	XL-Test: Wie bist du in 10, 15 ... Jahren	S. 48
A23	Finden hübsche Girls schwerer einen Freund?	S. 54
A24	Körper & Seele	S. 55
A25	Liebe & Sex	S. 56
A26	Ratgeber: Intimpflege	S. 57
A27	Aktion: Mega-Games-Verlosung	S. 58
A28	Aktion: Mission Famous	S. 60
A29	Fotoroman: Alice im Horrorland	S. 62
A30	Typveränderung:	S. 68
A31	SMS-Voting	S. 70
A32	Das liebt Miley Cyrus	S. 71
A33	Horoskop	S. 72
A34	Vorschau	S. 74

B Welche dieser weiblichen Stars magst du? Wähle DREI aus!

B1	Miley Cyrus
B2	Ashley Tisdale
B3	Rihanna
B4	Miranda Cosgrove
B5	Ke$ha
B6	Katy Perry
B7	Selena Gomez
B8	Lena Meyer-Landrut
B9	Kristen Stewart
B10	Dakota Fanning

C Welche dieser Beauty-Themen magst du? Wähle DREI aus!

C1	Frisuren für kurze Haare
C2	Looks fürs erste Date
C3	Körperhaare entfernen
C4	Selbstbräuner-Tipps
C5	Make-ups zum Ausgehen
C6	Süße Frühlingsfrisuren
C7	Richtig selber Haarefärben
C8	Sexier durch Schminke
C9	Schöne Füße & Hände
C10	Das ideale Parfüm für dich

D Welche dieser Jungsthemen magst du? Wähle DREI aus!

D1	So wirst du angesprochen?
D2	Traumfreundin für Jungs
D3	Wann gehen Jungs fremd?
D4	Wie mach ich Schluss?
D5	Was verrät sein Styling?
D6	Die erste Nacht bei ihm
D7	Was finden Jungs peinlich?
D8	Welcher Junge tut dir gut?
D9	Steht er heimlich auf dich?
D10	Geht er fremd?

5x „ALICE IM WUNDERLAND"-FAN-PAKETE!

Diese wunderschönen Sets mit vier tollen Teilen gibt es nirgendwo zu kaufen!

UHR
Diese Herzköniginnen-Uhr ist mit supersüßen Spielkartensymbolen verziert

ARMKETTCHEN
Passend zur Uhr gibt es auch das tolle Alice-Bettelarmband

SHIRT
mit echt edlem Golddruck

MOUSEPAD ...
... mit den „Alice"-Figuren

Auf diese fetten Preise wäre sogar der verrückte Hutmacher alias Johnny Depp neidisch!

5x IPOD SHUFFLE!
Diese edle „Special Edition" des MP3-Players wirst du nie mehr aus der Hand geben. Wer sie hat, ist hot!

PLUS: KAUGUMMI
Zum iPod gibt es auch noch einen Riesen-Vorrat an „Airwaves"-Kaugummis

1x SWAROVSKI-ALICE-UHR
Der absolute Traum! Eine echt vergoldete Swarovski-Tea-Party-Uhr an einer total schicken Kette (ca. 119 €). Hol sie dir!!!

SO GEHT'S:
Kreuze deine Favoriten der jeweiligen Rubrik an, damit du später den Überblick hast. Dann schick eine SMS an die 99599 (Bauer Vertriebs KG) mit folgendem Text: GIRL09 (Leerzeichen), unbedingt NAME (Leerzeichen) ADRESSE (Leerzeichen) ALTER (Leerzeichen) GESCHLECHT (w oder m). Ein Beispiel: GIRL09_dein Name_deine Adresse_Alter_Geschlecht_A7 A14 A22 A31 B3 B7 B9 C1 C4 C8 D2 D5 D9. Die SMS-Kosten richten sich nach deinem Handy-Vertrag (maximal 20 Cent/SMS). Alle Daten werden streng vertraulich behandelt und nicht an Dritte weitergegeben. Einsendeschluss ist der 27. April 2010. Von der Teilnahme ausgeschlossen sind Mitarbeiter der Unternehmen der Bauer Media Group sowie deren Angehörige. Der Rechtsweg ist ausgeschlossen.

Abbildung Nr. 1 (BRAVO GIRL, Heft Nr. 9, Ausgabe vom 14.04.2010, S. 70)

Abbildung Nr. 2, „Kinder Bueno“

Abbildung Nr. 3, „Kinder Country“

Abbildung Nr. 4, Detailausschnitt „Kinder Country“

Abbildung Nr. 5, „Schwipp-Schwapp“

Anhang 2

EUROPEAN COMMISSION
DIRECTORATE-GENERAL JUSTICE
Directorate A : Civil justice
Unit A.3 : Consumer and marketing law
Brussels,
JUST/A3/GP/kb/D(20 10) 133 15
To be sent by e-mail to:
stief.alexander@gmx.de
Dear Mr Stief,
Thank you for your e-mail of 6 May 201 0 addressed to the cabinet of Commissioner Dalli.
Your e-mail has been transferred to the cabinet of Vice-President Reding, who is responsible for the Unfair Commercial Practices Directive. Vice-President Reding has asked me to answer on her behalf.
The Directive on Unfair Commercial Practices (2005/29/EC) provides a list of misleading and aggressive practices which are banned upfiont in the EU. Point 28 in this list prohibits including in an advertisement direct exhortations to children to buy advertised products or persuade their parents or other adults to buy advertised products for them. Placing sweets near the cash desks in supermarkets cannot be considered as a direct exhortation to children. The intention behind this marketing technique is of course to tempt the customer to purchase sweets while waiting to get to the checkout. However this technique is not specifically directed to children and is therefore not banned up-front by the Directive. As regards childhood obesity, the European Commission identified children and young people as key target groups to tackle obesity in its Strategy on Nutrition, Overweight, and Obesity-related health issues.
There are a number of initiatives to specifically target children and young people. For example, as part of the EU Platform for diet, physical activity and health, a number of commitments cover self-regulatory practices related to advertising and marketing to children. In 2007, eleven major food and beverage companies announced a common commitment to change the way they advertise to children through the EU Pledge programme. The EU Pledge is a commitment to change food and beverage advertising on TV, print and internet to children under the age of 12 in the EU.
I hope you find this information useful.
Yours sincerely,

Guiseppe Abbamonte
Head of Unit
Commission europeenne, B-1049 Bruxelles / Europese Cornrnissie, B-1049 Brussel - Belgium. Telephone: (32-2) 299 11 11

E-Mail vom 03.09.2010 von Herrn G. Abbamonte, European Commision – Directorate Justice, Directorate A: Civil justice, Unit A.3: Consumer and marketing law.

Anhang 3

Dear Sir,

I have a question regarding childprotection in conjunction with unfair commercial practices. Today i found a quote of former Commissioner Mrs. Kuneva (http://www.slowfood.de/intro_08/quengelware/), who wanted to "banish" sweets near cash desks in supermarkets.
I would like to use this for my dissertation and need a source of information. Is there any official document or interview i can apply to?
How is your opinion to sweets at the cash desk? Is there any need to talk to the supermarket-manager or is this allready forbidden by 2005/29/EC Annex Nr. 28?

Kind regards,

Alexander Stief

Email vom 06. Mai 2010 an cab-dalli-webpage@ec.europa.eu

Antwort Email hierzu vom 03.September 2010 in Anhang 2.

Anhang 4

Hallo,

diese Mail wurde Ihnen von der Firma *Owlient* zugestellt, da Ihr Kind bei einem unserer Onlinespiele unter dem Namen *Maaaaax* angemeldet ist. Damit die Anmeldung Ihres Kindes abgeschlossen werden kann und ihr Kind die Erlaubnis zum Erwerb von Pässen hat, mit denen Spielvorteile erworben werden können, benötigen wir Ihre Zustimmung. Sie können die Nutzungsbedingungen des Spiels unter folgender Adresse finden:

http://www.howrse.de/footer/terms

Damit Ihr Kind im Spiel Pässe erwerben kann, müssen Sie Ihr Einverständnis unter folgendem Link bestätigen:

http://www.howrse.de/site/validateMinorAccount?key=MTVhNTNiNzUwZjEyMGY1NzE4Y-mU0MjAxZGQxYTE0ZDc0MTJiYTAwMzp8OjYzMDEzMTk6fDptYXhpLW11czk5QGdteC5kZQ==

Das Howrse-Team

FSC
www.fsc.org
MIX
Papier | Fördert gute Waldnutzung
FSC® C083411

Kolibri 360 GmbH
Ferdinand-Jühlke-Straße 7
99095 Erfurt, Deutschland
produktsicherheit@kolibri360.de